Aufgaben zum Auswählen:

Die Symbole zeigen an, ob die Aufgaben eher einfacher oder etwas schwieriger sind.

➕ Zusatzaufgaben

Informations- und Methodenkästen mit Merkwissen

Die Cornelsen Lernen App

In der **Cornelsen Lernen App** findet ihr viele Angebote für dieses Buch. Achtet in eurem Buch auf diese Symbole:

▶ Audio   Hört das **Audio** in der App.

▶ Video   Seht das **Video** in der App an.

1. Gebt die Seitenzahl aus eurem Buch ein.

2. Ihr seht die Angebote, die es zu dieser Seite gibt.

3. Wählt das Angebot, das ihr braucht.

Deutschbuch

Differenzierende Ausgabe
Baden-Württemberg

6

Sprach- und Lesebuch

Herausgegeben von
Dorothea Fogt und Christian Weißenburger

Erarbeitet von
Carolin Bublinski, Carmen Collini,
Alexander Frank, Isabelle Kunst,
Silke Müller, Martina Schulz-Hamann,
Yvonne Streb, Katharina Valentin

Unter Beratung von
Stephanie Schönenberg

In der **Cornelsen Lernen App** findest du
passend zu deinem Deutschbuch:

▶ 🖱 Audio   Hörtexte

▶ 🖱 Video   Videos

Deutschbuch

Differenzierende Ausgabe Baden-Württemberg
Sprach- und Lesebuch 6

Das Buch wurde teilweise erarbeitet auf der Basis der Ausgaben von

- Markus Langner, Andrea Wagener, Julie Chatzistamatiou, Friedrich Dick, Anna Ulrike Franken, Agnes Fulde, Hans-Joachim Gauggel, Daniela Giesler, Anna Charlotte Gornik, Ruth Malaka, Christoph Mann, Arnhild Nachreiner Mechthild Stüber, Carolin Wemhoff-Weinand, Christin Wiebusch.
- Christa Becker Binder, Christian Weißenburger, Sylvia Birner, Carolin Bublinski, Carmen Collini, Dorothea Fogt, Agnes Fulde, Andreas Glas, Peter Heil, Bettina Hofmann, Ingo Kammerer, Isabelle Kunst, Monika Mohr-Mühleisen, Yvonne Scherle, Tanja Seidelmann, Silja Testa, Ina Trog, Christian Weißenburger.

Redaktion: Susann Gehlhaar, Sandra Geiger, Anna-Lena Lillie, Kristina Reinartz

Umschlaggestaltung: Corinna Babylon und Jule Kienecker (Berlin)
Umschlagfotos: Shutterstock.com/Zhou Eka; Shutterstock.com/DG-Photo; Shutterstock.com/Lmproduction
Gesamtgestaltung: werkstatt für gebrauchsgrafik, Berlin
Technische Umsetzung: graphitecture book & edition

Begleitmaterialien für Lernende zu Deutschbuch Differenzierende Ausgabe Klasse 6
Schulbuch als E-Book   1100033090
Arbeitsheft   9783060610570

www.cornelsen.de

Die Webseiten Dritter, deren Internetadressen in diesem Lehrwerk angegeben sind, wurden vor Drucklegung sorgfältig geprüft. Der Verlag übernimmt keine Gewähr für die Aktualität und den Inhalt dieser Seiten oder solcher, die mit ihnen verlinkt sind.

Soweit in diesem Lehrwerk Personen fotografisch abgebildet sind und ihnen von der Redaktion fiktive Namen, Berufe, Dialoge und Ähnliches zugeordnet oder diese Personen in bestimmte Kontexte gesetzt werden, dienen diese Zuordnungen und Darstellungen ausschließlich der Veranschaulichung und dem besseren Verständnis des Inhalts.

Dieses Werk berücksichtigt die Regeln der reformierten Rechtschreibung und Zeichensetzung. Die mit * markierten Texte wurden aus didaktischen Gründen gekürzt und/oder verändert.

1. Auflage, 1. Druck 2024

Alle Drucke dieser Auflage sind inhaltlich unverändert und können im Unterricht nebeneinander verwendet werden.

© 2024 Cornelsen Verlag GmbH, Mecklenburgische Straße 53, 14197 Berlin

Druck: Mohn Media Mohndruck, Gütersloh

ISBN 978-3-06-061056-3

PEFC-zertifiziert
Dieses Produkt stammt aus nachhaltig bewirtschafteten Wäldern und kontrollierten Quellen

PEFC
PEFC/04-31-1033   www.pefc.de

Inhaltsverzeichnis

Kompetenzschwerpunkt

▶ inhaltsbezogen

Absichten mündlich und schriftlich situationsangemessen und adressatenorientiert formulieren, Merkmale von Sprachvarietäten unterscheiden und nennen, unterschiedliche Sprechabsichten erkennen

▶ prozessbezogen

eigene Position vertreten, aktiv zuhören, verschiedene Formen mündlicher Darstellung verwenden

Kompetenzschwerpunkt

▶ inhaltsbezogen

Text-Bild-Zusammenhänge beschreiben, wesentliche Elemente eines Textes bestimmen und in ihrer Funktion beschreiben, Tempusformen der Vergangenheit erkennen und gezielt verwenden

▶ prozessbezogen

nach Impulsen schreiben, nach Mustern schreiben, anschaulich erzählen, Texte inhaltlich und sprachlich überarbeiten

▶ zentrale Schreibform

erzählend

▶ Grammatikrahmen

Tempusformen (Präsens, Präteritum)

Sprechen – Zuhören – Schreiben

3 〉〉〉 Sportlich unterwegs –
Beschreiben   45

Kompetenzschwerpunkt

▶ inhaltsbezogen

Inhalte einfacher Gebrauchstexte herausarbeiten, einfache nicht lineare Texte auswerten, Medien zur Dokumentation des eigenen Lernweges nutzen, Methoden der Texterschließung anwenden

▶ prozessbezogen

von Gegenständen und Vorgängen berichten, einen Schreibplan erstellen, elementare Anforderungen des Schreibens erfüllen, Texte inhaltlich und sprachlich überarbeiten

▶ zentrale Schreibform

beschreibend

▶ Grammatikrahmen

Verwendung von Adjektiven, Formen des Imperativs bei Verben bilden

Kompetenzschwerpunkt

▶ inhaltsbezogen

Leseeindruck und Textverständnis erläutern, wesentliche Elemente eines Textes bestimmen (Ort, Figuren, Handlung), Fachbegriffe zur formalen Beschreibung von Texten verwenden: Figur, Autor, Erzähler, Dialog, innere und äußere Merkmale, Verhalten und Beziehungen literarischer Figuren beschreiben

▶ prozessbezogen

Lesestrategien und Methoden der Texterschließung anwenden, flüssig und sinnbezogen lesen und vorlesen, freie Redebeiträge leisten

Kompetenzschwerpunkt

▶ inhaltsbezogen

Methoden der Texterschließung anwenden, Inhalte von Texten herausarbeiten, Sagen unter Verwendung ausgewählter Gattungsmerkmale beschreiben und erläutern, einfache Zusammenhänge zwischen Text und Entstehungszeit beschreiben

Lesen – Umgang mit Texten und Medien

6 ⟩⟩⟩ Tiere, die wie Menschen handeln – Fabeln lesen und gestalten 103

▶ prozessbezogen

Lesestrategien und Methoden der Texterschließung anwenden, strukturiert, verständlich und stilistisch stimmig formulieren, Texte inhaltlich und sprachlich überarbeiten

▶ zentrale Schreibform

erzählend

Kompetenzschwerpunkt

▶ inhaltsbezogen

Methoden der Texterschließung anwenden, Inhalte von Texten herausarbeiten, Verhalten und Beziehungen literarischer Figuren beschreiben sowie Handlungsmotive erläutern, Fabeln unter Verwendung ausgewählter Gattungsmerkmale beschreiben und erläutern, Inhalte einfacher Sachtexte herausarbeiten

▶ prozessbezogen

Lesestrategien und Methoden der Texterschließung anwenden, einen Schreibplan erstellen, elementare Anforderungen des Schreibens erfüllen, nach Mustern schreiben, Texte inhaltlich und sprachlich überarbeiten

▶ zentrale Schreibform

erzählend

Lesen – Umgang mit Texten und Medien

7 ⟩⟩⟩ Die Natur hat viele Gesichter –
Gedichte verstehen, vortragen, gestalten   123

Kompetenzschwerpunkt

▶ **inhaltsbezogen**

Gedichte unter Verwendung ausgewählter Gattungsmerkmale beschreiben und erläutern, Fachbegriffe zur formalen Beschreibung von Texten verwenden: Reim, Rhythmus, sprachliche Bilder, Vers, Strophe, Texte zu Bildern gestalten, Deutungsansätze formulieren

▶ **prozessbezogen**

sprachliche Gestaltungsmittel in ihren Wirkungszusammenhängen erkennen, sprachliche Mittel gezielt einsetzen, formale und sprachlich stilistische Gestaltungsweise von Texten und deren Wirkung darstellen, Interpretations- und Analysemethoden anwenden, Textverarbeitungsprogramme nutzen

Lesen – Umgang mit Texten und Medien

8 ⟩⟩⟩ Entdecken, erforschen, erfinden –
Mit Sachtexten und Grafiken umgehen 137

Kompetenzschwerpunkt

▸ inhaltsbezogen

Methoden der Texterschließung anwenden, linearen und nicht linearen Texten Informationen entnehmen und auswerten, Inhalte einfacher Sachtexte herausarbeiten, für ihr Textverstehen Informationsquellen nutzen

▸ prozessbezogen

Lesestrategien und Methoden der Texterschließung anwenden, Informationen aus linearen und nicht linearen Texten zusammenfassen und kohärent darstellen, Referate frei vortragen, sachlich formulieren

Lesen – Umgang mit Texten und Medien

9 〉〉〉 Eine Frage der Einstellung – Medien untersuchen und gestalten 159

Kompetenzschwerpunkt

▶ inhaltsbezogen

den ersten Gesamteindruck des Films beschreiben, Inhalte des Films wiedergeben, einfache szenische Gestaltungsmittel beschreiben, in medialen Kommunikationssituationen eigene Beiträge adressaten- und situationsbezogen formulieren, sich mit Gefahren bei der Mediennutzung auseinandersetzen und angemessen und präventiv agieren, Urheberrecht und Datenschutz berücksichtigen

▶ prozessbezogen

aktiv zuhören, Gespräche beobachten, Funktionen von Medien unterscheiden

Nachdenken über Sprache

10 〉〉〉 Reisen durch Europa – Wörter, Wortgruppen und Sätze untersuchen 175

Kompetenzschwerpunkt

▶ inhaltsbezogen

Wortgruppen erkennen und beschreiben, einfache Adverbialien erkennen, Struktur von einfachen Sätzen untersuchen und nach dem Feldermodell beschreiben, verschiedene Satzarten unterscheiden, Nebensätze erkennen, Gleich- und Unterordnung von Sätzen unterscheiden, Wortarten benennen, Tempusformen erkennen und verwenden

▶ prozessbezogen

sprachliche Richtigkeit prüfen,
Texte sprachlich überarbeiten

▶ Grammatikrahmen

Nomen und nominalisierte
Ausdrücke, Artikelwörter,
Textpronomen, Tempusformen,
weitere Aspekte des Verbs,
Modalverben, Partizip I,
Wortbildung des Adverbs,
Aspekte von Satzgliedern, Attribut,
Satzreihe, Satzgefüge,
verschiedene Satzformen

Kompetenzschwerpunkt

▶ inhaltsbezogen

Wortbestandteile (z. B. Präfix, Suffix) unterscheiden und Benennen, Komposita benennen, Regeln der Schärfung und Dehnung sowie der Schreibung der s-Laute nennen und korrekt anwenden, grammatisches Wissen bei der Groß- und Kleinschreibung anwenden, Großschreibung von Namen, Höflichkeitsformen, Satzanfängen, die Satzzeichen (z. B. bei Anreden, Aufzählung) in einfachen Sätzen sowie bei der direkten Rede normgerecht verwenden, Rechtschreibstrategien (Silbierung, Wortverlängerung, Ableitungen) anwenden und grundlegende Rechtschreibregeln (Lautprinzip, morphematisches Prinzip, silbisches Prinzip, grammatisches Prinzip) beim Schreiben und Überarbeiten von Texten anwenden, Fehlersensibilität weiterentwickeln

▶ prozessbezogen

Strategien zur Überprüfung der sprachlichen Richtigkeit und Rechtschreibung anwenden, Texte sprachlich überarbeiten, Rechtschreibgespräche praktizieren

▶ Rechtschreibrahmen

Festigung von Strategiewissen und Konstantschreibungen, s-Schreibung, Großschreibung von Herkunfts- und Ortsbeschreibungen und des Kerns einer Nominalgruppe, allgemeine Strategien (methodisch sinnvoll abschreiben, Merklisten, mediale Hilfen), Schreibung von Merkwörtern, individuelle Fehlerprofile

Zum Nachschlagen –
Orientierungswissen   271

1 Mit Tieren leben –
Argumentieren und andere überzeugen

1. Eine Katze als Geburtstagsgeschenk? Erklärt, was ein Tier von anderen Geschenken unterscheidet.

2. Habt ihr ein Haustier oder wünscht ihr euch eins? Erzählt von euren Erfahrungen mit Haustieren.

3. Warum halten viele Menschen Haustiere? Gebt drei Begründungen dafür an.

In diesem Kapitel ...

- übt ihr, andere mündlich zu überzeugen,
- lernt ihr, eure Meinung sachlich zu begründen,
- macht ihr eure Begründungen durch Beispiele noch anschaulicher,
- formuliert ihr höfliche E-Mails,
- lernt ihr, mit Personen in öffentlichen Stellen zu telefonieren,
- untersucht ihr Dialekte.

A Meiner Meinung nach sind Katzen tolle Haustiere.

B Sie vertreiben einem die Langeweile, …

C weil man mit ihnen spielen kann.

D Zum Beispiel jagen sie gerne einer Katzenangel nach.

1 Findet ihr die Haltung von Katzen als Haustieren sinnvoll?
Zeigt euren Standpunkt auf einer Positionslinie:
Denkt euch eine Linie im Klassenraum von einer Ecke zur anderen.
Die eine Ecke steht für „Ja",
die andere für „Nein".
Nehmt euren Standpunkt auf der Linie ein.

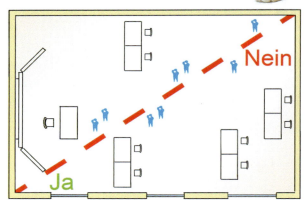

2 Elias findet die Haltung von Katzen sinnvoll und hat ein passendes Argument dafür formuliert.
Ordnet den Bestandteilen A–D seines Argumentes die folgenden Begriffe zu.

die These / der Standpunkt • die Behauptung • die Begründung • das Beispiel

E Viele Menschen halten ihre Haustiere nicht artgerecht.

F Oft werden die Tiere falsch gefüttert und entwickeln deswegen Krankheiten.

G Bruno hier hat wegen zu vieler Leckerchen eine Menge Zahnstein entwickelt.

Adam Hey Leute! Am Montag sprechen wir im Klassenrat über das Klassenhaustier! Ankündigung von Frau Miehe! ☺

Lina Ätzend!!! ☹ Ich finde Tiere blöd! Die stinken!!

Sarah Da kann sich Gereon drum kümmern! UHHH!!!

Bene Ihr seid so doof! Tiere sind voll süüüüß!!! ❤❤❤

Ali Tiere in der Klasse?! Hilfe!!! Ich bin allergisch! ☹

Gönül Mann, was wollt ihr? Wäre doch cool. Endlich mal ein Projekt, bei dem man etwas Praktisches lernt!

3 Der Tierarzt vertritt den Standpunkt, dass nicht jede Person ein Haustier besitzen sollte.

> Meiner Meinung nach •
> Ich finde/meine/denke

a Formuliert seinen Standpunkt mit Hilfe des Wortkastens.
b Lest die Aussagen E–G. Verbindet sie mit Hilfe der Signalwörter zu einem Argument.

> denn … • weil … • da … •
> ein Grund dafür ist …

> zum Beispiel … • beispielsweise … •
> ein Beispiel dafür ist …

4 a Untersucht den Chat: Wer ist für ein Klassenhaustier? Wer ist dagegen?
b Bewertet die Äußerungen im Chat:
- Mit welcher Absicht haben die einzelnen Schülerinnen und Schüler im Chat geschrieben?
- Warum sind die Äußerungen nicht überzeugend?
- Auf welche Äußerung sollte man ganz verzichten? Begründet.

c Wie könnte man respektvoller schreiben? Formuliert respektlose Äußerungen um, z. B.:
Lina: Ich bin entschieden gegen Tiere in der Klasse. Oft riechen sie unangenehm.

➕ 5 Formuliert Gönüls Standpunkt aus. Was könnte man durch ein Klassenhaustier lernen?

1.1 Passt das Tier? – Mündlich argumentieren

Einen Standpunkt mit Argumenten vertreten

Hi Lena,
ich möchte mir ein Haustier zulegen. Wozu würdest du mir raten?

Hi Alex,
Wellensittiche sind super Haustiere. Sie sind sehr schlau, weil sie sehr sprachbegabt sind. Ein Wellensittich beherrscht beispielsweise über 140 Wörter.

1 Untersucht Lenas Aussage. Welchen Standpunkt vertritt sie?

2 Lena entwickelt ein gutes Argument, um ihren Standpunkt zu verdeutlichen.
a Ordnet die folgenden Begriffe den Bestandteilen ihres Argumentes zu:

> Begründung • Beispiel • Behauptung

b Erklärt, an welchen Signalwörtern ihr die Begründung und das Beispiel erkannt habt.

3 Verknüpft die nachfolgenden Behauptungen, Begründungen und Beispiele zu Argumenten wie in Lenas Aussage.

> Mit **denn, weil** und **da** könnt ihr **Begründungen** einleiten.
> **Beispiele** könnt ihr so anbringen:
> - *Das zeigt sich zum Beispiel …*
> - *Ein Beispiel dafür ist …*
> - *Beispielsweise …*

Behautpung	Begründung	Beispiel
Wellensittiche sind relativ günstig.	Die Vögel sind sehr verspielt.	Es macht Spaß, Spielzeug für sie zu basteln.
Man kann viel über die Vögel lernen.	Die Haltungskosten sind niedrig.	Für das Futter bezahlt man etwa 10 € pro Monat.
Wellensittiche werden niemals langweilig.	Man muss sich über eine artgerechte Haltung informieren.	In einem Sachbuch steht, was Wellensittiche fressen.

4 Als Alex seiner Mutter von seinem Wunsch nach einem Wellensittich als Haustier erzählt, ist sie dagegen. Formuliert den Standpunkt der Mutter, z. B.:

Ich bin gegen …   Ich finde …   Meiner Meinung nach …

5 Entwickelt für den Standpunkt der Mutter schlagkräftige Argumente. Wählt a, b oder c.

a Ordnet den Behauptungen jeweils eine passende Begründung und ein Beispiel zu. Schreibt die Argumente auf. Markiert die Signalwörter für Begründungen und Beispiele.

Behautpung	Begründung	Beispiel
Es ist schwer, Wellensittiche artgerecht zu halten,	weil auch Vögel gelegentlich zum Tierarzt müssen.	Meine Cousine hält zum Beispiel vier Vögel.
Es kann schnell teuer werden, einen Wellensittich zu halten,	denn sie sind sehr gesellige Tiere.	Ein Beispiel ist das regelmäßige Krallenschneiden, das etwa 20–30 € kostet.

b Notiert mit Hilfe der Stichpunkte zwei Argumente aus Behauptung, Begründung und Beispiel.

- artgerechte Haltung schwierig → gesellige Tiere → Bekannte hat vier Wellensittiche
- Haltung teuer → Tierarzt → 20–30 € für regelmäßiges Krallenschneiden

 c Formuliert mit Hilfe der Impulswörter zwei vollständige Argumente. Recherchiert im Internet nach passenden Beispielen, wenn ihr selbst keine findet.

- Haltung → Artgenossen → …
- Kosten → Tierarzt → …

d Tauscht eure Argumente in der Klasse aus.

Methode ▸ **Einen Standpunkt mit Argumenten vertreten**

- Wenn ihr andere von eurem **Standpunkt** zu einem Thema überzeugen möchtet, benötigt ihr in der Regel mehrere **starke Argumente.**
- Stützt euren Standpunkt mit einem Argument, das wie folgt aufgebaut ist:
  - **Behauptung,** z. B.: *Es ist sehr günstig, einen Hamster zu halten, …*
  - **Begründung,** z. B.: *weil Hamster nicht so viel fressen wie andere Tiere.*
  - **Beispiel,** z. B.: *So gibt meine Freundin Mira beispielsweise nur 5 € im Monat für Hamsterfutter aus.*
- Leitet eure **Begründung** mit den **Signalwörtern** *denn, weil* oder *da* ein.
- Macht euer **Beispiel** durch **Signalwörter** wie *zum Beispiel* oder *beispielsweise* deutlich.

Sich über Standpunkte austauschen

1 Ein Hund im Unterricht – gut oder schlecht? Bereitet ein Kugellager vor.

▶ **Methode: Standpunkte im Kugellager vertreten: S. 20**

Nehmt hierfür einen Standpunkt ein und bearbeitet die entsprechenden Aufgaben.

Standpunkt A: Es ist gut, einen Hund im Unterricht zu haben. ▶ Aufgabe 2 und 3

Standpunkt B: Es ist nicht gut, einen Hund im Unterricht zu haben. ▶ Aufgabe 4 und 5

Ein Begleiter auf vier Pfoten – unser Schulhund Max

Endlich war es so weit. Max kam endlich in unsere sechste Klasse: Ein als Schulhund ausgebildeter Labrador Retriever. Alle merkten schnell, dass der Vierbeiner nicht
5 nur ein toller Spielkamerad war. Er hatte auch eine beruhigende Wirkung auf uns, denn er lenkte uns in aufregenden Situationen ab. Als Mira beispielsweise beim Vorlesen kein Wort herausbringen
10 konnte, legte Max seinen Kopf auf ihren Schoß. Danach fiel ihr das Lesen leichter. Der Unterricht fiel uns durch Max nicht nur leichter. Wir hatten seit Max auch viel mehr Spaß daran. Ein Grund war, dass Lehrkräfte Max gezielt im Unterricht ein- 15 setzten. In Deutsch durften wir zum Beispiel mit Max das Lesen üben, indem wir ihm vorlasen. Wir waren überrascht, wie schnell diese Lesestunden vorbeigingen. Außerdem tat Max unserer Gesundheit 20 gut, denn viele von uns bewegten sich auf einmal viel mehr. Ein Beispiel dafür ist Adrian. Anstatt wie sonst in den Pausen Karten zu spielen, tobte er mit Max auf dem Pausenhof. 25

---

2 Stellt euch vor, ihr hättet ebenfalls einen Schulhund. Ihr möchtet ihn für eure Klasse gewinnen. Arbeitet aus dem Text drei vollständige Argumente heraus.

a Schreibt die Tabelle ab und notiert die Behauptungen aus dem Text in der ersten Zeile.

b Notiert für jede Behauptung eine passende Begründung und ein Beispiel.

	Argument 1	Argument 2	Argument 3
Behauptung	Ein Hund im Unterricht wirkt beruhigend.	…	…
Begründung	…	Lehrkräfte können einen Schulhund im Unterricht gezielt einsetzen.	…
Beispiel	…	…	…

 c Überprüft eure Ergebnisse in Partnerarbeit.

3 „Ein Hund fördert das Verantwortungsbewusstsein der Schülerinnen und Schüler."
Formuliert für diese Behauptung eine eigene Begründung und ein passendes Beispiel.

4 **a** Beschreibt euch abwechselnd die Bilder A–D.

b Tauscht euch über die folgenden Fragen aus. Notiert eure Ergebnisse stichpunktartig.
- Wie könnte die Situation in Bild A ausgehen?
- Was könnte die Situation in Bild B zur Folge haben?
- Welchem Problem sieht sich die Schülerin auf Bild C gegenüber?
- Wie wirkt der Schulhund auf Bild D auf euch? Was könnten die Gründe dafür sein?

5 Stellt euch vor, ihr hättet ebenfalls einen Schulhund. Ihr möchtet ihn nicht in eurer Klasse haben. Arbeitet aus den Bildern A–D drei vollständige Argumente heraus.

a Schreibt die Tabelle ab und ordnet die Behauptungen den Bildern A–D zu.

b Notiert für jede Behauptung eine passende Begründung und ein Beispiel.
Tipp: Nutzt eure Ergebnisse aus Aufgabe 3.

	Argument 1	**Argument 2**	**Argument 3**	**Argument 4**
Behauptung	Ein Hund im Unterricht kann zur Gefahr werden. (Bild …)	Ein Hund kann im Unterricht stören.	Der Hund kann für einzelne Kinder zur Belastung werden.	Dem Hund könnte es in einer Klasse schlecht gehen.
Begründung	…	…	…	…
Beispiel	…	…	…	…

c Formuliert mit Hilfe der Tabelle und passenden Signalwörtern vollständige Argumente.

6 Tauscht eure Standpunkte im Kugellager aus.
Nutzt hierfür eure Ergebnisse aus den Aufgaben 2–5.

▶ **Methode: Standpunkte im Kugellager vertreten: S. 20**

Standpunkte im Kugellager vertreten

1. Die Vorbereitung

– Teilt eure Klasse in **zwei gleich große Gruppen** auf:
  - Gruppe A ist für ein bestimmtes Thema (pro).
  - Gruppe B ist gegen ein bestimmtes Thema (kontra).
– Bildet paarweise **zwei Stuhlkreise:** einen **Innenstuhlkreis** (Gruppe A) und einen Außenstuhlkreis (Gruppe B).
– Diejenigen, die im **Innenstuhlkreis** sitzen, **schauen nach außen.**
– Diejenigen, die im **Außenstuhlkreis** sitzen, **schauen nach innen.**

2. Der Ablauf

– Ihr sitzt euch nun **paarweise gegenüber.**
– Die Schülerinnen und Schüler im **Innenkreis tragen** nun ein Argument ihres Standpunktes **vor.**
– Die Schülerinnen und Schüler im Außenkreis **hören aufmerksam zu** und **fassen** das Gesagte noch einmal mit eigenen Worten **zusammen.**
– Anschließend rücken alle im Innenkreis zwei Plätze nach rechts.
– Jetzt tragen die Schülerinnen und Schüler im **Außenkreis** ein Argument ihres Standpunktes vor. Dieses Mal fasst der Innenkreis das Gesagte zusammen. Anschließend rücken alle im Außenkreis zwei Plätze nach rechts.

– **Wiederholt die Durchgänge** so oft, bis ihr eurer Partnerin / eurem Partner vom Anfang wieder gegenübersitzt oder bis ihr alle Argumente einmal ausgetauscht habt.

3. Die Auswertung

– **Wertet** zuerst den Ablauf der Methode **aus:** Was hat gut oder weniger gut funktioniert?
– **Besprecht** anschließend die folgenden Fragen in eurer Klasse:

  1. Welche Argumente haben die Schülerinnen und Schüler sich gegenseitig aufgezeigt?
  2. Welche Argumente fand ich interessant und überzeugend?
  3. Konnten euch die anderen von ihrem Standpunkt überzeugen?

1.2 Wie sprechen wir miteinander? – Angemessen kommunizieren

Mit Personen in öffentlichen Stellen telefonieren

A Guten Morgen Frau Melnik, mein Name ist Lea Winterbach.
Ich rufe wegen meines Kaninchens Moritz an. Ich würde es gerne vorsorglich untersuchen lassen. Ich könnte jeden Dienstag und Donnerstag nachmittags mit ihm vorbeikommen.

B Hallo?
Ähm… ich rufe wegen Moritz an. Ich will ihn untersuchen lassen. Eigentlich geht's ihm voll gut …
Wann ich Zeit habe? Puh, … ich schau mal nach.

1 Lea ruft in einer Tierarztpraxis an. Lest die Aussagen A und B.
a Erklärt, wie die Mitarbeiterin reagieren könnte.
b Welche Aussage haltet ihr für gelungen? Welche ist verbesserungswürdig? Begründet.
c Habt ihr auch schon einmal einen Termin vereinbart? Berichtet von euren Erfahrungen.

 2 Prüft zu zweit die Tipps A–F zum Telefonieren mit Personen in öffentlichen Stellen.

> **A** Wichtige Informationen für das Telefongespräch sollte ich mir vor dem Gespräch notieren.
> **B** Ich sage am Ende immer „Tschau Kakao". Das finden doch alle lustig.
> **C** Ich nenne beim Telefonieren sicherheitshalber immer nur meinen Vornamen.
> **D** Falls ich etwas nicht verstanden habe, frage ich nicht nochmals nach. Das wäre peinlich.
> **E** Ich sollte mein Gegenüber am Telefon zu Beginn des Gesprächs begrüßen.
> **F** Ich verwende beim Telefonieren mit Erwachsenen immer die Sie-Form. Das ist höflich.

Information ▶ **Umgangs- und Standardsprache**

Die Situation, wo und mit wem wir zusammen sind, bestimmt, wie wir sprechen.
- Die **Standardsprache** verwendet man beim öffentlichen Sprechen mit Fremden oder Respektspersonen.
- Die **Alltags- bzw. Umgangssprache** verwendet man beim privaten Sprechen mit Familienmitgliedern, Bekannten und Freunden.

3 Lea möchte ihrem Kaninchen einen Spielkameraden besorgen und im Tierheim anrufen.
Sie erkundigt sich nach dem Tier Susi, das sie auf der Website entdeckt hat.
Bereitet ein Telefongespräch mit dem Tierheim vor. Wählt a, b oder c.

a Notiert die Aussagen A–D in einer **sinnvollen Reihenfolge.**

> **A** Ich kann gerne am Donnerstag, den 26. Oktober, um 15.30 Uhr vorbeikommen.
> **B** Hallo, hier ist Lea Winterbach. Ich rufe wegen des Kaninchens Susi an. Ist es noch da?
> **C** Ich bedanke mich für das Gespräch. Vielen Dank für die Auskunft. Tschüss!
> **D** Wann wäre denn ein Besuchstermin für Sie möglich? Brauchen Sie Unterlagen von mir?

b **Formuliert Leas Anfrage** während des Telefonats.
Verwendet Standardsprache und beachtet die folgenden Punkte:

> Begrüßung • Vorstellung • Grund des Anrufs • Terminvorschlag •
> Dank und Verabschiedung

c **Formuliert die Aussagen A–D um.**
Verwendet Standardsprache und ergänzt Informationen, die Lea vergessen hat.

> **A** Hi, bist du das mit Susi?
> **B** Ich will sie unbedingt für Moritz haben.
> **C** Kann ich sie mal angucken? Geht das?
> **D** Ich kann Donnerstag vorbeikommen.
> **E** Cool! Tschüssi, bis dann!

d Führt in eurer Klasse das Telefongespräch mit Hilfe eurer Ergebnisse durch.
Wählt eine Schülerin oder einen Schüler, der hierfür die Rolle des Tierheims übernimmt.

Methode ⟩⟩ **Ein Telefongespräch führen**

Wenn ihr **ein Telefongespräch** mit einer unbekannten Person führt, solltet ihr besonders
höflich sprechen. Beachtet Folgendes:

- Überlegt euch **vor dem Gespräch,** was genau ihr sagen und was ihr fragen möchtet.
  Wichtige Fragen könnt ihr euch **notieren** und während des Gesprächs abhaken.
- **Begrüßt** zuerst die Gesprächspartnerin oder den Gesprächspartner und stellt euch mit
  eurem **vollständigen Namen** vor, z. B.: *„Guten Tag. Mein Name ist Leon Werner."*
- Gebt den **Grund** an, warum ihr anruft. Stellt dann eure **Fragen,** z. B.:
  „Ich rufe Sie an, weil wir uns für einen Hund in Ihrem Tierheim interessieren. Dürfen wir …?"
- **Bedankt** euch zum Schluss und **verabschiedet** euch angemessen, z. B.:
  „Vielen Dank für diese Informationen. Auf Wiederhören!"
- **Fragt nach,** wenn ihr etwas nicht verstanden habt, z. B.:
  „Entschuldigung, können Sie das bitte wiederholen?"
- Formuliert **vollständige Sätze** und verwendet bei Erwachsenen die **Sie-Form.**

Eine E-Mail verfassen

	An	lea.winterbach@beispiel.de
✉	Von	tierheim.tierwohl@beispiel.de
	Betreff	Bestätigung für Besuchstermin: Kaninchen „Susi" **1**

Liebe Lea, **2**

vielen Dank für das freundliche Telefonat gestern Nachmittag.
Gerne bestätigen wir dir einen Besuchstermin für das Kaninchen „Susi" am 22.09.20XX. **3**

Folgendes solltest du wissen, wenn wir uns für dich als Susis neue Besitzerin entscheiden:
5 Uns ist es sehr wichtig, dass es unseren Tieren auch in Zukunft gut geht. Daher würden wir
Susi gerne nach etwa vier Wochen in ihrem neuen Zuhause besuchen kommen.
Bitte teile uns für unsere Akten noch folgende Daten mit: Name, Vorname, Geburtsdatum,
Straße, Postleitzahl, geplantes Übernahmedatum des Kaninchens. Bitte deine Eltern um
ihr Einverständnis zur Speicherung deiner Daten. Dies geht ganz einfach per E-Mail. **4**

10 Ich hoffe, dass ich dir mit dieser E-Mail Klarheit verschaffen konnte.
Wir freuen uns, dich und deine Eltern am 22.09.20XX persönlich kennen zu lernen. **5**

Mit freundlichen Grüßen **6**

dein Tierheim Tierwohl
Hannah Hansen **7**

1 Lest euch die E-Mail des Tierheims aufmerksam durch.
Ordnet die Bestandteile einer E-Mail den Ziffern im Beispiel zu, z. B.: 1 – Betreffzeile

Absender • Anrede • Einleitungssatz • Schlusssatz • Betreffzeile • Grußformel • Hauptteil

2 Verfasst Leas Antwort an das Tierheim. Geht dabei auf die E-Mail des Tierheims ein.

> **Methode** ⟩⟩ **Eine E-Mail verfassen**
>
> Achtet beim Schreiben einer **E-Mail** auf die folgenden Bestandteile:
> - **Betreffzeile:** Benennt knapp das Thema der E-Mail in der Betreffzeile.
> - **Anrede:** Sprecht die Empfängerin oder den Empfänger zu Beginn höflich mit Namen an.
> - **Einleitungssatz:** Bezieht euch auf vergangene Ereignisse (z. B. Telefonat).
> - **Hauptteil:** Erklärt im Hauptteil euer Anliegen. Konzentriert euch auf das Wesentliche.
> - **Schlusssatz:** Rundet die E-Mail mit einem Schlusssatz ab (Wie geht es weiter?).
> - **Grußformel:** Verabschiedet euch höflich, z. B.: *Mit freundlichen/besten Grüßen.*
> - **Absender:** Denkt daran, am Ende euren Namen anzugeben.

Dialekte untersuchen

> **A** Do bringad me koi zeah Gäul meh nei!

> **B** A Goiß war friahr d'Kuah vom kloina Mo.

> **C** Dia kloine Grodda henn au Gifd!

> **1** Auch kleine Kröten verspritzen Gift!

> **2** Da bringen mich keine zehn Pferde mehr hinein!

> **3** Eine Ziege war früher die Kuh des kleinen Mannes.

1 In Baden-Württemberg gibt es viele schwäbische Sprichwörter. Audio
  a Hört euch die schwäbischen Sprichwörter A–C an und ordnet sie den Übersetzungen 1–3 zu.
  b Erklärt, woran ihr die Sprichwörter erkannt habt.
  c Vergleicht die Sprichwörter A–C mit ihren Übersetzungen.
  Tipp: Achtet zum Beispiel auf Artikelwörter, Nomen oder Wortlängen.

 2 In Baden-Württemberg gibt es neben dem Schwäbischen noch weitere Dialekte.
  a Überprüft in Kleingruppen, ob und welche Dialekte in Familien- und Bekanntenkreisen eurer Klasse gesprochen werden. Nennt wenn möglich Beispiele, z. B: Baule – Kater.
  b Besprecht: Wann und mit wem spricht man Dialekt? Warum spricht man in bestimmten Situationen oder mit bestimmten Personen lieber Dialekt anstatt Standardsprache?

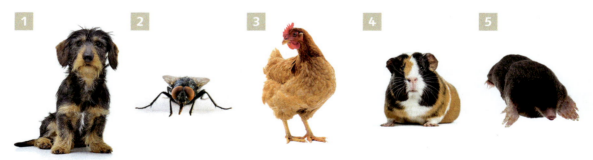

3 Ordnet den Tieren 1–5 die folgenden schwäbischen Begriffe zu.
Tipp: Recherchiert im Internet nach den Bedeutungen der Begriffe, wenn ihr sie nicht kennt.

> Meersau • Häle • Hond • Auwäddr • Mugg

Information ❭ **Dialekt**

Der **Dialekt** ist eine Sprachform, die **nur in einer bestimmten Region gesprochen** wird. In Baden-Württemberg verwendet man zum Beispiel Schwäbisch, Alemannisch oder Fränkisch.

1.3 Projekt – Standpunkte einnehmen, austauschen und reflektieren

1 **a** Beschreibt das Bild genau. Welche Tiere sind darauf abgebildet?
   b Berichtet von euren Erfahrungen:
   – Seid ihr einigen der Tierarten schon einmal begegnet? Wenn ja, wo?
   – Was wisst ihr bereits über die einzelnen Tierarten?
   – Woher stammt euer Wissen über die verschiedenen Tierarten?

> Lebensraum • Nahrung • Aussehen • Sachbuch • Tierdokumentation •
> Reisen • Zoo • Tierpark • Internet • Unterricht

2 Überprüft, wie eure Klasse zur Haltung von Tieren in Zoos steht.
   a Positioniert euch zur Frage: „Sollten Tiere im Zoo gehalten werden?"
   Führt dazu eine Positionslinie durch.   ▶ **Eine Positionslinie durchführen: S. 14**
   b Notiert das Klassenergebnis an der Tafel.
   c Formuliert euren Standpunkt.
   Nutzt die folgenden Formulierungshilfen.

> Meiner Meinung nach … • Meiner Ansicht nach … •
> Ich bin für/gegen … • Ich finde/meine/denke, dass … •
> Ich bin der Meinung, dass …

3 Hört euch entweder die Aussage des Tierschützers (A) oder die Aussage der Tierpflegerin (B) an. Entscheidet euch für den Standpunkt, den ihr selbst vertretet. ▶ Audio

4 Arbeitet aus eurem Hörtext drei Argumente heraus.
Tragt hierfür Behauptung, Begründung und Beispiel in die Tabelle ein.

	Argument 1	**Argument 2**	**Argument 3**
Behauptung	Zoos bieten …	…	…
Begründung	…	weil …	…
Beispiel	…	…	Beispielsweise …

5 Führt ein Kugellager durch und tauscht die Argumente aus,
die der Tierschützer und die Tierpflegerin anbringen.
– Den Innenkreis bilden dabei die Schülerinnen und Schüler,
die <u>für</u> die Haltung von Zootieren sind.
– Der Außenkreis besteht aus den Schülerinnen und Schülern,
die <u>gegen</u> die Haltung von Zootieren sind.

▶ **Methode: Standpunkte im Kugellager vertreten: S. 20**

6 Führt die Positionslinie nun ein zweites Mal durch.
Haltet auch dieses Ergebnis an der Tafel fest.
a Vergleicht das aktuelle Klassenergebnis mit dem vom Anfang.
Inwiefern hat sich die Haltung der Klasse insgesamt geändert?
b Erklärt, warum ihr eure Position beibehalten oder geändert habt.
Nutzt dafür die folgenden Formulierungshilfen:

> Ich habe meine Position auf der Positionslinie verändert, weil … •
> Ich habe meine Position auf der Positionslinie beibehalten, da … •
> Am meisten hat mich das Argument überzeugt, dass … •
> Nachdenklich gemacht hat mich … • Neu für mich war zu erfahren, dass … •
> Ich kann mich für keine eindeutige Position entscheiden. Denn …

1 **a** Erzählt, was die Freundinnen und Freunde auf dem Bild erleben.
   b Was könnte an diesem Tag noch alles geschehen? Erzählt davon.

2 Überlegt gemeinsam, wie eine Freundin oder ein Freund sein sollte.

3 Erzählt von eigenen Erlebnissen mit Freundinnen und Freunden.

In diesem Kapitel ...

- erzählt ihr lebendig von Erlebnissen mit Freundinnen und Freunden,
- schreibt und lest ihr Freundschafts-geschichten,
- bekommt ihr Tipps zum mündlichen und zum schriftlichen Erzählen.

Freundinnen und Freunde mit Köpfchen

Mündlich erzählen

An einem milden Herbsttag …

1 Die vier Freundinnen und Freunde auf den Bildern geraten überraschend in ein Abenteuer. Seht euch Bild 1 an. Erzählt über die Situation und über die Pläne der vier.
Die Freundinnen und Freunde waren mit ihren Rädern unterwegs und …
Eigentlich wollten die Freundinnen und Freunde eine Radtour nach/zum … machen.
Sie fuhren gerade …, da sahen sie auf einmal / plötzlich …
Sie stiegen … ab und …

2 Erzählt, was die Kinder in Bild 2 tun. Geht dabei auf die Situation, die einzelnen Kinder, ihre möglichen Gedanken und Gefühle ein. Achtet auf Einzelheiten und erzählt möglichst genau.

> hinter der Hecke hocken •
> etwas mit dem Fernglas beobachten •
> miteinander flüstern • sich verstecken •
> schleichen • sich leise verhalten

3 Seht euch die Bilder 3 und 4 an und notiert Stichworte:
– Was beobachten die Freundinnen und Freunde?
– Was geschieht weiter?

> eine Müllhalde • illegal • der Gestank •
> drei dunkle Gestalten • wild • verboten •
> an einer Lichtung • mitten im Wald •
> die Plastiksäcke • der riesige Haufen •
> an einer Weggabelung • die Unordnung

 4 Erzählspiel in der Tischgruppe!
- Erzählt die Geschichte der vier Freundinnen und Freunde von Anfang bis Ende.
- Jede/Jeder erzählt drei bis vier Sätze. Dann übernimmt die/der Nächste.
- „Spinnt" die Erzählideen der anderen weiter und überlegt euch einen passenden Schluss.
- Wer gerade nicht erzählt, hört aufmerksam zu.
- Überlegt gemeinsam:
  Was ist gut gelungen? Was könnten die Einzelnen noch verbessern?

plötzlich • auf einmal • langsam • ohne Vorwarnung • kurz danach • nachdem sie … • aus dem Nichts • endlich • erleichtert

Mir hat gut gefallen, dass du erzählt hast, wie/warum …
Du hast in (fast) jedem Satz ausdrucksstarke Wörter verwendet, zum Beispiel: …
Deine Idee mit … fand ich spannend/interessant/überraschend/…
Du hättest noch spannender/interessanter/abwechslungsreicher erzählen können,
zum Beispiel als …

5 Denkt euch eine eigene Geschichte zum Thema Freundschaft aus.
Nutzt eine der Wortketten als Ideen.
die Pyjamaparty – allein – der Stromausfall – die Dunkelheit – die Geräusche
der Ausflug – der Badesee – ein herrenloser Hund – die Suche – die Dämmerung

2.1 Aufregende Ereignisse – Erlebnisse schriftlich erzählen

Eine Reizwortgeschichte untersuchen

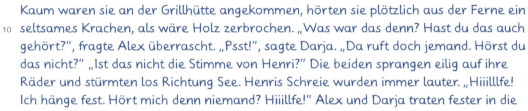

Vorgestern radelten Darja und Alex mit ihren Rädern am Ufer des Forellenteichs entlang. Es schien ein entspannter Tag zu werden und die beiden ahnten nicht, welch spannendes Abenteuer sie bei den Forellen erwartete.

5 Das Wasser des Teichs glitzerte, zwei Libellen tanzten um einen morschen Bootssteg. Sonst passierte nichts. „Komm, Alex, das ist voll langweilig hier! Lass uns weiter-radeln und nachsehen, ob an der Grillhütte mehr los ist." Kaum waren sie an der Grillhütte angekommen, hörten sie plötzlich aus der Ferne ein

10 seltsames Krachen, als wäre Holz zerbrochen. „Was war das denn? Hast du das auch gehört?", fragte Alex überrascht. „Psst!", sagte Darja. „Da ruft doch jemand. Hörst du das nicht?" „Ist das nicht die Stimme von Henri?" Die beiden sprangen eilig auf ihre Räder und stürmten los Richtung See. Henris Schreie wurden immer lauter. „Hiiilllfe! Ich hänge fest. Hört mich denn niemand? Hiiilfe!" Alex und Darja traten fester in die

15 Pedale. Als der Forellenteich wieder in Sicht kam, trauten sie ihren Augen nicht. Von Henri waren nur noch Kopf und Arme zu sehen. Er hatte sich auf den morschen Steg getraut und war eingebrochen. Wild ruderte er mit den Armen in der Luft herum und schrie: „Ich kann mich nicht mehr halten und mein Bein tut so weh!" Alex und Darja schmissen ihre Räder ins Gras und riefen: „Halt durch, wir kommen und

20 helfen dir!" Beide krochen vorsichtig auf dem morschen Steg vorwärts, um ihrem Freund zu helfen. Zum Glück hielten die Planken, und Darja und Alex gelang es, Henri aus dem Loch im Bootssteg herauszuziehen. Das Holz des Bootsstegs hatte ihn am Bein verletzt. Doch zum Glück konnte Henri selbstständig gehen. Nachdem sich alle von dem großen Schreck erholt hatten,

25 brachten Alex und Darja ihren Freund nach Hause.

> einem Freund helfen • der Forellenteich • der morsche Bootssteg • die Grillhütte • verletzt

1 a Lest die Reizwortgeschichte.   ▶ Audio
  b Findet die Reizwörter in der Geschichte und erklärt, wie sie eingesetzt wurden:
   – An welchen Stellen sind die Reizwörter eingebaut?
   – Wie häufig tauchen sie auf und in welcher Reihenfolge?
  c Beschreibt, wie in der Geschichte Spannung erzeugt wird.
  d Gebt der Geschichte eine passende Überschrift, die neugierig macht.

+ 2 Erklärt in eigenen Worten, was eine Reizwortgeschichte ist.

Eine Reizwortgeschichte schriftlich erzählen

A der Jahrmarkt • die Losbude • der Hauptgewinn • der Windstoß • die Suche

B die Straßenbahn • das Handy • verfolgen • der Eisbecher • sich verabreden

1 Wählt eine der Reizwortketten **A** oder **B.** Notiert Ideen für eine Freundschaftsgeschichte.

2 Plant den Aufbau der Geschichte mit Hilfe eines Schreibplans. Notiert die Erzählschritte.

	A	B
Einleitung Wo? Wer? Wann?	– auf dem Jahrmarkt – …	– in der Straßenbahn – …
Hauptteil Was? Wie? Warum?	– ein Los an der Losbude kaufen – …	– einen Anruf erhalten – …
Schluss Wie geht es aus? Welche Folgen?	– …	– …
Überschrift	– …	– …

3 Schreibt die Freundschaftsgeschichte zu der Reizwörterkette.
a Schreibt eine Einleitung, die neugierig macht.
b Steigert die Spannung im Hauptteil mit lebendigen, fesselnden Sätzen.
c Rundet eure Geschichte mit einem passenden Schluss ab.
d Ergänzt eine treffende Überschrift.

4 Lest euch eure Geschichten in Partnerarbeit vor und gebt euch gegenseitig Feedback.
Du hast … Reizwörter verwendet. Besonders gefallen hat mir, dass … Spannend fand ich …
Noch besser hätte ich gefunden, wenn … Du könntest noch Wörter wie … verwenden.

Methode | **Eine Reizwortgeschichte erzählen** ▶ Video

Reizwörter sollen euch **reizen**, besonders **fantasievolle** Geschichten zu erzählen.
- **Verwendet alle Reizwörter** in der Geschichte.
  Die Reihenfolge könnt ihr selbst festlegen.
- Gebt eurer Geschichte eine **Einleitung,**
  einen **Hauptteil,** einen **Schluss** und am
  Ende auch eine **Überschrift.**
- Erzählt im **Präteritum.**

Höhepunkt

Einleitung | Hauptteil | Schluss

Die Erzählkurve einer spannenden Geschichte

Schriftlich zu Bildern erzählen

Die Geschichte planen

 1 **a** Seht euch die Bilder zu zweit an. Besprecht, was auf jedem Bild zu sehen ist.
b Gebt den Figuren Namen und überlegt euch, was sie in den Situationen sagen und fühlen. Schreibt Stichworte auf.

2 **a** Notiert für die Einleitung, wo und wann die Geschichte spielt.
b Besprecht und ordnet die folgenden Erzählschritte für den Hauptteil: Was geschah nacheinander?

> machten Räuberleiter und holten … vom Baum • Eimer voll mit … •
> kletterte hinauf und stellte sich auf einen dicken Ast • kletterte immer höher und … •
> war von … verdeckt • … lehnte eine Leiter an den Baum •
> eine Freundin und ein Freund kamen

c Überlegt euch einen knappen Schluss: Wie endet die Geschichte?

3 **a** Legt fest, was der Höhepunkt der Geschichte ist.
b Der Höhepunkt sollte möglichst spannend und ausführlich erzählt werden. Notiert Wörter und Wortgruppen für die Gefühle und Gedanken der Hauptfigur.

Höhepunkt – Gefühle:	Höhepunkt – Gedanken:
– zitterte wie …	„Bloß nicht nach unten …!"
– spürte im Magen …	„Warum habe ich nicht …?"
…	…

Die Einleitung schreiben

> **A** Der Kirschbaum war voll mit roten und saftigen Früchten. Tobi freute sich und lief in die Garage, um eine lange Leiter und einen Eimer zu holen.

> **B** Der Kirschbaum war voll mit roten und saftigen Früchten. Ich freute mich und lief in die Garage, um eine lange Leiter und einen Eimer zu holen.

4 Schreibt eine Einleitung, die auf die Geschichte neugierig macht.

a Lest die Beispiele **A** und **B** und entscheidet, wie ihr erzählen wollt.
Schreibt dann eure Einleitung in der Er-Form oder in der Ich-Form auf.
Verwendet das Präteritum.

b Vergleicht eure Ergebnisse und gebt euch gegenseitig Tipps.

Den Hauptteil lebendig und spannend gestalten

5 Schreibt den Hauptteil bis zum Bild 3.
   – Verwendet weiter das Präteritum und eure Notizen aus den Aufgaben 2 und 3.
   – Erzählt lebendig: Erzählt ausführlich über die Gedanken und Gefühle der Figuren.

a **Erzählt in vollständigen Sätzen.**
Verwendet eure Notizen und bei Bedarf die folgenden **Vorschläge.**

> … freute sich/mich auf die dicken, saftigen Kirschen • … stieg immer weiter • mutig •
> von einem dicken Ast zum anderen • Opa wunderte sich darüber, dass … •
> … war glücklich über den vollen Eimer • Vorsichtig und langsam kletterte … hinunter •
> bemerkte erstaunt • dachte • überlegte • befürchtete • Hilfe suchend •
> Plötzlich hörte/entdeckte … • Erleichtert erkannte … eine Freundin und ein Freund …

b **Erzählt** den Hauptteil mit Hilfe der **W-Fragen** und eurer Notizen.
   – Wie füllte die Hauptfigur nach und nach den Eimer?
   – Was sah sie? Was dachte und fühlte sie dabei?
   – Wie schaffte es die Hauptfigur, mit dem vollen Eimer aus der Baumkrone wieder weiter hinunter im Baum zu kommen?
   – Was musste sie feststellen? Wie ging es ihr damit?

c **Gestaltet** den Hauptteil eurer Geschichte **lebendig und spannend aus.**

d Lest eure Hauptteile vor und gebt euch gegenseitig ein kurzes Feedback:
   – Was ist gelungen?
   – Was könnte noch verbessert werden?

6 Erzählt, wie die Rettung verlief. Schreibt dazu auch einen Dialog zu Bild 4. Wählt a, b oder c.

a Schreibt einen Dialog. Ihr könnt die **Vorschläge** verwenden.

> **Wörtliche Rede:**
> „Da hast du aber Glück gehabt!" • „Spring doch runter!" • „Hast du eine Leiter?" •
> „So was Blödes, die Garage ist abgeschlossen." • „Lass uns eine Räuberleiter machen."

b Schreibt einen Dialog **mit passenden Verben** aus dem Wortspeicher.
„Wie lange sitzt du schon auf dem Ast?", fragte … … ergänzte: „Und wie bist du überhaupt da hochgekommen?" …

> **Verben des Sagens:**
> rief • fragte • tröstete • ermutigte •
> jammerte • schlug vor • ergänzte • schrie

c Schreibt einen Dialog **mit abwechslungsreichen Begleitsätzen.**
Ergänzt dazwischen Sätze zu den **Gefühlen** der Figuren oder zu ihrer **Mimik und Gestik.**

d Stellt eure Ergebnisse vor und macht euch gegenseitig Überarbeitungsvorschläge.
Man kann sich gut vorstellen, wie …   Vielleicht würde man das so sagen: …
So klingt es natürlicher: …   Das könnte man noch …   ▶ **In der richtigen Zeitform erzählen: S. 35**

Den Schluss schreiben

7 Nach dem Höhepunkt sollte die Geschichte sehr schnell zu Ende gehen. Schreibt zu Bild 5 euren Schluss auf.

Eine treffende Überschrift formulieren

8 Formuliert eine treffende Überschrift.
Achtet darauf, dass sie neugierig macht, aber noch nicht zu viel verrät.

+ 9 Was wäre geschehen, wenn die Geschichte ein Märchen wäre? Notiert Ideen.

Methode ❯ **Erlebnisse lebendig erzählen**

- Wählt eine **Erzählform.**
  - **Ich-Erzähler** oder **Ich-Erzählerin:** *Ich kletterte die Leiter hinauf.*
  - **Er-Erzähler** oder **Sie-Erzählerin:** *Tobi kletterte die Leiter hinauf.*
- Verwendet **wörtliche Rede,** um die Geschichte lebendig zu machen. Setzt am Anfang und am Ende **Anführungszeichen** und beachtet die besondere **Zeichensetzung,** z. B.: *„Hilfe!"*
- Wählt für den **Redebegleitsatz** abwechslungsreiche Verben aus, z. B.: *meinen, erwidern.* Steht der Redebegleitsatz **vor** der wörtlichen Rede, folgt ein **Doppelpunkt,** z. B.: *Joana rief: „Achtung, der Ast knackt!"* **Nach** der wörtlichen Rede wird er durch ein **Komma** abgetrennt, z. B.: *„Wie habe ich das gemacht?", fragte Tobi.*

▷ In der richtigen Zeitform erzählen

> „Wir **bilden** eine Räuberleiter!", **riefen** alle wie im Chor. Tobi **fühlte** sich erleichtert. Seine Freunde **halfen** ihm vorbildlich. Er **kletterte** vorsichtig über die Schultern einer Freundin zu Boden. Auf sie **konnte** er sich verlassen. Keine einzige Kirsche **fiel** aus dem Eimer.

1 Findet zu den Verbformen im Erzähltext die Grundformen und die jeweils andere Zeitform.
  a Legt eine Tabelle an und tragt die markierten Verbformen aus dem Text ein.
  b Tragt jeweils die Grundform und die fehlende Zeitform ein.

Infinitiv (Grundform)	Präsens	Präteritum
…	wir …	…
rufen	sie rufen	sie riefen
…	…	er fühlte

2 Die Verben des Sagens im Wortspeicher verwendet man in Redebegleitsätzen.
  a Tragt die Verben aus dem Wortspeicher in eure Tabelle ein.
  b Markiert in eurer Tabelle die starken Verben.

> antworten • bitten • finden • flüstern •
> lügen • schreien • fragen • stottern •
> besprechen • murmeln • erwidern • brüllen

▶ **starke und andere knifflige Verben: ganz hinten im Buchdeckel**

3 Schreibt das folgende Ende des Erzähltextes auf.
Setzt dabei jedes Verb in der richtigen Zeitform ein.
Beim Abendessen **fragte** Tobis Großvater: „Warum **isst** du nichts?" *(fragen, essen)*

> „Ich **?** keinen Hunger", **?** Tobi. *(haben, antworten)*
> „Zum Nachtisch **?** es frische Kirschen aus dem Garten", **?** Tobis Mutter. *(geben, sagen)*
> Tobi **?** mit den Augen und **?** : „Von Kirschen **?** ich im Moment
> die Nase voll!" *(rollen, rufen, haben)*

Hilfe!

Methode ⟩	**In der richtigen Zeitform erzählen**

- Verwendet das **Präteritum,** wenn ihr schriftlich erzählt, z. B.:
  *Tobi **zitterte** am ganzen Körper und **griff** nach einem starken Ast.*
- In der **wörtlichen Rede** passt oft das **Präsens.** Denn die Figuren
  sprechen darüber, was sie gerade in diesem Moment erleben, z. B.:
  *Er rief: „Ich **brauche** Hilfe! **Hört** mich denn niemand?"*

Schriftlich erzählen

1 Wie erzählt man eine Geschichte lebendig und spannend?
Verbindet die Satzteile richtig miteinander. Es ergibt sich ein Lösungswort.

S Wenn ich in meiner Geschichte wörtliche Rede verwende, …	**M** … so können die Leserinnen und Leser mitfiebern.
H Bevor ich mit dem Schreiben beginne, …	**D** … löse die Spannung auf.
I Den Höhepunkt erzähle ich sehr ausführlich, …	**C** … kennzeichne ich sie durch Anführungszeichen. Außerdem prüfe ich, ob ich Kommas oder einen Doppelpunkt setzen muss.
M Am Anfang entscheide ich, wer erzählt: …	**W** … plane ich meine Geschichte.
A Den Schluss der Geschichte halte ich kurz, und ich …	**B** … eine Ich-Erzählerin / ein Ich-Erzähler oder ein Er-Erzähler / eine Sie-Erzählerin.

2 Überarbeitet den folgenden Ausschnitt aus einer Schülergeschichte.   ► Audio
   a Schreibt die markierten Verben im Präteritum auf.
   b Findet die wörtliche Rede und schreibt sie mit den Redebegleitsätzen ab.
   Setzt dabei alle Satzzeichen: Anführungszeichen, Kommas, Doppelpunkte.

> Brauchst du Hilfe? Soll ich zu dir auf das Sprungbrett kommen? ruft der Bademeister vom Beckenrand aus. Er sieht, dass Cara unsicher auf dem Sprungbrett steht. Cara, hörst du nicht, was der Bademeister dich fragt? rufen ihre
> 5 Freunde ihr zu. Macht euch keine Sorgen stammelt Cara. Ich warte nur, bis die Schwimmer unter dem Brett weg sind. Der Bademeister nimmt seine Trillerpfeife und bläst kräftig hinein. Alle Augenpaare der Schwimmer richten sich auf ihn. Schwimmt zur Seite. Unter den Sprungbrettern dürft ihr
> 10 euch nicht aufhalten! schreit der Bademeister energisch. Langsam und in winzigen Schritten bewegt sich Cara vorwärts zur Brettkante. Sie überlegt nicht mehr lange, sondern springt sofort, die Füße voran. Super, Cara, gut gemacht gratulieren die Freunde vom Beckenrand aus.

Vorsicht Fehler!

 3 Überprüft eure Ergebnisse aus den Aufgaben 1 und 2 in Partnerarbeit.

2.2 Wann ist ein Freund ein Freund? – Zu Freundschaftsgeschichten schreiben

Eine Geschichte weiterschreiben

Salah Naoura

Chris, der größte Retter aller Zeiten (Teil 1)

Chris lebt in Berlin und ist ein beliebter und sehr hilfsbereiter Schüler. Im Laufe des Schuljahres kommt ein neuer Junge in die Klasse, der sich als „Vampir" vorstellt. In Wirklichkeit heißt er Titus. Eines Tages beobachtet Chris, wie Titus in der Schulbücherei heimlich Bücher einsteckt. Er fragt sich verwundert, warum jemand ausgerechnet in der Schulbücherei Bücher klaut.

1 Chris machte sich auf den Weg zum S-Bahnhof. Der Rest der Klasse hatte noch Sport und war mit dem Bus zum Schwimmbad gefahren. Aber da Chris vom Schwimmunter-
5 richt befreit war, hatte er an diesem Tag früher Schluss.

2 Auf dem S-Bahnsteig setzte er sich auf eine der ungemütlichen Stahlgitterbänke, ließ die Beine baumeln und die Schuhe schleifen.
10 „Du machst die Sohlen kaputt!", schimpfte die alte Frau, die neben ihm saß. Er stand auf und schlenderte ein Stück den Bahnsteig entlang, und als er gerade den Kopf hob, um auf die Zuganzeige zu schauen, erspähte er weiter
15 hinten eine wohlbekannte dürre, bleiche Gestalt, die auf der anderen Seite des Bahnsteigs stand. Gerade fuhr die S-Bahn Richtung Innenstadt ein und hielt mit einem Ruck, die Türen sprangen knallend auf, und Chris sah, wie der
20 Vampir in einen der vorderen Waggons stieg. „Zurückbleiben bitte!"

3 Chris trat einen Schritt vor und zögerte. Er war nach der Schule noch nie woanders hingefahren als nach Hause. Doch seine Neugierde überwog. Wo würde der Vampir aussteigen?
25 Wo wohnte er? Wozu brauchte er die geklauten Bücher? Im allerletzten Moment, kurz bevor die Türen sich schlossen, sprang Chris zum ersten Mal in seinem Leben in den falschen Zug.
30 Offenbar war der Neue ebenfalls vom Schwimmunterricht befreit, genau wie er, dachte Chris, während die Bahn quietschend und ruckelnd von einer Haltestelle zur nächsten fuhr. Jedes Mal, wenn sie hielt, warf er ei-
35 nen vorsichtigen Blick zur Tür und beobachtete, wer ausstieg, und jedes Mal war der Vampir nicht dabei.

4 Der Zug fuhr und fuhr. Chris schaute auf sein Handy. Über eine Viertelstunde waren sie
40 schon unterwegs. Die nächste Station war Yorckstraße, und dort entdeckte er im letzten Moment, ehe die Zugtüren sich wieder schlossen, zwischen den vielen aussteigenden Leuten endlich den Vampirkopf mit dem blonden,
45 hängenden Haar über dem langen schwarzen Mantel.

Hastig stieg Chris ebenfalls aus und folgte dem Vampir in einiger Entfernung.

Der Neue lief eilig die Treppe hinunter, sah auf
50 seine Uhr und begann zu rennen. […]*

1 a Tauscht euch darüber aus, warum Chris Titus folgt.
b Sammelt alle Informationen, die ihr über die beiden Jungen in dem Buchauszug findet.

2 a Wie wirkt die Hauptfigur Chris auf euch?
Formuliert eure Gedanken und begründet sie.
Tipp: Bezieht auch den Titel des Buches ein.
Chris ist ein Junge, der …
Meiner Meinung nach …
Ich glaube, dass Chris …
In Zeile … steht, Chris …

b Warum könnte es sich um eine Geschichte über
Freundschaft handeln? Diskutiert darüber.

3 Wie könnte die Geschichte weitergehen?
Wählt a, b oder c.

a **Überlegt** euch für die Erzählschritte **eine sinnvolle
Reihenfolge. Entscheidet,** was der **Höhepunkt** der
Geschichte sein soll.

> Chris rannte hinter … her • er hatte keine Ahnung, … •
> Vampir … verschwunden • wartete … lang – vergeblich! •
> plötzlich dröhnte eine Stimme: „…" • ein riesiger Hund rannte auf … zu •
> Chris schaffte es gerade noch, … • das Herz schlug ihm … •
> Vampir ging in einen Kiosk • musste sich hinter … ducken • Wo war Vampir nur?

b **Notiert** mit Hilfe der folgenden **Fragen** Ideen für die nächsten **Erzählschritte.**
– Wo lief Vampir hin?
– Mit welcher unheimlichen Person traf sich Vampir?
– Was hörte und sah Chris?
– Was geschah plötzlich Erschreckendes oder Gefährliches?

c **Überlegt** euch die einzelne **Erzählschritte** der Geschichte und tragt sie in Stichworten
zusammen.

d Stellt euch gegenseitig eure Ideen vor. Schlagt Ergänzungen vor.

4 Schreibt eine lebendige Fortsetzung der Geschichte im Präteritum.
Verwendet eine Sprache, die zum Anfang der Geschichte passt.

▶ **Erlebnisse lebendig erzählen: S. 34**

5 Lest euch gegenseitig eure Fortsetzungen vor und gebt euch Feedback:
– Was gefällt euch besonders?
– Welche Stellen findet ihr spannend oder lebendig?
– Passt die Fortsetzung sprachlich zum Anfang der Geschichte?

6 Welche Geräusche hörte Chris während der Verfolgung?
Baut drei bis vier passende Sätze in eure Fortsetzung ein.

Aus der Sicht einer anderen Figur erzählen

Salah Naoura

Chris, der größte Retter aller Zeiten (Teil 2)

Der Schulleiter von Chris' Schule, Herr Mertens, bittet Chris, sich ein wenig um Titus zu kümmern. Da Titus neu an der Schule ist, kann er einen Freund gut gebrauchen. Chris verspricht, Titus zu besuchen, und fährt zu ihm nach Hause. Bald steht er vor einem efeubewachsenen Altbau mit einer Kneipe im Erdgeschoss und einem Tor zum Hinterhof.

1 Der Durchgang zum Hinterhof war duster und roch ein wenig muffig, doch am Eingang zum Treppenhaus entdeckte Chris etwas Ungewöhnliches: ein kleines Hinweisschild mit
5 dem Wort Aufzug und darunter einen Pfeil, der um die Ecke zeigte. Aufzüge gab es in solchen alten Mietshäusern nur selten, und dass der Name des Vampirs auf dem Klingelschild in der obersten Reihe stand, bedeutete mit Si-
10 cherheit, dass er ganz oben wohnte, also folgte Chris dem Pfeil.

2 Erst als die Tür sich hinter ihm schloss und der Aufzug mit einem Ruck anfuhr, merkte Chris, dass er in einem Glaskasten stand,
15 der sich durch einen gläsernen Schacht bewegte. Der Aufzug war nachträglich hinten im Hof angebaut worden, und von der gläsernen Kabine aus blickte Chris auf Fahrräder, Mülltonnen, einen fast schon kahlen Ahornbaum
20 und die Fenster der Nachbarhäuser. In seiner Magengegend machte sich ein seltsames Ziehen bemerkbar, während es höher und höher

hinaufging. Als er sich mit Schwung nach links drehte, um an der Seite hinauszugucken, hielt der Aufzug plötzlich an. An den Fenstern der 25 Fassade sah Chris sofort, dass er noch nicht oben war, sondern irgendwo zwischen zwei Etagen feststeckte. Kein Laut war zu hören, kein Surren der Seile, kein Motorengeräusch. Der Aufzug rührte sich nicht. 30

Chris schlug gegen die Tür. „Hallo? Hallo!" Die Tür blieb zu. Ihm wurde mulmig. Er saß in diesem engen Kasten wie ein Hamster im Käfig. Wie sollte er hier wieder herauskommen? Wer sollte ihm helfen? Er wollte sofort hier raus! 35 Auf der Stelle! „Hilfe!" Seine Fäuste hämmerten an die Metalltür. „Lasst mich raus!"

„Klappe, ihr verdammten Blagen!", brüllte eine Männerstimme von irgendwo weiter unten. Chris zuckte erschrocken zusammen „Spielt 40 gefälligst woanders!" Dann war zu hören, wie eine Tür zuknallte.

„Hiiiiiiiiiiiiiiilfe!"

„Hallo?", hallte eine Stimme durch das Treppenhaus. „Kann ich helfen?" 45

Normalerweise war es Chris, der diese Frage stellte. Der umgekehrte Fall erschien ihm etwas ungewohnt. Die Stimme klang ein ganzes Stück entfernt, aber sie kam ihm irgendwie bekannt vor. 50

„Titus! Bist du das?"

„Chris? Bist du das?"

1 a Wie fühlt sich Chris, als er in den Aufzug steigt? Begründet eure Aussagen.
  Ich glaube, dass Chris … Denn in Zeile …
  Außerdem steht in Zeile …, dass …
b „Chris saß in dem engen Kasten wie ein Hamster."
  (Z. 32–33) Erklärt diesen Vergleich.
  Findet weitere Vergleiche in dem Buchauszug.

2 Versetzt euch in Titus hinein.

a Was kann er von außen sehen und hören? Begründet.

b Welche Gefühle und Gedanken hat Titus? Sammelt Ideen.

> überrascht • besorgt • irritiert • ängstlich • unsicher

3 a Die beiden Erzählanfänge sind aus Titus' Sicht erzählt. Lest sie.

> Plötzlich hörte ich im Treppenhaus ein lautes Hämmern und Donnern, so als ob jemand gegen eine Blechkiste treten würde. Neugierig öffnete ich die Wohnungstür. Das Hämmern wurde lauter. Es musste vom Aufzug kommen.

> Jemand war im Aufzug eingeschlossen. Er klopfte gegen die Tür. Außerdem rief er dann auch noch: „Hilfe." Ich lief hin und sagte, dass ich Hilfe hole.

b Welcher Text passt besser? Erklärt, warum ihr dieser Meinung seid.

4 Erzählt die Geschichte aus Titus' Sicht weiter bis zum Schluss.
Erzählt auch, wie es ihm gelingt, Chris aus dem Aufzug zu befreien. Wählt a, b oder c.

a Erzählt in der Ich-Form und im Präteritum. Die **Vorschläge** helfen euch.

> Vorsichtig näherte ich mich … • Die Stimme aus dem … klang sehr … •
> Irgendwie kam sie mir … vor. • Plötzlich hörte ich … • Da wusste ich … • Ich rief: … •
> Neben dem Fahrstuhl entdeckte ich …

b Lest zunächst **die markierte Textstelle** noch einmal genau und erzählt sie aus Titus' Sicht.
Erzählt dann weiter, was danach geschieht. Schreibt im Präteritum.

c Erzählt die Geschichte aus Titus' Perspektive weiter. **Ergänzt,** was Titus **denkt und fühlt.**

d Tragt eure Geschichten vor. Vergleicht, wie Chris in euren Geschichten jeweils befreit wird.

5 a Überprüft eure Geschichten in Partnerarbeit und macht Verbesserungsvorschläge.

b Überarbeitet eure Texte und korrigiert auch Rechtschreibfehler.

6 „Als er sich mit Schwung nach links drehte, um an der Seite hinauszugucken, hielt der Aufzug plötzlich an." (Z. 23–25) Erklärt, wie an dieser Textstelle Spannung erzeugt wird.

Methode ▶ **Aus der Sicht einer anderen Figur erzählen**

- **Versetzt euch** in die andere Figur **hinein** und überlegt:
  Was weiß die Figur? Was sieht und hört sie? Was denkt und fühlt sie? Was sagt sie?
- **Behaltet** den **Kern** der Geschichte bei.
- **Ergänzt Einzelheiten**, z. B. etwas, das nur diese Figur wissen oder tun kann.

2.3 Fit in …! – Eine Geschichte weiterschreiben

Stellt euch vor, ihr bekommt in der nächsten Klassenarbeit die folgende Aufgabe gestellt:

Aufgabe

Schreibe den folgenden Buchauszug in der Er-Form weiter. Erzähle, was auf Chris'
Geburtstagsfeier passiert und welche Gedanken und Gefühle Chris hat.
Verwende dabei mindestens drei der sechs Reizwörter und Wortgruppen.

> ein großes Paket • der Tisch wackelt • der Stein rutscht weg • ein lauter Schrei •
> die Torte fliegt durch die Luft • ein Luftballon im Paket: „Beste Freunde!"

Salah Naoura

Chris, der größte Retter aller Zeiten (Teil 3)

*Chris hat Geburtstag, und
eine Feier mit Freunden und
Familie soll im Garten stattfinden. Chris und sein Opa
bereiten alles dafür vor.*

1 Zwei Tage später kehrte
der Sommer mit aller Macht
zurück, die Frühnebel verzo-
gen sich, und es wurde so
5 warm, dass Oma entschied, die Geburtstagsfeier nach draußen zu verlegen. Während der Vorbereitungen marschierte sie
mit Mama durch den Garten und ordnete
an, wo welcher Lampion aufgehängt wur-
10 de, welche Farbe die Luftballons haben
sollten und wo die Geburtstagstafel zu
stehen hatte.

Opa erhielt die Aufgabe, den extralangen
Tapeziertisch zu reparieren, an dem die
15 vielen Gäste sitzen sollten.

„Den brauchen wir bestimmt nicht", sagte Chris.

„O doch", meinte Mama. „Du hast ja die
ganze Klasse eingeladen."

20 „Nein, du", sagte Chris. „Und wahrscheinlich kommen eh nur ein paar."

„Das weiß man vorher nie",
erwiderte Mama.

2 Chris wusste ziemlich
genau, wer kommen würde, 25
denn normalerweise tauch-
ten zum Geburtstag nur die
Kinder auf, denen er irgend-
wann einmal geholfen hatte.
Leo, der fast an seiner Trau- 30
be erstickt wäre. André, der
beim Joggen im Wald umgeknickt war.
Hermine, die ihr geliebtes Armband verloren hatte. Micha, der beim Anblick der
Zeichnung eines hautlosen Menschen im 35
Biobuch umgekippt war. Sophie und
Marie, die beinahe giftige Tollkirschen
gegessen hätten. Und vielleicht ja auch
der Vampir. Chris hatte ihm jedenfalls
eine Einladung überreicht und hoffte 40
sehr, dass er zur Feier kam.

3 Opa stand in seiner Werkstatt und
versuchte, das kaputte Scharnier des
Tapeziertisches zu reparieren. Leider
funktionierte der u-förmige Ständer an 45
dem einen Ende des Tisches nicht richtig.
„Wenn er nicht einrastet, besteht die Gefahr, dass er einknickt und der Tisch

kippt", erklärte Opa, als Chris ihn fragte,
50 was denn das Problem sei.
„Und kriegst du das hin?"
Sein Großvater schlug mit seinem Ham-
mer ein paarmal kräftig zu. „Nee", sagte
er. „Weißt du was? Wir legen einfach
einen großen Stein unten auf den Bügel, 55
dann kann nix passieren." [...]*

Die Aufgabe verstehen

1 Wie geht ihr beim Bearbeiten der Aufgabe vor?
Ordnet die Schritte in der richtigen Reihenfolge. Es ergibt sich ein Lösungswort.
A Ich notiere Ideen, wie die Geschichte weitergehen könnte.
R Ich schreibe die Fortsetzung in der Er-Perspektive weiter.
Y Ich überarbeite meine Fortsetzung und verbessere dabei auch die Rechtschreibung
und die Zeichensetzung.
P Ich lese die Geschichte mehrmals und gründlich, bis ich sie genau verstanden habe.
T Ich formuliere anschaulich und lebendig und verwende wörtliche Rede.

Planen

2 Um die Geschichte weitererzählen zu können, muss man sie gut verstehen.
Beantwortet die folgenden Fragen in Stichworten.
– Warum sollen Opa und Chris einen Tapeziertisch im Garten aufstellen?
– Welches Problem gibt es mit dem Tapeziertisch?
– Wie lösen Opa und Chris das Problem?
– Welche Gäste erwartet Chris? ▶ **Hilfe findet ihr auf S. 44.**

3 Wählt aus und notiert, welche Gefühle Chris vor seiner Geburtstagsparty hat.

> ängstlich • besorgt • entspannt • erleichtert • glücklich • misstrauisch • gleichgültig •
> skeptisch • unsicher • entschlossen • fröhlich • zuversichtlich • optimistisch • froh

4 Was kann alles passieren? Sammelt Ideen zur Fortsetzung der Geschichte in einem Schreibplan.

Einleitung	– die ersten Gäste kommen – …
Hauptteil	– immer mehr sitzen am … Vampir erscheint – Tisch knickt ein… – Luftballon mit der Aufschrift … an schwerem Stein
Schluss	– …
Überschrift	– …

Schreiben

5 Schreibt zunächst den Anfang eurer Fortsetzung.
  – Knüpft an die letzten Sätze des Buchauszugs an.
  – Versetzt euch in Chris hinein. Was sieht, hört, denkt und fühlt er?
  – Verwendet die folgenden Vorschläge oder schreibt einen eigenen Text.

Chris holte tief Luft und freute sich nun doch auf … …, dachte er. Der Garten sah nun wirklich festlich aus. Da kamen auch schon … Seine Mutter stellte leckere … Doch Chris bekam davon kaum etwas mit, denn … Da erblickte er plötzlich … Sein Paket war riesengroß und … Chris konnte es kaum halten und rief: „…"

6 Gestaltet den Höhepunkt spannend und verwendet anschauliche Formulierungen, z. B.:

Chris überlegte nicht lange und … Da hörte er … Er konnte nicht genau verstehen, was seine Mutter … Aus dem Augenwinkel sah er … Was wollte Opa ihm mit dem Fuchteln sagen? Genau in diesem Moment … Dabei öffnete sich der Karton und heraus schwebte … Er war mit einer Schnur an einem schweren Stein …

▶ **Hilfen findet ihr auf S. 44.**

7 Schreibt einen Schluss zu eurer Geschichte.
Verwendet eine der Ideen aus dem Wortspeicher oder schreibt einen eigenen Schluss.

> Oma konnte es nicht fassen und machte eine witzige Bemerkung. •
> Mama lachte und rettete zusammen mit Chris und Vampir, was noch zu retten war. •
> Alles lag auf dem Boden und so gab es ein Picknick auf … • Chris und Vampir …

Überarbeiten

 8 Führt eine Schreibkonferenz durch. Lest euch eure Geschichten gegenseitig vor und gebt euch mit Hilfe der Checkliste Tipps zum Überarbeiten.

▶ **Methode: Texte überarbeiten in einer Schreibkonferenz: S. 54**

Checkliste ▶	**Eine Geschichte weiterschreiben**
Inhalt	■ Schließt die Geschichte an die **Vorgeschichte** an?
	■ Wird deutlich, was die **Figuren sehen, hören, fühlen?**
	■ Erfährt man, was sie **sagen** und **denken?**
Aufbau	■ Ist die Geschichte in **verständliche Erzählschritte** gegliedert?
	■ Gibt es eine **Steigerung** bis zum **Höhepunkt?**
	■ Hat die Geschichte einen überzeugenden **Schluss?**
Sprache	■ Ist **wörtliche Rede** eingebaut?
	■ Stimmen **Rechtschreibung, Grammatik** und Zeichensetzung?

Fördern

Hilfe-Karte **Inhalt: Den Text verstehen**

Die Wörter verstehen	**der Lampion** [sprich: lampioŋ]: eine leichte Laterne aus Papier oder Stoff **die Geburtstagstafel:** ein oft sehr langer Tisch für viele Gäste, der feierlich gedeckt ist **der Tapeziertisch:** ein Tisch zum Aufklappen mit langer Tischplatte für Malerarbeiten; er eignet sich gut zum Bestreichen von Tapete mit Kleister **das Scharnier:** ein Verbindungsteil z. B. an einem Tisch, sodass dieser geklappt werden kann
Das Problem verstehen	So lösen Opa und Chris das Problem mit dem kaputten Scharnier: 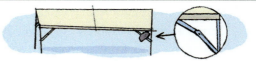

Hilfe-Karte **Aufbau: Spannend erzählen**

Die Spannung im Hauptteil steigern	Immer mehr Geschenke und Geschirr türmten sich auf … Vampir trug ein riesengroßes … und schnaufte: „…" Er konnte das Geschenk kaum … und … Als er es endlich … abstellte, hörte man … Ganz langsam rutschte der große Stein … Mit einem lauten Krachen brach … Heraus schwebte ein Luftballon mit der Aufschrift …

Hilfe-Karte **Sprache: Anschaulich erzählen**

Anschauliche Wörter und Wortgruppen	schlagartig • in einem Rutsch • zu seiner Überraschung • klirren • mit einem Lächeln im Gesicht • unter Krachen und Scheppern • laut krachen • zerbrechen • wie angewurzelt • versteinerter Blick
Gefühle ausdrücken	unsicher sein • an nichts anderes denken können als • Herz schlägt ganz schnell • vor Aufregung stottern • vor Scham rot werden • erleichtert aufatmen
Wörtliche Rede	„Herzlich …! Ich freue mich …" „Stellt alle Pakete und Kuchen auf den Tisch!" „Du meine Güte, der Tisch kracht zusammen!" „Schnell, helft alle und räumt mit auf."

3 Sportlich unterwegs – Beschreiben

das Skateboard

1 a Welche Sportgeräte nutzt ihr unterwegs und in eurer Freizeit? Tauscht euch aus.
b Beschreibt das Sportgerät auf dem Bild.
Das Skateboard ist ... Auf der Unterseite befinden sich ...

2 Stellt euch vor, die Schülerin vergisst ihr Skateboard im Schulbus.
a Überlegt, wie sie am besten vorgehen sollte: An wen sollte sie sich wenden?
Wohin kann sie eine Suchanzeige senden?
b Besprecht, welche Angaben ihre
Suchanzeige enthalten sollte.

3 Kennt ihr einen Trick mit dem Skateboard?
Beschreibt ihn.

In diesem Kapitel ...

- übt ihr, Gegenstände zu beschreiben,
- formuliert ihr Suchanzeigen,
- beschreibt ihr Vorgänge Schritt für Schritt.

Sie ist flach und rund. Es gibt sie in vielen bunten Farben. Oft befindet sie sich in der Luft. Weil sie aus Plastik ist, kann sie einfach transportiert werden.

Sein Hauptmaterial ist Holz. Es besitzt eine längliche Form und eine sehr raue Oberfläche. Mit ihm kann man sich sowohl fortbewegen als auch Tricks machen.

Es fährt mal schnell, mal langsam. Wer fest im Sattel sitzt, vermisst auch den Lenker nicht. Das Hauptmaterial ist aus Stahl oder Aluminium und es braucht genügend Luft im Gummireifen.

1 Spielt „Errate den Gegenstand".
– Eine/-r wählt einen Notizzettel von dieser Seite aus und liest ihn langsam vor.
– Die anderen raten, welcher Gegenstand gemeint ist.

2 Wählt auf Seite 47 einen Notizzettel für eine eigene Beschreibung aus.
Beschreibt den Gegenstand in vollständigen Sätzen, z. B.:
Das Hauptmaterial besteht aus … /
Gut erkennbar ist sie auch durch ihre auffälligen Farben, zum Beispiel … /
Die Oberfläche ist …

Hauptmaterialien: Metall, Kunststoff, Gummi, …
Oberfläche: stabil, glatt, …
Farben: orange, schwarz, metallisch, glänzend, …
Formen: rund, gerade, geschwungen, …
Bestandteile: der Rahmen, der Lenker, die Bremse, die Reifen, der Sattel, die Pedale, …

Hauptmaterial: Plastik, Kork
Oberfläche: glatt und netzartig, …
Form: halbrund, kegelförmig, …
Farbe: weiß mit …

Hauptmaterial: Kunststoff oder Leder
Oberfläche: fest, rau, prall, …
Form: rund
Farbe: orange mit schwarzen …

3 a Wählt eine Person auf dem Bild aus und benennt ihre Sportart oder Aktivität.

werfen • fangen • springen • treten • balancieren • fahren • rennen

b Beschreibt die Aktivität und die Gegenstände, die benötigt werden. Denkt auch an die Kleidung.

4 Beschreibt einen Gegenstand, den man für eure Lieblingsaktivität im Park oder für eure Lieblingssportart benötigt. Wer kann die Aktivität oder Sportart erraten?

+ 5 Schreibt in zwei Minuten möglichst viele Gegenstände aus dem Bild als Nominalgruppe auf, z. B.: der rote Ball. Wer hat die meisten gefunden?

3.1 Flotte Bretter – Gegenstände beschreiben

Den Aufbau einer Gegenstandsbeschreibung untersuchen

Das Downhill-Longboard

1 Das Downhill-Longboard ist eine spezielle Art des Longboards. Extremsportlerinnen und -sportler nutzen es zum schnellen Bergabfahren und erreichen dabei Geschwindigkeiten von bis zu 100 km/h.

2 Ein Downhill-Longboard ist zwischen 90 und 150 Zentimeter lang. Das Brett
5   bezeichnet man als Deck. Es ist oval und besteht aus Holz. Den tiefschwarzen Belag auf der Oberseite nennt man Griptape.

3 Das Griptape weist eine raue, rutschfeste Oberfläche auf. Die ovale Form des Decks wird durch schmückende Aussparungen in Form eines Linienmusters unterbrochen. Über den Rollen befinden sich ebenfalls Aussparungen, in denen man
10   die Befestigung der Achsen erkennt. Die beiden Achsen heißen Trucks. Sie sehen metallisch aus und dienen als Halterung für die Rollen. Die Rollen des Boards bestehen aus Plastik. Sie fallen durch ihren gelben Farbton besonders auf.

4 Im Gegensatz zum Skateboard sind bei einem Longboard der vordere und der hintere Teil des Boards (Nose und Tail) nicht nach oben gebogen, sondern gerade.
15   Für mehr Stabilität besitzt es ein festes Deck, große Rollen und breite Achsen.

1 Lest die Gegenstandsbeschreibung und diskutiert diese Fragen:
Wo könnte man diese Beschreibung finden? Für wen wurde sie geschrieben?

2 Untersucht den Aufbau der Gegenstandsbeschreibung. Wählt a, b oder c.
a Was wird in den Absätzen 1 bis 4 beschrieben? **Notiert** es **in der richtigen Reihenfolge.**

> die Beschreibung einzelner Bestandteile • die Art des Gegenstands • die Besonderheiten und die Gebrauchshinweise • die Größe und die Form, das Hauptmaterial und die Hauptfarbe

b **Wählt** aus den folgenden Vorschlägen **die passende Beschreibung** für jeden Absatz **aus.**

> Beschreibung einzelner Bestandteile • Gebrauchsanleitung • Art des Gegenstands • Besonderheiten und Gebrauchshinweise • Preis und Verkäufer • Vorteile und Nachteile • Größe und Form, Hauptmaterial und Hauptfarbe

c Was wird in den Absätzen 1–4 beschrieben? Formuliert zu jedem Absatz eine **Zwischenüberschrift.**
d Tragt eure Ergebnisse zusammen. Erklärt den Namen des Gegenstands.

3 Schreibt einen Lerntagebucheintrag über den „Aufbau einer Gegenstandsbeschreibung".

▶ **Methode: Ein Lerntagebuch führen: S. 49**

Ein Lerntagebuch führen

In ein Lerntagebuch tragt ihr ein, was ihr gelernt habt und wie ihr es gelernt habt. Die Einträge helfen euch, wenn ihr euch auf Tests oder Klassenarbeiten vorbereitet.

1. Überschrift festlegen und Datum notieren

– Gebt in der **Überschrift** an, worüber ihr etwas gelernt habt.
– Notiert daneben das **Datum**.

> 22.11.20XX
>
> Thema:
> Der Aufbau einer …

2. Aufschreiben, was man gelernt hat

– Schreibt in einigen Sätzen auf, **was** ihr **gelernt** habt. So **wiederholt** ihr das Gelernte und merkt, ob ihr alles verstanden habt.
– Je nach Thema eignen sich auch Skizzen, um das Gelernte festzuhalten.

> Das habe ich gelernt:
> 1. Ich benenne den Gegenstand und beginne mit den allgemeinen Angaben wie …
> 2. Einzelne Bestandteile benenne ich …
> 3. Besonderheiten und …

3. Aufschreiben, wie man gelernt hat

– Schreibt in einigen Sätzen auf, **wie** ihr **gelernt** habt. So werdet ihr euch über euren **Lernweg** klar.
– Im Laufe der Zeit werdet ihr besser verstehen, wie ihr lernt.

> So habe ich gelernt:
> – Ich habe eine … untersucht.
> – Ich habe die Bausteine …

4. Aufschreiben, was man noch üben möchte

– Schreibt auf, **was** ihr noch einmal **wiederholen oder üben** möchtet. Dann wisst ihr, woran ihr in Lernzeiten oder zu Hause arbeiten solltet.
– Manchmal kann euch das **Feedback** eurer Lehrkraft oder eurer Mitschülerinnen und Mitschüler dabei helfen, herauszufinden, was ihr noch einmal üben solltet.

> Das möchte ich wiederholen oder üben:
> Manchmal vergesse ich noch …

Die Sprache der Gegenstandsbeschreibung untersuchen

1 **a** Zeichnet eine einfache Skizze des Longboards auf Seite 48.
   b Beschriftet die einzelnen Bestandteile des Longboards mit den Fachwörtern aus dem Text.

2 Einige Fachwörter stammen aus der englischen Sprache. Wie spricht man sie aus?
   das Downhill-Longboard, das Griptape, der Truck – die Trucks, die Nose, das Tail   ▶ Audio

3 Farbe und Form der Bestandteile werden im Text auf Seite 48 anschaulich beschrieben.
   a Untersucht die markierten Wörter genauer: Zu welcher Wortart gehören sie?
   b Erklärt, wieso im zweiten Absatz *tiefschwarz* anstelle von *schwarz* verwendet wurde.
   ▶ **Mit Adjektiven genau beschreiben: S. 51**

4 Durch Zusammensetzungen kann man z. B. Farben genau beschreiben. Wählt a, b oder c.
   a **Ordnet die Wörter in einer Tabelle.** Welche Wörter werden aus Nomen + Adjektiv gebildet? Welche setzen sich aus zwei Adjektiven zusammen?

   > schneeweiß • hellgrün • himmelblau • dunkelrot • feuerrot • smaragdgrün • tiefschwarz

   b Notiert mindestens **drei eigene Beispiele** aus Nomen + Adjektiv und Adjektiv + Adjektiv.
   c Sammelt **möglichst viele Wortzusammensetzungen** für verschiedene Farben.
       Zu welcher Wortart gehören die einzelnen Wortbestandteile? Notiert.
   d Stellt euch eure Ergebnisse gegenseitig vor und ergänzt eure Notizen.

5 Untersucht die Verben im Text auf Seite 48. Schreibt die Verben aus den Absätzen 2 und 3 heraus und notiert in Klammern den Infinitiv (Grundform), z. B.: ist (sein).

6 Verfasst einen Lerntagebucheintrag über die „Sprache einer Gegenstandsbeschreibung".
   ▶ **Methode: Ein Lerntagebuch führen: S. 49**

| **Methode** 〉〉 | **Einen Gegenstand beschreiben** | ▶ Video |

In einer gelungenen Gegenstandsbeschreibung beschreibt ihr einen Gegenstand so genau, dass andere ihn sich vorstellen können, ohne ihn zu sehen.
Aufbau
- Beginnt mit der **Art** des Gegenstands, der **Größe,** der **Form,** dem **Hauptmaterial** und der **Hauptfarbe.**
- Benennt dann die **einzelnen Bestandteile** und beschreibt Form, Farbe und Material.
- Beschreibt und erklärt zum Schluss die **Besonderheiten** des Gegenstands.
Sprache
- Verwendet **anschauliche Adjektive,** z. B.: *oval, rund, hellgrün, tiefschwarz.*
- Verwendet auch **abwechslungsreiche Verben,** z. B.: *bestehen, aufweisen, besitzen.*
- Formuliert **sachlich** und schreibt im **Präsens.**

Mit Adjektiven genau beschreiben

> rund • eckig • gerade • oval • schräg • nach oben gebogen • nach unten gebogen •
> abgerundet • zugespitzt • rechteckig

1 **a** Mit welchen Wörtern könnt ihr die Formen treffend beschreiben?
 b Schreibt die Nummern untereinander und zeichnet die Formen dazu.
 c Notiert daneben passende Wörter, die die Form beschreiben.

> matt • glänzend • rau • metallic • braun • glatt • tiefschwarz • schwarz •
> rot • feuerrot • geriffelt

2 **a** Mit welchen Adjektiven könnt ihr die Farben und die Oberflächen beschreiben?
 b Notiert die Nummern zusammen mit den passenden Angaben aus dem Kasten.

3 Schreibt den folgenden Text ab. Setzt dabei treffende Adjektive in die Lücken ein.
Tipp: Manche Adjektive haben eine Endung, andere sind endungslos, z. B.:
*eine besonder**e** Oberfläche, gelb leuchten, mit der typischen flach**en** Form.*

> Kleinere Skateboards besitzen eine **?** und **?** Oberfläche, wodurch sie besonders
> rutschfest sind. Oft fallen sie durch starke Farben auf: Sie können z. B. **?** oder **?**
> leuchten. Die umweltfreundlichen Transportmittel mit der typischen **?** Form sind sowohl
> bei Jungen als auch Mädchen sehr beliebt.

Information ➤ **Mit Adjektiven treffend beschreiben**

Wenn ihr **Formen, Farben, Oberflächen
und Materialien** von Gegenständen genau
beschreiben wollt, dann solltet ihr treffende und
anschauliche Adjektive verwenden, z. B.:
eckig, rund, hellblau, hohl, glatt, hart, weich.

Eine Suchanzeige schreiben

Die Suchanzeige mit der Beschreibung planen

der Rahmen

der Sattel

das Sattelrohr

der Reifen – die Reifen

die Speiche – die Speichen

die Felge – die Felgen

die Kette   das Kettenblatt

der Griff – die Griffe

der Lenker

die Gabel

die Handbremse

das Pedal – die Pedale

1 Das abgebildete BMX-Rad wird vermisst. Überlegt zu zweit:
– Welche auffälligen Merkmale hat das BMX-Rad?
– Welche Informationen sind für die Suchanzeige noch wichtig?

2 a Plant die Suchanzeige mit Hilfe einer Mindmap und der Bestandteile oben.
– Formuliert eine Überschrift und
  schreibt sie in die Mitte der Mindmap.
– Notiert die Oberbegriffe auf den Hauptästen
  und ergänzt die jeweiligen Unterbegriffe.
– Notiert Ort und Datum:
  Wo und seit wann wird das Rad vermisst?
– Notiert stichwortartig die besonders auffälligen
  Bestandteile des Rades.
– Ergänzt Notizen für die genaue Beschreibung des
  Rades: Art, Größe, Hauptfarbe und Hauptmaterial.

zusätzliche Informationen

– Ort: Karlsruhe, Parkstr.
– Datum: 21.06.20XX
– Größe: 20,75 Zoll Oberrohr/
  13,25 Zoll Hinterbau

Ort und Datum

zuletzt gesehen: ...

vermisst seit: ...

Beschreibung

Art: ...

Größe: ...

Hauptmaterial: Aluminium

...

BMX-Rad vermisst!

Besonderheiten

...

...

b Vergleicht eure Mindmap mit einer Partnerin oder einem Partner.
Ergänzt fehlende Informationen.

▶ **Methode: Mit einer Mindmap Ideen ordnen: S. 152**

Die Suchanzeige schreiben

3 Schreibt die Suchanzeige mit Hilfe der Mindmap von Aufgabe 2. Verwendet treffende Adjektive und abwechslungsreiche Verben.

a Schreibt die Überschrift und formuliert einen Einleitungssatz, z. B.:
Am … ist mein dunkelblaues BMX-Rad verloren gegangen. Zuletzt habe ich es … gesehen.

b Beschreibt die einzelnen Bestandteile und die Auffälligkeiten des BMX-Rades genau, z. B.:
Der Rahmen besteht aus … und hebt sich deutlich von der Farbe des Lenkers, des Sattels und … ab. Besonders auffällig sind die strahlend weißen … auf dem blauen Rahmen. Die … haben eine unauffällige … Farbe. Auch die Gabel … Die breiten Reifen haben eine auffällige Oberfläche: …

c Formuliert ein bis zwei Schlusssätze. Gebt darin an, wie man euch erreichen kann.
Bedankt euch für mögliche Hinweise.
Am besten bin ich unter der E-Mail-Adresse … zu erreichen.
Ich bin dankbar für jeden Hinweis!
Unterschrift

Die Suchanzeige überarbeiten

4 Überarbeitet eure Texte in einer Schreibkonferenz.

▶ **Methode: Texte überarbeiten in der Schreibkonferenz: S. 54**

5 Recherchiert im Internet, wie man sein Fahrrad sicher abstellt und abschließt.
Schreibt die wichtigsten Hinweise auf ein Infoblatt für eure Mitschülerinnen und Mitschüler.

Methode ▶	**Eine Suchanzeige schreiben**

Mit einer Suchanzeige versucht ihr, einen verlorenen Gegenstand wiederzubekommen.

- Formuliert **knapp** und **sachlich** die wichtigsten **Informationen zu dem Verlust.**
- **Beschreibt** den Gegenstand **genau und sachlich,** damit man ihn eindeutig erkennen kann.
- Beschreibt **auffällige Besonderheiten.** So kann man ihn von ähnlichen Gegenständen unterscheiden.
- Baut die Suchanzeige **übersichtlich** auf, damit die Leserinnen und Leser die Informationen schnell erfassen.

Überschrift:	Fahrrad gestohlen!
Einleitungssatz:	Am 18.10.20XX wurde mein Fahrrad vor dem Schwimmbad in Ulm-Mitte gestohlen.
Beschreibung (Art, Größe, Hauptfarbe, Material):	Das Rad der Marke … besteht aus einem metallic-grauen Aluminiumrahmen …
Auffällige Besonderheiten:	Besonders fallen die grünen Reifen auf.
Kontakt:	Sie erreichen mich unter joris@beispiel.de.
Dankworte/ Schluss:	Finderlohn! Ich wäre dankbar, wenn sich der Finder bitte bei mir meldet.

Texte überarbeiten in der Schreibkonferenz

Gute Texte gelingen nicht immer beim ersten Schreiben. In einer Schreibkonferenz könnt ihr eure Texte vorstellen und euch gegenseitig Tipps für die Überarbeitung geben. Wenn der erste Text besprochen ist, kommt der zweite dran.

1. Gruppen bilden

– Arbeitet in Gruppen **zu dritt oder zu viert** an einem Tisch zusammen.
– Legt eure **Texte** und **Schreibzeug** bereit.

2. Vorlesen – Zuhören – Loben

– Die oder der Erste **liest** den eigenen Text **vor.**
– Die anderen **hören aufmerksam zu** und können sich Notizen machen.
– Gebt der Autorin oder dem Autor zunächst eine **positive Rückmeldung:** Was hat euch an ihrem oder seinem Text gefallen?

3. Den Text unter die Lupe nehmen

Prüft nun die Einzelheiten des Textes genau.
Nehmt ihn sozusagen unter die Lupe.
Hört euch weiterhin gut zu.
– **Fragt nach,** wenn ihr etwas nicht verstanden habt.
– **Erklärt,** was ihr meint.
– Gibt es eine **Checkliste** oder ein **Merkwissen?**
  Dann prüft Punkt für Punkt, ob der Text gelungen ist.
– Formuliert Kritik **sachlich** und **freundlich.**

4. Den Text verbessern

Geht den Text nun gemeinsam durch.
Besprecht Satz für Satz, was **verbessert** werden sollte.
– Tauscht unpassende Wörter gegen **passende Wörter** aus.
– **Ergänzt** fehlende Informationen, streicht überflüssige.
– Schlagt **neue Formulierungen** vor.
  Achtet auf eine angemessene Sprache.
– Kontrolliert die **Rechtschreibung** und **Zeichensetzung.**
– **Schreibt** am Ende eure Texte verbessert und **sauber auf.**

Gegenstände beschreiben

1 Bewertet die folgenden Sätze aus einer Beschreibung:
- Welche Sätze beschreiben die Schuhe treffend und genau?
- Welche Sätze enthalten eine persönliche Wertung oder Umgangssprache?

Rechnet die Nummern der vier passenden Sätze zusammen:
Wenn sich 17 ergibt, habt ihr richtig bewertet.

1 Die Schuhe besitzen eine grün-blaue Grundfarbe und eine leuchtend grüne Sohle.
2 Sie haben eine fette Sohle und die Schnürsenkel sind cool.
3 Mit den Schuhen kann man den ganzen Tag rumlaufen.
4 Ihr Muster besteht aus roten Streifen, die wie Blitze angeordnet sind.
5 Die knallrote Farbe findet sich auch in den Schnürsenkeln wieder.
6 Der Schuh gefällt wirklich allen.
7 Die kräftig roten Schnürsenkel heben sich deutlich von der blauen Lasche ab.
8 Das Muster ist ein bisschen bunt und der Rest des Schuhs auch.

2 Ordnet die Bestandteile der Suchanzeige in die richtige Reihenfolge.
Die Buchstaben ergeben ein Lösungswort.

N Dankworte
E Kontakt
A Einleitungssatz
R Beschreibung
F Überschrift
B auffällige Besonderheit

3 a Überarbeitet die Sätze aus der folgenden Beschreibung. Ergänzt treffende Adjektive zu Material und Farben.

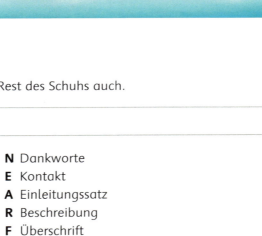

Die Skischuhe bestehen aus einem **?** Material.
Sie fallen durch ihre **?** Farbe auf.
Die Sohlen sind **?** .
Auf dem **?** Innenfutter kann man **?** Streifen erkennen.

 b Vergleicht eure Überarbeitung mit einer Partnerin oder einem Partner.

3.2 Schritt für Schritt – Vorgänge beschreiben

Eine Vorgangsbeschreibung untersuchen

1 **a** Betrachtet die Bilder und lest die Stichworte zu den Bildern.
b Lest nun die Vorgangsbeschreibung zum Wurfspiel Mölkky.

Das Wurfspiel Mölkky spielen

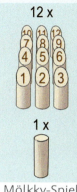

Mölkky-Spiel

Aufbau der nummerierten Holzkegel

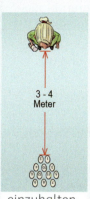

einzuhaltender Abstand

Wurf mit dem Mölkky (Wurfholz)

erreichte Punktzahl

Mölkky ist ein finnisches Outdoor-Wurfspiel für Jung und Alt. Am besten spielt ihr es auf Sand oder Gras. Besonders viel Spaß habt ihr mit vielen Mitspielenden. Ziel des Spiels ist es, durch Treffen der Holzkegel genau 50 Punkte zu erreichen. Zum Spielen benötigt ihr ein Mölkky-Spiel. Dieses besteht aus zwölf nummerierten Holzkegeln und
5 einem Wurfholz, dem sogenannten Mölkky.
<u>Zuerst</u> baut ihr die zwölf Holzkegel wie abgebildet dicht nebeneinander auf. <u>Anschließend</u> stellt ihr euch in einem Abstand von drei bis vier Metern Entfernung auf. Von dort aus werft ihr mit dem Mölkky auf die Kegel. In der ersten Runde lost ihr die Reihenfolge der Spielenden aus. <u>Danach</u> ergibt sich die Reihenfolge aus den erzielten
10 Punkten. Die Spielerin oder der Spieler mit der niedrigsten Punktzahl beginnt. Alle merken sich die eigene Punktzahl. <u>Nun</u> nimmt die oder der aktive Spielende den Mölkky und versucht, möglichst viele Kegel zu treffen. Wichtig ist, dass eure Hand beim Wurf immer unter dem Mölkky ist und ihr nur von unten nach oben werft. <u>Als Nächstes</u> ermittelt ihr die Punkte. Wird nur ein Kegel umgeworfen, erhaltet ihr
15 dessen Nummer als Punktzahl. Fallen mehrere Kegel um, entspricht die Punktzahl der Anzahl der umgeworfenen Kegel. Ein Kegel gilt nur dann als umgeworfen, wenn er ganz auf dem Boden liegt. <u>Bevor</u> die nächste Spielerin oder der nächste Spieler an der Reihe ist, stellt ihr alle Kegel wieder auf. Wenn eine Spielerin oder ein Spieler drei Runden nacheinander keine Punkte erzielt, scheidet sie oder er aus.
20 Das Spiel endet, wenn eine Spielerin oder ein Spieler genau 50 Punkte erzielt hat. Wenn die Punktzahl 50 übersteigt, fällt der oder die Spielende auf 25 Punkte zurück.

2 Was habt ihr über Mölkky erfahren? Notiert die Buchstaben der richtigen Aussagen.
Wie heißt das Lösungswort?

> **S** Möllky ist ein Spiel aus Finnland, das meistens draußen gespielt wird.
> **D** Bei Mölkky sollte ein Abstand von acht Metern zu den Holzkegeln eingehalten werden.
> **P** Die Reihenfolge der Spielenden ergibt sich nach der ersten Runde aus den erzielten Punkten.
> **A** Es scheidet aus, wer drei Runden nacheinander keine Punkte erzielt hat.
> **E** Die Punktzahl ergibt sich immer aus der Anzahl der umgeworfenen Kegel.
> **β** Wenn ein Spieler oder eine Spielerin genau 50 Punkte hat, endet das Spiel.

3 Untersucht, wie die Vorgangsbeschreibung aufgebaut ist.
Notiert in der richtigen Reihenfolge, welche Informationen in der Einleitung (Z. 1–5),
im Hauptteil (Z. 6–20) und im Schluss (Z. 21–22) genannt werden, z. B.:
Einleitung (Z. 1–5): Ziel des …

> der Ablauf des Spiels • das Ziel des Spiels • der Name des Spiels •
> die benötigten Materialien • das Ende des Spiels • die Anzahl der Spielenden

4 a Prüft die Verben im Hauptteil. In welcher Zeitform stehen sie?
b Begründet, warum für die Vorgangsbeschreibung wohl diese Zeitform verwendet wurde.

▶ **Tempusformen des Verbs: S. 190**

 5 Untersucht die unterstrichenen Satzanfänge in der Beschreibung von Seite 56.
Wieso sind sie für die Vorgangsbeschreibung besonders wichtig? Tauscht euch darüber aus.

> Mölkky ist ein finnisches Outdoor-Wurfspiel für Jung und Alt. Am besten spielt ihr es auf
> Sand oder Gras. Besonders viel Spaß hat man mit vielen Mitspielenden. Ziel des Spiels ist
> es, durch Treffen der Holzkegel genau 50 Punkte zu erreichen. Für das Spiel benötigst du
> ein Mölkky-Spiel. Dieses besteht aus zwölf nummerierten Holzkegeln und einem Wurfholz,
> dem sogenannten Mölkky.
> Stellt die zwölf Holzkegel wie abgebildet dicht nebeneinander auf. Anschließend stellt
> man sich in einem Abstand von drei bis vier Metern Entfernung auf.

6 Vergleicht diesen Anfang mit dem der Vorgangsbeschreibung auf Seite 56.
– Partnerin oder Partner A liest den ersten Satz des Textes auf Seite 56.
– Partnerin oder Partner B liest den ersten Satz des Textes auf dieser Seite usw.
a Notiert die Textstellen, die sich voneinander unterscheiden.
b Bewertet beide Textabschnitte. Welchen Abschnitt haltet ihr für gelungener und warum?

+ 7 Probiert das Spiel in eurer Freizeit aus. Enthält die Vorgangsbeschreibung alle Informationen,
die ihr braucht, um Mölkky richtig zu spielen?

Einen Vorgang beschreiben

– Spieler/-in 2: mit möglichst wenigen Schüssen das Ziel treffen

– Runde 1: Spieler/-in 1 platziert das Ziel.
– Hindernisse sind erwünscht.
– Startpunkt festlegen

– Anzahl der Schüsse notieren
– Die/Der Nächste schießt …

1 ▸ Das abgebildete Spiel heißt **Buschball.** Wer von euch hat es schon einmal gespielt? Tauscht euch darüber aus.

2 **a** Seht euch die Bilder genau an und lest dazu die Stichworte.
  b Ordnet die Bilder in der richtigen Reihenfolge und notiert die Buchstaben. Sie ergeben ein Lösungswort.
  Schritt 1: T, Schritt 2: … Schritt 5: N …
  c Gebt an, welche Materialien für das Spiel notwendig sind.

  d Erklärt euch gegenseitig, wie Buschball funktioniert: Beschreibt die einzelnen Schritte. Die Partnerin oder der Partner hört aufmerksam zu.
  Wertet aus: Habt ihr das Spiel verständlich erklärt? Gibt es Fragen?

Die Einleitung schreiben

3 ▸ Beschreibt das Spiel Buschball in einem zusammenhängenden Text.
  a Nennt zunächst den Namen des Spiels und erklärt, um was für ein Spiel es geht, z. B.:
  Buschball ist eine Sportart für den Schulhof …
  b Beschreibt, wie viele Personen mitspielen können und was man für das Spiel benötigt. Entscheidet dabei, welche Form der Ansprache ihr verwenden möchtet, z. B.:
  Es können beliebig viele Spielerinnen und Spieler mitmachen, mindestens aber zwei. …
  – man-Form: Für das Spiel benötigt man …
  – ihr-Form: Für das Spiel benötigt ihr …
  – Aufforderungsform (Imperativ): Besorgt euch für das Spiel …   ▸ **Den Imperativ verwenden: S. 61**
  c Formuliert in ein bis zwei Sätzen, was das Ziel des Spiels ist, z. B.:
  Bei Buschball geht es darum, einen Ball mit den Füßen …
  Dabei soll der Ball mit möglichst wenigen …

– besorgen: einen Ball, z. B.
  Fußball
– ein „Ziel", z. B.
  Fahnenstange, Stock,
  Besenstiel oder Eimer

– Runde 2: Spieler/-in 2
  platziert …
– reihum, bis alle dran waren
– Wer zum Schluss die
  wenigsten …

– ein Funsport für Schulhof,
  Park, Wiese oder Garten
– mindestens zwei Spielerinnen
  und Spieler

Den Hauptteil schreiben

4 Beschreibt im Hauptteil den Spielablauf Schritt für Schritt so, dass andere ihn verstehen und
das Spiel selbst spielen können. Wählt a, b oder c.

a Verwendet Satzanfänge, die eine Reihenfolge der Schritte verdeutlichen.
Ergänzt die folgenden Sätze.
Zuerst platziert ihr in der ersten Runde … Ihr dürft den Stock oder den Eimer … Dann versucht
die oder der Zweite … Anschließend notiert ihr … Nun schießt …

b Beschreibt den Ablauf des Spiels Schritt für Schritt
mit passenden Wörtern aus dem **Wortspeicher.**
Verwendet eine **einheitliche Form der Ansprache**
und das **Präsens.**
Zuerst platziert ihr/man … / Platziert zuerst …

> zuletzt • anschließend • zuerst •
> nun • danach • als Nächstes •
> bevor • am Ende

c Beschreibt den Spielablauf genau und verwendet **Satzanfänge,** die die Reihenfolge
verdeutlichen.

d Lest euch eure Ergebnisse gegenseitig vor und gebt euch ein erstes Feedback.

Den Schluss formulieren

5 Beschreibt zum Schluss, wie das Spiel endet und wie man es auswertet.
Das Spiel endet, nachdem … / Gewonnen hat, wer…

Die Vorgangsbeschreibung überarbeiten

 6 Überarbeitet eure Vorgangsbeschreibungen.

Eine Vorgangsbeschreibung überarbeiten

Einen Drachen steigen lassen

Diese Bastelanleitung zeigt euch, wie ihr einen Drachen baut. Dafür benötigt man einen
Faden, eine längere und eine kürzere Holzleiste, einen Klebestift und ein Messer.
Zuerst legst du die Holzleisten so übereinander, dass sie ein Kreuz bilden. Nun wickelt
man etwas Schnur um die Verbindungsstelle. Es muss zusammenhalten. Ritzt mit einem
5 Messer eine kleine Kerbe an jedes Ende der Holzleisten. Als Nächstes werdet ihr einen
Faden darum spannen. Die Kerben und ein Knoten am Ende des Fadens sorgen dafür,
dass er nicht mehr herausrutscht. Schneidet das Papier mit einem Abstand von etwa drei
Zentimetern zum Faden in Drachenform. Das überstehende Zeitungspapier schlägst du
um und klebst es fest. Stopp! Vorher musst du das Gerüst auf das Papier legen.
10 Im nächsten Schritt werdet ihr an die Enden der längeren Holzleiste eine Schnur knoten.
Sie sollte etwas länger sein als die Leiste und nicht zu straff sitzen. An diese Schnur
befestigt man nun im oberen Drittel das Ding, mit dem ihr den Drachen später haltet.
Gestaltet aus einer längeren Schnur am unteren Ende den Drachenschwanz. Bastelt aus
dem Zeitungspapier Schleifen und befestigt sie in gleichen Abständen an der Schnur.
15 Nun ist euer Drachen bereit für den ersten Flug.

 1 Überarbeitet die Vorgangsbeschreibung „Einen Drachen steigen lassen" in einer
Schreibkonferenz.
Teilt euch die zu prüfenden Kriterien auf:
– Aufbau: Passt die Überschrift und enthält die Einleitung alle notwendigen Materialien?
– Aufbau: Werden die Schritte in der richtigen Reihenfolge beschrieben?
– Sprache: Ist die Beschreibung sachlich, genau und im Präsens geschrieben?
– Sprache: Wird eine einheitliche Form der Ansprache verwendet?
– Sprache: Wird die Reihenfolge der Schritte durch passende Satzanfänge verdeutlicht?

▶ **Methode: Texte überarbeiten in der Schreibkonferenz: S. 54**

Methode ❯ **Einen Vorgang beschreiben**

Beschreibt einen Vorgang so, dass ihn eine andere Person nachvollziehen kann.
- Formuliert eine passende **Überschrift.**
- Nennt in der **Einleitung** das **Ziel** und die benötigten **Materialien.**
- Beschreibt im **Hauptteil** Schritt für Schritt den Ablauf des **Vorgangs.**
  Verdeutlicht die **Reihenfolge** der Schritte mit Wörtern wie *zuerst, nun, anschließend,
  schließlich …*
- Formuliert einen passenden **Schluss.** Bei einer Spielanleitung könnt ihr zum Beispiel
  beschreiben, wann das Spiel endet und wie es ausgewertet wird. Oder ihr gebt Tipps
  oder Hinweise, worauf noch geachtet werden sollte.
- Formuliert **sachlich** und **genau** im **Präsens.**
- Verwendet eine **einheitliche** Form der **Ansprache,** z. B.: *Man/Ihr legt …/Legt …*

Den Imperativ verwenden

A Alles klar. Wirf ihn in die Luft!

C Flieg mal eine Kurve!

B Gib dem Drachen genug Schnur, Azra!

D Achtet auf den Baum!

1 Lest die Äußerungen der Kinder. Erklärt, wie sie miteinander sprechen. Was ist ihre Absicht?

2 a Übertragt die Tabelle in euer Heft und schreibt die Verben der Sprechblasen A–C in die rechte Spalte.

Infinitiv	2. Pers. Sg.	Imperativ (Sg.)
geben	du gibst	gib
…	…	wirf

b Bildet aus den Verben den Infinitiv und die 2. Person Singular Präsens. Ergänzt eure Tabelle.

c Wie wird der Imperativ im Singular gebildet? Vergleicht die Verbformen in eurer Tabelle.

3 a Untersucht die Sprechblase D: Wie viele Personen werden hier angesprochen?

b Erklärt, wie der Imperativ im Plural gebildet wird.

4 Formuliert die folgenden Sätze im Imperativ und untersucht die Verbstellung. An welcher Stelle im Satz steht die Imperativform jeweils?

> **A** Du verbindest zuerst zwei dünne Holzleisten zu einem Kreuz.
> **B** Du spannst dann einen Faden um die Enden der Holzleisten.
> **C** An das Gestell klebst du abschließend am Faden dünnes Papier in Drachenform.

Information **Die Imperativformen der Verben**

- Wenn man jemanden zu etwas **auffordert,** verwendet man den **Imperativ** (auch: Aufforderungsform oder Befehlsform).
- Der **Imperativ Singular** besteht aus dem Verbstamm, z. B.: *fliegen → Flieg!* Bei starken Verben verändert sich außerdem oft der Stammvokal: *geben → Gib!*
- Der **Imperativ Plural** besteht aus dem Verbstamm + *-t*, z. B.: *fliegen → Fliegt!*, *geben, → Gebt!*
- Das Verb im Imperativ steht am **Satzanfang** (Verberststellung), z. B.: *Gib dem Drachen genug Schnur!*

3.3 Fit in …! – Einen Vorgang beschreiben

Stellt euch vor, ihr bekommt in der nächsten Klassenarbeit die folgende Aufgabe gestellt:

Aufgabe

Das Fahrrad hat einen Platten. Beschreibe, wie der Schlauch geflickt wird. Gehe so vor:

1. Sieh dir die Abbildungen genau an. Lies die Notizen.
2. Plane deine Vorgangsbeschreibung: Nummeriere die Arbeitsschritte in der richtigen Reihenfolge. Ordne die Notizen den entsprechenden Bildern zu.
3. Schreibe eine zusammenhängende Vorgangsbeschreibung.

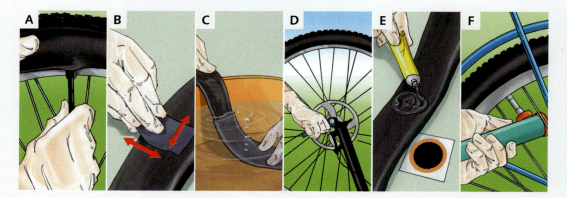

Notizen

– Schlauch in einen Eimer mit Wasser legen, Luftblasen = Loch
– Gummikleber rund ums Loch auftragen, Gummiflicken fest andrücken
– Rad ausbauen und auf Boden legen, mit Montierhebel Mantelrand abheben
– reparierten Schlauch leicht mit Luftpumpe aufpumpen, wieder auf Felge aufziehen, Rad vollständig aufpumpen
– Fahrrad auf Sattel stellen, Radmuttern mit Schraubenschlüssel lösen
– abgetrockneten Schlauch rund ums Loch mit Schmirgelpapier anrauen

Die Aufgabe verstehen

1 Was verlangt die Aufgabe von euch? Wählt die beiden richtigen Antworten aus.

A Ich soll Bild für Bild berichten, was darauf zu sehen ist.
B Ich soll Schritt für Schritt beschreiben, wie man einen Fahrradschlauch flickt.
C Ich soll in der Einleitung erzählen, wie es zu dem Platten gekommen ist.
D Ich soll den Vorgang in der richtigen Reihenfolge beschreiben.

Planen

2 a Notiert das Ziel der Anleitung, z. B.:

Mit Hilfe dieser Anleitung …

b Lest die Notizen noch einmal genau und erstellt eine Liste aller benötigten Materialien und Werkzeuge.

3 Bringt die Arbeitsschritte in die richtige Reihenfolge. Ordnet die Notizen dem passenden Bild zu, z. B.:

Schritt 1: Bild D: Fahrrad auf Sattel stellen, …

Schritt 2: Bild A: Rad auf Boden …

▶ **Hilfe findet ihr auf S. 64.**

4 Notiert Stichworte für den Schlussteil. Ihr könnt zum Beispiel Hinweise oder Tipps geben.

Schreiben und überarbeiten

5 Schreibt mit Hilfe eurer Notizen eine zusammenhängende Vorgangsbeschreibung. Formuliert in vollständigen Sätzen, schreibt im Präsens und verwendet eine einheitliche Form der Ansprache.

– Nennt in der Einleitung das Ziel der Anleitung und zählt die benötigten Materialien und Werkzeuge auf.

– Beschreibt im Hauptteil Schritt für Schritt den Ablauf. Verdeutlicht die Reihenfolge mit passenden Satzanfängen und verwendet Fachbegriffe.

– Gebt im Schlussteil einen Tipp oder Hinweis.

– Formuliert eine passende Überschrift.

▶ **Hilfe findet ihr auf S. 64.**

6 Lest euch gegenseitig eure Vorgangsbeschreibungen vor. Überarbeitet eure Vorgangsbeschreibung mit Hilfe der Checkliste.

Checkliste ▶	**Einen Vorgang beschreiben**
Inhalt und Aufbau	■ Habt ihr eine passende **Überschrift** formuliert?
	■ Habt ihr in der **Einleitung** die benötigten **Materialien** und **Werkzeugen** genannt?
	■ Habt ihr im **Hauptteil** Schritt für Schritt den Ablauf des Vorgangs beschrieben?
	■ Habt ihr die Schritte in einer sinnvollen **Reihenfolge** beschrieben?
	■ Habt ihr am **Schluss** einen **Tipp** oder **Hinweis** gegeben?
Sprache	■ Habt ihr **sachlich**, genau und im **Präsens** geschrieben?
	■ Habt ihr nur eine Form der **Ansprache** verwendet?
	■ Habt ihr passende **Satzanfänge** verwendet, die die Abfolge der einzelnen Schritte deutlich machen?
	■ Habt ihr die Rechtschreibung überprüft?

Fördern

Hilfe-Karte Aufbau und Inhalt: Benötigtes Material

Materialien und Werkzeuge	der Montierhebel, der Schraubenschlüssel, der Eimer, das Wasser, das Schmirgelpapier, die Luftpumpe, der Gummikleber, der Gummiflicken

---

Hilfe-Karte Sprache: Genau formulieren

Verbformen im Präsens	man baut aus, man nimmt ab, man sucht, man raut an, man baut ein, man pumpt auf, man zieht auf, man repariert, man trägt auf, man drückt an
Satzanfänge	Zuerst … Dann … Danach … Anschließend … Nun … Als Nächstes … Zum Schluss … Abschließend …
Fachbegriffe	der Sattel, die Radmuttern, der Reifen, der Schlauch, die Felge

---

Hilfe-Karte Aufbau und Inhalt: Einen Vorgang beschreiben

Überschrift		Einen Fahrradschlauch flicken
Einleitung	benötigte Materialien und Werkzeuge nennen	Mit Hilfe dieser Anleitung lernt ihr, wie … Wenn man einen Fahrradschlauch flicken will, benötigt man …
Hauptteil	die einzelnen Arbeitsschritte genau und in der richtigen Reihenfolge beschreiben	Zuerst stellt man das Fahrrad … und löst … mit dem … Dann baut man das Rad mit dem … aus und legt es … Nun hebt man mit dem Montierhebel … Anschließend legt man … Dort, wo Luftblasen aufsteigen, … Nun holt man den Schlauch … Sobald … abgetrocknet ist, … Dann trägt man … und … Zum Schluss … und zieht …
Schluss	Hinweis oder Tipp geben	Man sollte vorsichtig sein, wenn …

4 „Irgendwo ist immer Süden" –
Ein Jugendbuch lesen

1 a Seht euch das Bild an. Was ist darauf zu sehen?
   b Nennt Informationen, die ihr dem
   Buchcover entnehmen könnt.

2 Beschreibt Vorder-, Mittel-
   und Hintergrund des Covers genau.

3 Tauscht euch aus: Worum könnte es
   in dem Buch gehen?

In diesem Kapitel …

- lernt ihr einen Jugendroman kennen,
- untersucht ihr Figuren, Schauplätze und
  Erzählzeit,
- geht ihr produktiv mit Textauszügen um und
- trainiert ihr das Lesen.

1 Beschreibt das portugiesische Buchcover. Welche Gegenstände sind darauf abgebildet?

2 Vergleicht das Cover mit der deutschen Version auf S. 65.
a Nennt Gegenstände, die ihr auf beiden Buchcovern findet.
b Beschreibt die Figuren der jeweiligen Cover.
Wie sehen sie aus? Erweitert die Nominalgruppen um passende Adjektive.
Das Mädchen auf dem portugiesischen Buchcover trägt ein gestreiftes Kleid.

das Kleid • die Shorts • die Haare • die Kleidung • das Glas • das Getränk • der Strohhalm • das Schirmchen • die Sandalen • die Sonnenbrille • das Käppi • die Stoffschuhe	gestreift • rot • dunkel • kurz • blond • lang • orange • weiß • braun • lockig • glatt • grün • blau

c Übersetzt den Titel der portugiesischen Ausgabe mit Hilfe des Internets.
Vergleicht anschließend den Buchtitel der deutschen mit der portugiesischen Fassung.

Irgendwo ist immer Süden

Alle verreisen in den Sommerferien ins Ausland.

Nur Ina bleibt zu Hause – dabei hätte sie so gerne auch spannende Urlaubspläne. Und plötzlich hört sie sich vor ihrer Klasse sagen, sie würde in den Süden fahren. Damit die Lüge nicht auffliegt, bleibt Ina in den Ferien von morgens bis abends in ihrem Zimmer. Bis der Neue aus der Klasse sie am Fenster entdeckt und ihr einen verrückten Vorschlag macht.

3 **a** Lest den Klappentext zum Roman „Irgendwo ist immer Süden".

    b Warum lügt Ina? Tauscht Vermutungen aus.

    c Welche verrückte Idee könnte der Neue haben?

    Tipp: Beachtet den Titel des Romans und eure Ergebnisse aus den Aufgaben 1–2.

4 Überprüft eure Erwartungen vom Anfang.
Werden eure Vermutungen über den Inhalt des Buches durch den Klappentext bestätigt?

5 Worüber möchtet ihr mehr erfahren?
Formuliert Wünsche und Fragen mit Hilfe der folgenden Satzanfänge.

Ich möchte erfahren, warum Ina …   Ich möchte mehr über … erfahren.

Ich bin gespannt, ob/was der Neue …   Ich frage mich, ob/warum …

+ **6** Was verbindet ihr mit einem schönen Sommer?
Bildet gemeinsam ein Akrostichon für das Wort „Sommer".

<u>S</u>onne, <u>O</u>bst, <u>M</u>…

4.1 Sommerliche Abenteuer – Ein Jugendbuch kennen lernen

Einen Jugendbuchauszug lesen

Vor dem Lesen

 Betrachtet die Abbildung und lest die Überschrift und den Einführungstext. Worum könnte es in dem Textauszug gehen? Notiert eure Vermutungen.

Marianne Kaurin

Irgendwo ist immer Süden (Auszug 1)

Am letzten Schultag bittet die Lehrerin Vigdis ihre Schülerinnen und Schüler, von ihren Plänen für die Sommerferien zu erzählen. Alle verreisen ins Ausland. Inas Mitschülerinnen und Mitschüler sind geradezu versessen aufs Ausland – es gibt sogar einen Wettstreit, wer schon in den meisten Ländern war! Dann kommt Ina an die Reihe ...

Sie dreht sich auf ihrem Stuhl zu mir um und schaut mich an. Alle schauen mich an. Auch Vigdis. Es wird still. Vollkommen still. Ich weiß, dass ich den Mund aufmachen muss, weil alle hören wollen, was ich im Sommer un-5 ternehmen werde, welche spannenden Pläne ich mit meiner Familie habe, was ich alles erleben werde. Ich sehe von einem zum anderen, in die neugierigen Gesichter, aber mein Mund ist leer. Es ist kein einziges Wort darin. Ich 10 räuspere mich, öffne den Mund und schließe ihn wieder, schlucke, und dann geben meine Stimmbänder einen schwachen Laut von sich. „Im Sommer", sage ich und schaue zu Markus. Er schaut zurück. Jetzt schaut er mich an! 15 „Im Sommer", wiederhole ich und warte darauf, dass mir etwas einfällt. „Im Sommer fahre ich in den Süden." Vigdis nickt ermutigend und lächelt. Markus schaut mich immer noch an. Alle schauen 20 mich an, sie wollen mehr.

„Ich freue mich schon so", sage ich und sehe die Schwimmbecken und Wasserrutschen und den ewig langen weißen Strand, die Sonnen-
25 schirme und den Kids Club[1] vor mir. Für den ich natürlich zu groß bin.

„Ich werde schwimmen und in der Sonne liegen und mich entspannen. Einfach nur Süden-dinge machen. Viele Wochen lang. Morgen
30 früh fahren wir los."

Auf einmal höre ich ein Kichern. Oder besser gesagt zwei. Es kommt von der vorletzten Reihe am Fenster. Mathilde lehnt sich zu Regine, hält sich die Hand vor den Mund und flüstert
35 ihr irgendwas ins Ohr.

„Es gibt keinen Ort, der Süden heißt", sagt Regine sachlich.

Sie ist Zweite Vorsitzende[2] im Schülerrat und will später Anwältin werden, genau wie ihre
40 Mutter.

„*Süden*, also, das klingt echt bescheuert."

Mein Bein fängt wieder an zu zittern. Und der linke Arm auch ein bisschen. Können wir jetzt nicht einfach weitermachen, kann nicht
45 irgendwer anders übernehmen?

„Wo genau fährst du denn hin, Ina? Süden ist ja kein Land."

Die beiden kichern wieder. Mehrere andere lachen ebenfalls. Aber da mischt sich glückli-cherweise Vigdis ein. [...]*
50

Nachdem sich alle über die bevorstehenden Sommerferien ausgetauscht haben, möchte die Lehrerin mit dem Unterricht beginnen.

Aber da entdeckt sie Vilmer ganz hinten.
„Huch, dich haben wir ja völlig vergessen zu 55
fragen, Vilmer. Hast du irgendwelche span-nenden Pläne?"
Alle drehen sich zu ihm um.
Er lächelt.
„Ich fahre auch in den Süden", sagt er und wirft 60
mir einen Blick zu.
Was meint er damit?
„Nee, Quatsch", sagt er dann. „Ich bleibe zu Hause." Jetzt schaut er Vigdis an.
„Mein Vater ist nämlich pleite[3], deshalb wird 65
es dieses Jahr nichts mit Urlaub."
Er zuckt mit den Achseln und lehnt sich zu-rück. Natürlich kichert jemand. Irgendjemand kichert immer.*

---

1 der Kids Club: (hier) Gruppe von Kindern in einer Hotelanlage, die sich unter Aufsicht eines Erwachsenen für verschiedene Aktivitäten trifft

2 der/die Vorsitzende: Person, die in einer Gruppe die Leitung übernimmt

3 pleite sein: kein Geld haben

Beim Lesen

2 a Lest den Textauszug einmal als Ganzes durch.
  b Überprüft: Waren eure Vermutungen aus Aufgabe 1 richtig?
  c Tauscht euch zu zweit aus. Welche Textstelle hat euch besonders überrascht?

3 a Lest den Textauszug noch einmal Stück für Stück.
    Notiert Figuren, die darin vorkommen.
  b Nennt die „Südendinge", von denen Ina ihrer Klasse erzählt.

4 a Notiert stichpunktartig, was ihr über Vilmer erfahrt.
    Wie verbringt er den Sommer?
    Wie geht er damit vor der Klasse um?
  b „Ich fahre auch in den Süden" (Z. 60). Besprecht, was Vilmer damit meinen könnte.

5 Untersucht die Hauptfigur Ina genauer. Wählt a, b oder c.

a Beschreibt, wie Ina sich fühlt, während sie von ihren Sommerplänen erzählt.
Wählt Emotionen **aus dem Wortkasten** und **ordnet** sie den passenden Textstellen **zu.**

erleichtert • aufgeregt • unsicher • wütend • nervös • bedrückt • ängstlich • begeistert	Z.8–13 • Z.42–45 • Z.49–50

b Beschreibt **mit Hilfe der Wörter im Kasten,** wie Ina sich fühlt, während sie von ihren Sommerplänen erzählt. **Notiert Textstellen,** in denen Inas Gefühle zum Ausdruck kommen.

erleichtert • aufgeregt • unsicher • wütend • nervös • bedrückt • ängstlich • begeistert

c Beschreibt, wie Ina sich fühlt, während sie von ihren Sommerplänen erzählt.
Belegt eure Aussagen **am Text.**

d Stellt eure Ergebnisse vor und erklärt, warum Ina sich so fühlt.

6 a Beschreibt, wie die Mitschülerinnen und Mitschüler auf Inas Aussagen reagieren.

b Tauscht Vermutungen aus, wieso einige aus Inas Klasse sich so verhalten.

Nach dem Lesen

7 Könnten Inas Vorstellungen Wirklichkeit werden?
Überprüft dies mit Hilfe eurer Ergebnisse aus Aufgabe 3.

Methode 〉〉 **Einen literarischen Text verstehen**

Vor dem Lesen
Betrachtet die **Bilder** zum Text, lest die **Überschrift** und den **Einführungstext.** Überlegt:
- Worum könnte es im Text gehen?
- Was macht euch neugierig?
- Was kommt euch bekannt vor?
- Was fällt euch auf den ersten Blick auf?

Beim Lesen
Lest nun den Text **einmal ans Ganzes.** Überlegt:
- Waren eure Vermutungen richtig?
- Was hat euch überrascht?
- Was habt ihr bereits verstanden?

Lest den Text **gründlich Absatz für Absatz. Stellt Fragen** und **findet Antworten:**
- Welche Figuren kommen vor?
- Wie handeln die Figuren? Warum?
- In welcher Situation befinden sie sich?

Schreibt **Stichworte** auf oder **markiert** wichtige Textstellen.
Klärt **unbekannte** Wörter und schwierige Textstellen.

Nach dem Lesen
Gibt es **Aufgaben zum Text?** Dann bearbeitet sie nun:
Lest noch einmal **nach,** wenn ihr euch nicht sicher seid.

Figuren und ihre Handlungsmotive erfassen

Marianne Kaurin

Irgendwo ist immer Süden (Auszug 2)

Zu Hause in der Wohnung ist es still und heiß. Stickig. Die Fenster sind zu, und das Wohnzimmer brät in der Sonne. Ein paar braune Pflanzen verdursten auf der Fensterbank. Ein
5 Strauß verwelkter Margeriten hängt in einer Vase. Der Staub wirbelt im Sonnenlicht. Die Tür zu Mamas Schlafzimmer steht einen Spaltbreit offen, die Bettdecke ist zu einem Haufen zusammengeknüllt, und es dauert einen Mo-
10 ment, bis ich erkenne, dass sie nicht dort liegt. Sonst ist Mama immer daheim, wenn ich von der Schule komme, meistens schläft sie. Soweit ich weiß, hatte sie heute nichts vor.

Mama ist seit einer Weile sehr müde. [...] „Das
15 wird bald besser", sagt sie jeden zweiten Tag mit einem optimistischen Lächeln und mit ihren braunen, schläfrigen Augen. „Für clevere Mädchen kommt schon alles in Ordnung, Ina." Ich öffne das Fenster in meinem Zimmer und
20 lege mich aufs Bett.

[...] Mathildes Geburtstag. Sie hat die Einladungen schon vor mehreren Wochen verteilt, alle immer wieder daran erinnert, sich dieses Datum frei zu halten.

25 [...] Vielleicht sollte ich heute Abend doch hingehen? ==Aber man braucht ein Geschenk, wenn man zu einem Geburtstag eingeladen ist, und Geschenke kosten Geld.== Was sich schwer beschaffen lässt, ohne Mama zu fragen. Und
30 Mama wird beim Thema Geld immer so gestresst. Deshalb bin ich normalerweise krank. Oder sage, dass wir ausgerechnet an diesem Tag Besuch kriegen. Vielen Dank für die Einladung, aber es klappt leider nicht.

[...] Ich rufe Mama an, doch ich höre nur ihre 35 müde Stimme auf der Mailbox.
[...] Ich lege auf, laufe in die Küche und werfe einen Blick in den Kühlschrank. Ein Glas Erdbeermarmelade, eine halbe Pizza, Ketchup und eine zusammengedrückte Tube Mayon- 40 naise. Vielleicht ist Mama ja einkaufen. Ich esse die kalte Pizza [...]. Denke an den Süden. An Markus. Den Geburtstag. Beschließe hinzugehen.

==Ich google *Geburtstag + 12 Jahre + Mädchen +* 45 *Geschenk + Preis.*==

[...] Manchmal liegt ein bisschen Geld in einer Dose im Küchenschrank. Zwanzigkronenstücke[1], Zehner oder ein Hunderter. Ich schiele zum Schrank. Vielleicht fällt es Mama gar 50 nicht auf, wenn etwas fehlt.
==Die Dose ist verdächtig leicht== und gibt einen ziemlich mageren Laut von sich, als ich sie schüttele. Man taucht nicht ohne Geschenk auf einer Geburtstagsfeier auf. Ich werfe die 55 Dose zurück in den Schrank.

Plötzlich sehe ich ihn. Einen Zettel [...] mit Mamas Handschrift [...]. Da steht, dass sie bei einem Kurs ist und um sechs nach Hause kommt. Dass wir heute Abend Tacos essen 60 können. Darunter hat sie ein Herz gemalt.

[...] Ich überlege zwanzig Sekunden, dann schreibe ich zurück. Sie braucht keine Tacos zu kaufen, weil ich auf einen Geburtstag gehe. Ich lösche *Geburtstag* wieder und tippe statt- 65 dessen *Klassenfest*, bevor ich auf Senden drücke. Klassenfeste sind gut, ==Klassenfeste sind gratis.*==

---

1 die Krone: (hier) Währung/Zahlungsmittel in Norwegen

1 Lest den Textauszug und beschreibt Inas Zuhause und ihre Situation mit eigenen Worten. Welches Problem beschäftigt Ina? Lest hierfür noch einmal die markierten Textstellen.

2 Wie fühlt sich Ina? Wählt passende Adjektive aus und begründet.

> fröhlich • traurig • gut • einsam • wohlhabend •
> alleine • ausgeschlossen • arm • beschämt • hilflos

3 a Erklärt, warum Ina darüber nachdenkt, nicht auf Mathildes Geburtstag zu gehen.

b Ina belügt auch ihre Mutter (Z. 62–68). Wieso macht sie das? Diskutiert.

c Bewertet die Tatsache, dass Ina ihrer Mutter nicht die Wahrheit sagt.
Ich kann verstehen / nicht verstehen, dass Ina ihrer Mutter nicht die Wahrheit sagt, weil …
Meiner Meinung nach sollte Ina ihrer Mutter die Wahrheit sagen, da …

4 Ina kommt in ihre trostlose Wohnung zurück, ihre Mutter ist nicht zu Hause. Gerne würde sie auf Mathildes Geburtstag gehen, aber es fehlt an Geld für ein Geschenk. Sie setzt sich auf ihr Bett und notiert Gedanken und Gefühle in ihrem Tagebuch. Wie könnte sie das Problem lösen? Schreibt den Tagebucheintrag aus Inas Sicht. Verwendet eure Ergebnisse aus den Aufgaben 1–3.

▶ **Tagebucheintrag: S. 276**

> *Liebes Tagebuch,*   *25. Juli 20XX*
> *Die ganze Klasse geht auf Mathildes Geburtstag. Was soll ich bloß tun?*
> *Ich habe kein Geschenk. Ich brauche einen Plan …*

 5 a Lest den ersten Absatz des Auszugs auf S. 71 im normalen Lesetempo.
Lasst die Zeit von einer Partnerin oder einem Partner mit einer Uhr stoppen.

b Überprüft: Wie lange dauert es wohl tatsächlich, bis Ina merkt, dass sie alleine ist?
Stimmt die Dauer der Handlung mit eurer Lesedauer überein?

c Vergleicht den Absatz mit dem Satz „Ich betrete die trostlose Wohnung, Mama ist nicht da".

d Begründet, wieso die Autorin die Situation nicht nur in einem Satz beschrieben hat.

> **Information** ▶▶ **Erzählzeit und erzählte Zeit**
>
> In Erzähltexten unterscheidet man zwischen **Erzählzeit** und **erzählter Zeit.**
> - Die **Erzählzeit** ist die Zeit, die der Leser zum Lesen braucht.
> - Die **erzählte Zeit** beschreibt die Dauer einer Handlung.
>
> Aus dem Vergleich von Erzählzeit und erzählter Zeit ergibt sich das **Erzähltempo:**
> - **Zeitdehnung:** Die Erzählzeit ist länger als die erzählte Zeit, z. B.:
>   *Ich räuspere mich, öffne den Mund und schließe ihn wieder, schlucke, und dann geben meine*
>   *Stimmbänder einen schwachen Laut von sich.*
> - **Zeitdeckung:** Erzählzeit und erzählte Zeit sind gleich lang.
>   Bei der direkten Rede handelt es sich z. B. um zeitdeckendes Erzählen.
> - **Zeitraffung:** Die Erzählzeit ist kürzer als die erzählte Zeit, z. B.:
>   *Ich lag zwei Wochen lang im Krankenhaus.*

Marianne Kaurin

Irgendwo ist immer Süden (Auszug 3)

Ina bleibt während der Ferien den ganzen Tag über in ihrem Zimmer. Und plötzlich passiert es: Vilmer, der in der Nachbarschaft wohnt, sieht sie am Fenster stehen, weil sie gelüftet hat! Jetzt weiß er, dass Ina gelogen hat und sie nicht in den Süden gefahren ist. Er schreibt ihr eine SMS: „Treffen wir uns morgen?" Ina entscheidet, sich mit Vilmer zu treffen – schließlich will sie nicht die ganzen Sommerferien in der heißen Wohnung sitzen! Später führt Vilmer Ina zur verlassenen Hausmeisterwohnung des Wohnblocks.

„Willkommen in meinem Reich", lächelt er und lässt mich zuerst eintreten. [...] Der Raum ist dunkel und riecht nach Keller.
Feucht und muffig[1].

5 „[...] Ich hab sauber gemacht und ein paar Dinge repariert."
Ich muss wieder an die Sache mit dem Psychonachbarn denken. Stelle mir vor, wie Vilmer nach Hause zu seinem Vater geht, Werkzeug

10 holt und das Schloss aufknackt. Wie ein Dieb in die Wohnung einbricht und es sich auf dem Sofa gemütlich macht. Pepsi in den Kühlschrank stellt und Pizza in den Ofen schiebt. Den Kram des faulen Hausmeisters aufräumt.

15 „Ich bin einfach total neugierig", erklärt Vilmer.

„Und es ist halt echt ein bisschen langweilig, den ganzen Sommer über zu Hause zu sitzen." Seine Miene wird ernst, er schaut mich an, als würde er darauf warten, dass ich etwas sage. Ihm erzähle, wieso ich nicht im Süden bin. 20 [...] Schweigend trinken wir unsere Pepsi. Ich greife nach meinem Handy, um zu checken, ob Mama angerufen hat. Lasse es schnell wieder in der Tasche verschwinden, als Vilmers Blick auf mein Bildschirmfoto fällt. Es zeigt den 25 Swimmingpool. Im *Blue Lagoon Deluxe.*

„Als wir bei Mathilde waren und du erzählst hast, dass du in den Süden fährst [...]", fängt Vilmer plötzlich an.

Mir wird heiß, und ich schaue weg. Habe keine 30 Lust, darüber zu reden. Nicht jetzt. Ich schiebe die linke Hand unter meinen Oberschenkel und kreuze die Finger.

„... da hab ich mich dermaßen wiedererkannt." Es sticht in meinem Bauch, ganz oben, direkt 35 beim Herzen.

„Weil ich genau das Gleiche gemacht hab."
Ich fühle seinen Blick auf mir, obwohl ich stur auf den Boden starre.

„Gelogen." 40
Das Wort hängt in der Luft.

„Ich war letztes Jahr auf den Malediven²", sagt er und lacht. „Oder war es Malta³? Ich weiß gar nicht mehr. Und es war genauso fantastisch wie der Südenurlaub, von dem du erzählt hast." 45 Mein Blick wandert langsam nach oben, über Vilmers T-Shirt und weiter zu seinen Augen, hellblau und ernst. Lieb.

„Ich sag's keinem", verspricht er und lächelt mich mit seinem schiefen Schneidezahn an.* 50

1 muffig: nach abgestandener Luft riechend

2 die Malediven: Inselstaat im Indischen Ozean südwestlich von Sri Lanka

3 Malta: Inselstaat im Mittelmeer südwestlich von Italien

6 a Lest den Textauszug und notiert Gemeinsamkeiten zwischen Vilmer und Ina.

b Untersucht auch die Textauszüge der Seiten 68–69 und 71 auf Gemeinsamkeiten zwischen Vilmer und Ina. Ergänzt eure Notizen.

7 a Begründet, warum Vilmer für Ina ein richtig guter Freund werden könnte. Notiert Textstellen, die euer Ergebnis belegen.

b Sieht Ina in Vilmer auch einen Freund? Erläutert.

c Vergleicht und bewertet, wie sich Vilmer bzw. Mathilde und Regine verhalten.

8 Vilmer gibt Ina ein Versprechen: Er will sie nicht verraten (Z. 50). Nun erklärt Ina Vilmer, warum sie gelogen hat. Wählt a, b oder c.

a Formuliert mit Hilfe der Impulse den Dialog zwischen Ina und Vilmer.

Ina	Vilmer
– möchte Freunde finden – schämt sich, weil sie nicht viel Geld hat – möchte beliebt sein	– kann Ina gut verstehen – erklärt Ina, dass es sich nicht lohnt, für Regine und Mathilde zu lügen

b Schreibt den Dialog zwischen Ina und Vilmer **weiter.** Erklärt, warum Ina gelogen hat.
Ina: „Danke, dass du mich nicht verrätst."
Vilmer: „Das ist doch klar, möchtest du mir erklären, warum du gelogen hast?"
Ina: „Ich habe gelogen, weil ich mich schäme. Es ist mir peinlich, dass…"

c Verfasst einen Dialog zwischen Ina und Vilmer. Erklärt darin, warum Ina gelogen hat. Verwendet eure Ergebnisse aus den Aufgaben 1–3.

d Lest euren Dialog zusammen mit einem Partner oder einer Partnerin der Klasse vor.

Methode ▶ **Einen Dialog verfassen**

Möchtet ihr die Beziehung zwischen den Figuren einer Geschichte oder das Verhalten einzelner Figuren besser verstehen, könnt ihr einen **Dialog** verfassen. Geht dabei so vor:

■ Prüft am Text, wie sich die **Figuren fühlen,** z. B. *traurig, nervös, fröhlich, mutig.*

■ Untersucht den Text auf direkte Rede und notiert, **wie** die jeweiligen **Figuren sprechen:** Verwenden sie Umgangssprache? Ist ihr Redeanteil eher groß oder klein? Sprechen sie in kurzen oder langen Sätzen?

■ Achtet darauf, dass alle Figuren im Dialog zu Wort kommen und aufeinander eingehen.

Schauplätze beschreiben

Marianne Kaurin

Irgendwo ist immer Süden (Auszug 4)

„Du, ich hab ziemlich viel über den Süden nachgedacht", sagt er. [...]
„Was hat diese Halldis noch mal gesagt?"
„Vigdis", korrigiere ich ihn.

5 „Dass der Süden gar kein bestimmter Punkt auf der Karte ist, sondern wir das bloß so sagen, wenn wir einen Ort meinen, wo man sich entspannen und Spaß haben und chillen kann."

10 Vilmer sieht mich eifrig an.

„Das Wort *Süden* bezeichnet ja eigentlich jeden Ort, der von uns aus gesehen weiter südlich liegt, oder [...]?"
Ich erwidere nichts. [...]
„Also kann der Süden doch auch hier sein." 15
„Hier?", frage ich.
„Ja, hier in der Wohnung. Denn die liegt am südlichsten. Vom Hinterhof aus betrachtet, meine ich."*

1 Lest den Textauszug und erklärt:
Warum könnte sich die Autorin für den Titel „Irgendwo ist immer Süden" entschieden haben?

2 Ina hatte sich den Süden ganz anders vorgestellt und ist sich nicht sicher,
was sie von der Idee halten soll. Schreibt den Dialog zwischen Ina und Vilmer weiter.

Marianne Kaurin

Irgendwo ist immer Süden (Auszug 5)

Ina und Vilmer treffen sich immer öfter in der Hausmeisterwohnung und gestalten sich dort ihren eigenen Süden ganz nach ihren Vorstellungen. Und dann machen sie „Südendinge" ...

Normalerweise sitzen wir erst mal eine Weile nebeneinander auf dem Sofa und unterhalten uns, bevor wir uns überlegen, was wir machen wollen. Und dann machen wir Südendinge.

5 Wir baden im Pool. Das Becken ist so klein, dass darin immer nur einer von uns Platz findet. Und das auch nur, wenn man sich mit angewinkelten Beinen ins Wasser setzt. Der andere relaxt in der Zwischenzeit an der Poolbar.

10 Mit Pepsi und Schirmchen im hohen Glas. Anschließend tauschen wir.
Wir essen Südengerichte in der *Sunlight Taverna*. Pizza oder Würstchen, das geht am ein-

fachsten. Manchmal, wenn wir kein Geld haben, um etwas zu kaufen, essen wir einfach nur 15 Brot. Aber wir nennen es *Club Sandwich*. Vilmer zündet die Adventskerzen an und spielt den Kellner.

„Darf es noch ein Latte macchiato sein?", fragt er und hält die Tasse von den Olympischen 20 Winterspielen hoch.

Ich gehe ins *Paradise Spa* und bekomme eine Hautpflegebehandlung von Vilmer. Er hat Mamas weißes Kleid angezogen und eine Playlist mit Entspannungsmusik runtergeladen, Pan- 25 flöten und Geige.

„Relax, relax", sagt er mit heller Stimme und taucht Wattepads[1] in Wasser, mit denen er mir sanft übers Gesicht streicht.

30 Keiner von uns schlägt vor, im Sonnuntergang zu tanzen, obwohl es zu den typischen Süden-dingen gehört, die wir uns eigentlich vorge-nommen hatten. Aber das wäre einfach zu peinlich, egal ob wir allein oder zusammen
35 tanzen würden. Stattdessen sitzen wir auf dem roten Sofa mit Blick auf den Sonnenuntergang und hören die Playlist.
Wir sind auch nicht sehr viel am Strand, weil der wirklich nicht besonders toll geworden ist.

Doch ab und zu tun wir so, als ob wir uns son-40 nen, einfach nur um es mal gemacht zu haben. Ich liege auf Mamas türkisfarbenen Sonnen-stuhl, Vilmer auf der gelben Strandmatratze. Wir schließen die Augen, weil die Sonne so grell ist und zwischendurch schlafen wir ein 45 bisschen. Ich jedenfalls.*

1 das Wattepad: flacher Wattebausch zum Reinigen des Gesichts

3 Lest den Textauszug.
Was erleben Ina und Vilmer in der umgestalteten Hausmeisterwohnung? Notiert.

4 Wie könnte Inas und Vilmers Süden in der Hausmeisterwohnung wohl aussehen? Gestaltet in Kleingruppen ein Bild von der Hausmeisterwohnung. Lest dafür die einzelnen Textstellen noch einmal genau.
a Zeichnet jeweils einen Raum auf ein weißes A4-Blatt:
– Pool, Poolbar (Z. 5–11) und Strand (Z. 38–46) im Wohnzimmer
– Sunlight Taverna in der Küche (Z. 12–21)
– Paradise Spa im Bad (Z. 22–26).
b Heftet die einzelnen Räume zu einer Wohnung zusammen.
c Stellt eure Wohnungen in der Klasse aus. Gebt euch gegenseitig Feedback.

5 Vergleicht eure Zeichnungen mit dem Buchcover der deutschen und portugiesischen Ausgabe.
a Nennt die Gegenstände, die auf den Buchcovern abgebildet sind.
b Prüft, welche der Gegenstände ihr im Textauszug wiederfindet.
c Ordnet die Gegenstände euren gezeichneten Räumen zu.
d Erklärt, welche Bedeutung die Gegenstände für Ina und Vilmer haben.

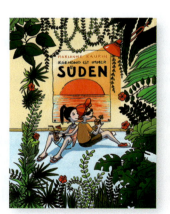

6 a Vergleicht den Textauszug mit Inas erstem Besuch in der Hausmeisterwohnung (S. 73). Wie fühlt sie sich jeweils?
b Beschreibt, wie sich die Beziehung zwischen Ina und Vilmer durch die umgestaltete Hausmeisterwohnung verändert hat. Lest hierfür noch einmal die markierten Textstellen genau.

7 Erklärt, wie sich die Bedeutung „Süden" für Ina und Vilmer verändert hat.

Sich zu einem Jugendbuch positionieren

Marianne Kaurin

Irgendwo ist immer Süden (Auszug 6)

Regine und Mathilde erfahren, dass Ina gelogen hat. Sie wissen inzwischen, dass Ina nicht verreist ist und stellen sie zur Rede …

„Und diesmal wollen wir die Wahrheit hören! Wir haben gestern sogar überlegt, die Polizei anzurufen!"

Ich kreuze die Finger hinter dem Rücken, auch
5 wenn ich weiß, dass es nichts helfen wird. Nichts kann mir jetzt helfen.

„Ich war irgendwie schon im Süden", murmele ich und bereue meine Worte sofort.

„Im Ernst jetzt?", sagen Mathilde und Regine
10 im Chor.

Ich starre auf meine Füße, weiß nicht, was ich tun soll. Sie gewinnen so oder so.

„Es war Vilmer", höre ich mich auf einmal stammeln.
15 „Der Neue."

Ich zeige zu Aufgang F.

„Er wohnt da drüben. Irgendwie haben wir angefangen, uns zu unterhalten, und dann hatte er eine Idee."
20 Meine Stimme ist kaum mehr als ein Flüstern. Ich verstumme.

Sie schauen mich neugierig an.

„Was für eine Idee?", fragt Regine.

Ich antworte nicht.

„Hallo?" 25

„Das mit dem Süden", murmele ich […].

„Ich hab nur mitgemacht, weil ich nichts Besseres zu tun hatte."

Meine Stimme wird ein bisschen fester.

„Er hat eine leere Hausmeisterwohnung ent- 30 deckt", erkläre ich, weil ich merke, dass es keinen anderen Ausweg gibt. „Und dann hat er da so eine Art Süden aufgebaut. Mit einem Planschbecken als Swimmingpool und so."

Die beiden starren mich an. 35

„Ein Planschbecken?"

„Er ist echt komisch", sage ich.

Und plötzlich lächeln sie.

[…] Mathilde und Regine wechseln einen Blick.

„Er tut so, als wäre er im Süden. Da unten im 40 Keller", sage ich und deute mit dem Finger in die Richtung.

„Zeig's uns", sagt Mathilde und marschiert los.

„Sonst erzählen wir allen, dass du gelogen hast."* 45

1 a Überlegt, wie die Geschichte weitergehen könnte.
 b Führt die Handlung des Textauszugs weiter.
    Malt hierfür einen Comic mit drei Bildern.
    Überlegt, ob Ina ihren Mitschülerinnen die Hausmeisterwohnung zeigt oder nicht.
 c Stellt eure Ergebnisse in der Klasse vor.
    Stimmt darüber ab, welches Ende euch am besten gefällt.

2 a Beschreibt Inas Verhalten mit eigenen Worten.
    Wie reagiert sie, als Mathilde und Regine sie zur Rede stellen?
 b Erklärt, warum Ina sich so verhalten haben könnte.

3   Bewertet Inas Verhalten. Wählt a, b oder c.
 a Bewertet Inas Verhalten. Formuliert aus den folgenden Anfängen **einen** vollständigen **Satz.**
    Ich finde, Ina verhält sich nicht richtig, weil …
    Meiner Meinung nach verhält sich Ina richtig, denn …
 b Bewertet Inas Verhalten. Erklärt dabei auch, ob ihr ihre Reaktion verstehen könnt.
    Formuliert **zwei Sätze** mit Hilfe der Wörter in den Kästen.

| Ich verstehe Ina, denn … • | Deswegen • | … verhält sie sich nicht richtig, denn … • |
| Ich verstehe Ina nicht, weil … | Trotzdem | … verhält sie sich richtig, da … |

 c **Formuliert ein Argument,** das für oder gegen Inas Verhalten spricht.
    Denkt dabei an eine Behauptung, eine Begründung und ein Beispiel.
    Tipp: Als Beispiel könnt ihr eine konkrete Textstelle benennen.
    Behauptung: Aus meiner Sicht reagiert Ina falsch/richtig, …
    Begründung: weil/da …
    Beispiel: Das zeigt sich zum Beispiel in Zeile XX.
    ▶ einen Standpunkt mit Argumenten vertreten: S. 17
 d Tauscht euch über eure Ergebnisse aus.

4   Notiert zwei Dinge, über die ihr gerne mehr erfahren möchtet.

| Ich würde gerne … | erfahren, ob … • wissen, warum … • fragen … | Ina plötzlich so … gegenüber Vilmer ist. • … das Gespräch gehört hat. • Ina … • warum Regine und Mathilde … • Ina, Regine und Mathilde … • … |

5   Würdet ihr das Buch gerne weiterlesen? Begründet eure Meinung.
    Ich würde das Buch weiterlesen / nicht weiterlesen, weil…

+ 6   „Irgendwo ist immer Süden" wurde mit den Jugendliteraturpreis ausgezeichnet.
    Begründet, warum das Buch aus eurer Sicht diesen Preis verdient haben könnte.

4.2 „Ich *war* im Süden" – Einen Jugendbuchauszug vorlesen

Gemeinsam das Lesen trainieren

Marianne Kaurin

Irgendwo ist immer Süden (Auszug 7)

Nach den Ferien berichten alle in der Klasse von ihren Erlebnissen. Alle Augen sind auf Ina gerichtet, als sie an der Reihe ist.

A

Jemand kichert. Oder besser gesagt, viele kichern.

Anscheinend haben Mathilde und Regine den Großteil der Klasse über meine Lügen infor-
5 miert.

„Im Sommer", beginne ich.

Meine Stimme ist klar und deutlich. Ich setze mich kerzengerade hin, sodass alle lesen können, was auf meinem T-Shirt steht.

10 „Im Sommer war ich im Süden."

Ein Raunen[1] geht durch die Reihen.

„Das ist doch wohl nicht ihr Ernst", schnaubt Mathilde und schaut zu Regine und Markus.

„Und es war der beste Urlaub meines Lebens",
15 fahre ich fort. „Ich habe wochenlang nur Südendinge gemacht. Zusammen mit dem besten Südenfreund der Welt."

Vilmer. Sein Rücken in dem weißen T-Shirt. Plötzlich dreht er sich um. Die Locken auf sei-
20 nem Kopf bewegen sich. Seine Augen sind weit geöffnet.

Regine meldet sich und fängt an zu reden, noch bevor Vigdis sie drangenommen hat.

„Kannst du nicht endlich die Wahrheit sagen?
25 Dass du den ganzen Sommer lang in Güllebak-
ken warst!"

Sie funkelt mich wütend an[2]. Zum Glück sitze ich nicht im Schülerrat und muss mit ihr diskutieren.

Ich stehe ruckartig auf. Es fühlt sich ganz 30 natürlich an.

B

„Ich *war* im Süden", wiederhole ich ruhig an Regine gewandt. Als wäre sie ein Kleinkind, dem man etwas sehr Kompliziertes erklären muss. 35

„Es war einfach nur eine andere Art von Süden, als du gewohnt bist."

Ich spreche mit sanfter, geduldiger Stimme. Die Beine stehen fest auf dem Boden.

„Denn der Süden ist kein Land", erkläre ich. 40

[...] Regine und Mathilde starren mich ungläu-
big an.

„Es ist nur ein Ort, an den man fährt, um sich zu entspannen und Spaß zu haben, richtig? Also kann ich doch wohl selbst entscheiden, 45 ob ich im Süden war, oder?"

Ich schaue zu Vilmer.

[...] Er starrt auf den Text auf meinem T-Shirt. *Willkommen im Süden.*

Vilmers und Inas Paradies. 50

Es ist das uncoolste T-Shirt der Welt [...].*

---

1 raunen: murmelnd, flüsternd etwas sagen
2 anfunkeln: jemanden böse ansehen

1 Lest den Textauszug auf S. 79.

a Beurteilt, ob sich der Textauszug für einen Vorlesewettbewerb eignet.

Meiner Meinung nach eignet sich der Textauszug gut / nicht so gut, weil …

Ich finde, der Textauszug ist für einen Vorlesewettbewerb geeignet/ungeeignet, denn …

b Welche Stelle aus dem Auszug gefällt euch besonders gut?

Lest sie der Klasse vor.

c Erklärt, warum ihr die Textstelle gewählt habt.

2 Untersucht den Inhalt des Textauszugs.

a Beschreibt, wie Inas Mitschülerinnen und Mitschüler auf ihren Bericht über die Ferien reagieren.

> verständnisvoll • ungläubig • neugierig • belustigt • erfreut • ärgerlich • wütend •
> unfreundlich • fassungslos • glücklich

 b Erklärt, warum Inas Klassenkameradinnen und -kameraden so reagieren.

c Was möchte Ina wohl mit ihrem T-Shirt bewirken?

Tauscht euch aus.

d Notiert Gedanken, die Vilmer durch den Kopf gehen könnten, in einer Gedankenblase.

> Ich bin überrascht, dass … /
> Ina trägt ja unser …

 3 Wählt mit einer Partnerin oder einem Partner Textabschnitt A oder B aus.

Übt als Tandempaar das flüssige Vorlesen des Abschnitts.

Wendet dabei die Tandemlesemethode an. Ihr findet sie im Merkkasten unten.

> **Methode** ▶▶ **Das Tandemlesen: Lesetraining zu zweit**
>
> - Setzt euch **zu zweit** zusammen. Einer ist **der Trainer,** der andere **der Sportler.**
> - **Lest** den Text zunächst **still,** alle für sich. Klärt gemeinsam, worum es in dem Text geht.
> - **Eine Runde trainieren:**
>   - Legt den Text so vor euch auf den Tisch, dass ihr ihn beide lesen könnt.
>   - Auf „3, 2, 1, los!" beginnt ihr, den Text **zusammen halblaut zu lesen.**
>   - Der Trainer führt dabei seinen **Finger** in einem angemessenen Lesetempo **unter der** jeweiligen **Textzeile** entlang.
>   - Wenn der Lesesportler einen **Fehler** macht, sagt der Trainer **„Stopp!"** und der Sportler **verbessert sich.** Benötigt der Lesesportler Hilfe, liest der Lesetrainer das Wort richtig vor.
>   - Dann lesen Trainer und Sportler **vom Satzanfang gemeinsam weiter.**
>   - Am Ende **lobt** der Trainer die Fortschritte des Sportlers.
> - Lest den Text so oft als Paar, bis ihr ihn beide **flüssig lesen** könnt.

Wirkungsvoll vorlesen

Marianne Kaurin

Irgendwo ist immer Süden (Auszug 8)

Es ist das uncoolste T-Shirt der Welt, | <u>uncooler</u> als <u>alle</u> von Vilmers T-Shirts zusammen. |

Und <u>Gelb</u> steht mir wirklich überhaupt nicht.

„Es war ein <u>Traumsommer</u>", | sage ich zufrieden und wedele mit meinem Zettel. |

„Alles, was ich aufgeschrieben habe, | ist <u>wahr</u> geworden." | Ich lächle Vilmer an. |

„Ich habe einen Südenfreund fürs <u>Leben</u> gefunden." |

Vilmer erwidert meinen Blick. | Mit einem <u>breiten</u> Lächeln. |

Den <u>tollsten</u> Augen. | Dem <u>zweituncoolsten</u> T-Shirt der Welt.*

1 Vergleicht die beiden Hörfassungen des Textauszugs oben.
Welche Fassung hat euch besser gefallen? Begründet dies mit Hilfe der Wörter im Kasten.

> das Tempo • die Betonung •
> die Pausen • die wörtliche Rede

► Audio

2 Übt das wirkungsvolle Vorlesen anhand eurer gewählten Textstelle von S. 79.
Lest den Text mehrmals laut und probiert verschiedene Betonungsmöglichkeiten aus.

3 Bereitet den Textauszug auf einer Kopie wie im Beispiel oben zum Vorlesen vor.
a Notiert Pausen (|) an sinnvollen Stellen, um die Spannung zu steigern oder den Text zu gliedern.
b Unterstreicht Wörter oder Textstellen, die ihr besonders betonen möchtet.

4 a Markiert auf eurer Kopie die wörtliche Rede.
b Prüft, welche Stimme zu der jeweiligen Figur passt, z. B.: großer, kräftiger Mann = tiefe Stimme
Lest euch die vorbereitete Textstelle in Kleingruppen vor und gebt euch gegenseitig Feedback.

► **wirkungsvoll vorlesen: S. 82**

Methode ▷	**Einen Text zum Vorlesen vorbereiten**

Möchtet ihr einen Text besonders sinngestaltend vorlesen, könnt ihr ihn mit entsprechenden Markierungen und Zeichen dafür vorbereiten.
- Setzt **Pausen** (|), um zum Beispiel die Spannung zu erhöhen.
- Unterstreicht Wörter oder Textstellen, die ihr besonders **betonen** möchtet.
- Markiert **wörtliche Rede** und verleiht den Figuren eigene Stimmen.

Wirkungsvoll vorlesen

Um einen Text wirkungsvoll vorlesen zu können, müsst ihr euch gut auf den Vortrag vorbereiten.

1. Den Text auswählen

– **Wählt** den Text **aus,** den ihr gern vorlesen möchtet.
– Macht euch **Notizen** zum Text für die Einleitung eures
Vortrags:
Wer ist die Autorin oder der Autor des Textes?
Wie lautet der Titel?
Warum habt ihr den Text ausgewählt?

Mein Lesevortrag

Autor: Jo Pestum
Titel: Mein rosa Freund
Mir gefällt der Text, weil …

2. Den ausgewählten Textauszug vorbereiten und üben

– Lest den Text **mehrfach laut,** bis ihr ihn **flüssig** lesen könnt.
Übt, **lange und schwierige Wörter** zu sprechen.
– Lest den Text dann **mit unterschiedlichen Betonungen** vor.
Achtet darauf, welche **Hinweise zur Betonung im Text** stehen.
Welche Betonung passt am besten zur Textstelle?
– Überlegt, in welchem **Tempo** ihr den Text vorlesen sollt.
– Prüft, wo ihr **Pausen** machen möchtet, zum Beispiel vor
besonders spannenden Stellen.
– Probiert aus, wie ihr die **wörtliche Rede** sprechen wollt.
Prüft dabei: Welche Figur spricht an dieser Stelle?
Steht im Redebegleitsatz, wie sie spricht?

schwierige Wörter

Betonung

Tempo

Pausen

wörtliche Rede

3. Den Textauszug vorlesen und ein Feedback einholen

– Nennt zuerst die **Autorin** oder den **Autor** und den **Titel** des Textes.
Gebt kurz an, **warum** ihr ihn ausgewählt habt. **Lest** dann euren **Text vor.**
– Lasst euch mit Hilfe des **Feedbackbogens** eine **Rückmeldung** zu eurem vorgelesenen
Textauszug geben.

Feedbackbogen für den Lesevortag von …	☺☺☹
Er/Sie liest flüssig, laut und deutlich vor.	
Die Betonung passt zu den Textstellen.	
Das Lesetempo ist angemessen.	
Die Pausen unterstützen die Geschichte wirkungsvoll.	
Die Figuren in der Geschichte haben eigene Stimmen.	

4.3 Projekt – Einen Vorlesewettbewerb vorbereiten

1 Beschreibt das Bild genau. Was ist darauf zu sehen?

2 Habt ihr schon einmal an einem Vorlesewettbewerb teilgenommen?
Berichtet von euren Erfahrungen.

Das passende Buch finden und eine Textstelle auswählen

3 In Deutschland erscheinen jedes Jahr über 8000 Kinder- und Jugendbücher.
  a Erklärt, wie ihr trotz der Fülle an Büchern ein passendes Buch findet.
   Nehmt die Abbildungen zur Hilfe.
  b Berichtet von weiteren Möglichkeiten, ein gutes Buch zu finden.

4 a Wählt für den Vorlesewettbewerb einen Jugendroman aus.
  b Lest den Roman. Markiert dabei wichtige und spannende Textstellen mit Klebezetteln.

5 Wählt eine Stelle aus dem Buch aus, die ihr vorlesen möchtet. Beachtet dabei Folgendes:
  – Die Vorlesezeit beträgt etwa drei Minuten.
  – Der Textauszug sollte für alle verständlich sein.
  – Die Textstelle sollte spannend sein und interessante Dialoge enthalten.

Den Lesevortrag vorbereiten und üben

6 Macht euch Notizen zum Inhalt eures Buches.
Legt dafür einen Steckbrief an.

7 Bereitet eure Textstelle für den Lesevortrag vor.
Nutzt die Methoden, die ihr auf den Seiten 80–82
kennengelernt habt.
- Trainiert zum Beispiel das flüssige Lesen im
  Lesetandem (S. 80)
- Bereitet die Textstelle auf einer Kopie für das
  wirkungsvolle Vorlesen vor (S. 81).
- Übt euren Lesevortrag und holt euch ein erstes
  Feedback ein (S. 82).

> **Buch-Steckbrief**
>
> Titel: …
> Autor/Autorin: …
> Art des Jugendromans: …
> Hauptfiguren (Wer?): …
> Schauplatz (Wo?): …
> Darum geht es: …
> Das passiert bis zur
> gewählten Textstelle: …

Den Lesevortrag durchführen und bewerten

8 Legt euch für den Wettbewerb einen Bewertungsbogen an.
Ihr könnt euch an dem unten stehenden Bewertungsbogen orientieren.

9 Führt den Lesevortrag durch.
- Stellt euer Buch mit Hilfe des Buchsteckbriefs vor.
- Fasst den Inhalt bis zur ausgewählten Stelle kurz zusammen.
- Lest euren vorbereiteten Textauszug vor.
- Das Publikum hört aufmerksam zu und füllt dabei den Bewertungsbogen aus.

10 Gebt euch ein Feedback zum Lesevortrag.
Was ist der oder dem Vorlesenden bereits gut gelungen?
Was könnte der oder die Vorlesende beim nächsten Mal noch besser machen?
Wurden alle wichtigen Informationen zum Buch vorgestellt?

Bewertungsbogen für den Lesevortrag von …	😊 😐 ☹
Er/Sie hat alle Informationen über das Buch vorgestellt.	
Er/Sie hat den Inhalt bis zur gewählten Textstelle verständlich zusammengefasst.	
Er/Sie liest flüssig, laut und deutlich vor.	
Die Betonung passt zu den Textstellen.	
Das Lesetempo ist angemessen.	
Die Pausen unterstützen die Geschichte wirkungsvoll.	
Die Figuren in der Geschichte haben eigene Stimmen.	
Der Textauszug wurde so gewählt, dass er für alle verständlich ist.	

5 Sagenhafte Helden –
Sagen untersuchen und nacherzählen

1 **a** Seht euch das Bild an und beschreibt es.
   b Kennt ihr die Geschichten, die zu den
      Figuren und Gegenständen auf dem Bild
      passen? Erzählt.

2   Erklärt, was ihr mit den Begriffen „Sage",
      „Sagenheldin" oder „Sagenheld" verbindet.
      Von welchen Sagen habt ihr schon
      einmal gehört?

In diesem Kapitel …

- lest ihr Sagen über Heldinnen und Helden,
  Ereignisse und Orte,
- lernt ihr, was das Besondere an Sagen ist,
- erzählt ihr Sagen spannend nach.

1 Das Bild zeigt den griechischen Helden Theseus.

a Beschreibt das Aussehen von Theseus. Verwendet Wörter aus dem Kasten.

Der Held Theseus ist vielleicht … Jahre alt. Er wirkt … / Er hat … / Er trägt …

jung • stark • muskulös • kräftig • schön •
das Schwert • das Gewand • der Umhang • die Sandalen • das Haarband

b Welche Eigenschaften könnte der Held Theseus haben? Formuliert Vermutungen.

Vermutlich ist Theseus sehr …, aber auch …

ehrgeizig • gerecht • furchtlos • mutig • tapfer • klug • selbstbewusst • zielstrebig •
hilfsbereit • freundlich • ehrlich • skrupellos • arrogant • nachdenklich • brutal •
gutmütig • aggressiv

2 Erzählt zu Theseus eine kurze Geschichte:
Was könnte Theseus getan oder erlebt haben?

Als Theseus erwachsen war, ging er auf Wanderschaft.
In einem Wald bemerkte er plötzlich …

Sagen aus dem antiken Griechenland

Die ältesten europäischen Erzählungen stammen aus Griechenland. Dort wurden sie in der Zeit um 700 vor Christus aufgeschrieben, z. B. von dem griechischen Dichter Homer. Als mündliche Erzählungen gab es sie schon vor 3000 bis 4000 Jahren.

In den antiken Sagen kämpfen oft griechische Götter, Halbgötter, andere Fantasiewesen und Menschen gegeneinander.

3 a Betrachtet die Karte. Sie zeigt das antike Griechenland.
  – Welche Ortsnamen kennt ihr? Welche werden heute noch verwendet?
  – Wie wird das Mittelländische Meer heute genannt?
b Richtig oder falsch? Prüft die folgenden Aussagen zu der Karte.
  A Athen liegt auf der Insel Kreta.
  B Kreta ist eine Insel im Atlantischen Ozean.

4 Auf den folgenden Seiten untersucht ihr Sagen aus dem antiken Griechenland.
Lest den Text und erklärt mit eigenen Worten:
  – Aus welcher Zeit stammen die Sagen?
  – Worum geht es in den Sagen vermutlich?

+ 5 Informiert euch über den griechischen Dichter Homer: Über welche griechischen Helden hat er geschrieben?

5.1 Von Göttern und Helden – Eine antike Sage lesen und verstehen

Einen Sagenhelden kennen lernen

Die Abenteuer des Theseus: Die Fahrt nach Kreta

Minos, König der griechischen Insel Kreta, droht der Stadt Athen mit Krieg. Er verlangt, dass die Athener alle neun Jahre sieben Männer und sieben Frauen als Futter für den Minotaurus opfern. Der Minotaurus ist ein Ungeheuer, halb Mensch und halb Stier. Der Königssohn Theseus erklärt sich bereit, nach Kreta zu reisen und gegen den Minotaurus zu kämpfen.

Im Hafen von Athen lag bereits ein großes Schiff für die Fahrt nach Kreta bereit. Doch bevor es in See stach, begab sich Theseus zum Tempel der Göttin Aphrodite und brachte ihr
5 ein Opfer dar. Dann versammelte er seine Gefährten um sich und sprach zu ihnen:
„Folgt mir, ohne euch zu fürchten! Ich habe Aphrodite ein Opfer gebracht und der Göttin versprochen, ihr zeitlebens treu zu dienen,
10 wenn sie uns auf dieser Fahrt beisteht. Es soll das letzte Mal gewesen sein, dass wir König Minos Tribut zahlen. Wir werden alle gesund und als Sieger heimkehren!"
„Wenn du als Sieger heimsegelst, hisse ein
15 weißes Segel", bat König Aigeus seinen Sohn Theseus. „Jetzt sind zum Zeichen der Trauer schwarze Segel gesetzt. Ich werde ab heute sehnsüchtig in die Ferne blicken. Tag und Nacht werde ich auf deine Rückkehr warten,
20 mein Sohn."
„Leb wohl, Vater! Ich werde daran denken und bei der Rückkehr das schwarze Segel mit dem weißen vertauschen. Leb wohl! Bald bin ich wieder hier!"
Theseus und die anderen jungen Athener […] 25 fuhren also Richtung Kreta. Sie segelten lange, bei heiterem Himmel und bei tobendem Sturm, aber schließlich landeten sie doch auf der Insel.
Sie betraten die Stadt Knossos und liefen gera- 30 dewegs auf den Palast des grausamen Minos zu. König Minos saß auf seinem steinernen Thron, von Höflingen umringt, und neben ihm stand eine Jungfrau von seltener Schönheit und Anmut. Es war seine Tochter Ariadne. 35
„Da seid ihr ja endlich", brummte Minos und betrachtete die Ankömmlinge prüfend.
„Da sind wir", gab Theseus zur Antwort.
„Auf die Knie! Berührt mit eurer Stirn den Boden!" 40
„Nein, das werden wir nicht tun, denn wir sind nicht deine Sklaven", antwortete wieder Theseus.
„Wie wagst du es, mir so hochmütig zu begegnen!", schrie Minos. „Ich bin nicht irgendein 45 König, ich bin der Sohn des Zeus!"

„Auch ich bin der Sohn eines Gottes, Poseidon ist mein Vater[1]."

„Poseidon? Du lügst! Sieh her! Ich werfe diesen
50 Siegelring ins Meer. Beweise, dass du ein Sohn Poseidons bist, und bringe mir den Ring zurück […]."

„Ich werde dir beweisen, dass ich Poseidons Sohn bin", sprach Theseus und sprang ins
55 Meer. […]

„Nun musste er deinetwegen sterben, Vater. Du bist grausam!", klagte Ariadne. Aphrodite, die Göttin der Liebe, hatte nämlich in Ariadnes Herz brennende Liebe zu dem jungen Theseus entfacht.*
60

Poseidon lässt alle Fische nach dem Ring suchen. Sie finden ihn in kürzester Zeit. Der Held taucht auf und hat ihn in der Hand.

---

1 Poseidon ist mein Vater: Theseus' Mutter Aithra war auch die Geliebte des Meeresgottes Poseidon.

 1 Lest die Sage still. Tauscht euch anschließend zu zweit über euren ersten Eindruck aus: Was hat euch überrascht, verwundert oder beeindruckt?

 2 Was bedeuten die Formulierungen A–E im Text? Lest die Sage noch einmal und ordnet die passenden Umschreibungen 1–5 zu.

A in See stechen (Z. 3)	**1** die Abgabe; hier: das Menschenopfer
B zeitlebens (Z. 9)	**2** ein Segel setzen
C der Tribut (Z. 12)	**3** das Personal am Königshof
D ein Segel hissen (Z. 14–15)	**4** losfahren, abreisen
E die Höflinge (Z. 33)	**5** so lange man lebt

 3 Worum geht es in der Sage? Beantwortet abwechselnd die Fragen A–D zum Text.
A Warum bringt Theseus der Göttin Aphrodite ein Opfer?
B Welche Vereinbarung trifft er mit seinem Vater vor Antritt der Reise?
C Wie werden Theseus und die anderen jungen Männer und Frauen begrüßt?
D Welche Aufgabe erhält Theseus von König Minos?

4 Was erfahrt ihr in der Sage über Theseus? Sammelt Informationen zur Figur. Wählt a, b oder c.

a Wie wirkt Theseus im Gespräch mit seinem Vater Aigeus? Wie wirkt er im Gespräch mit König Minos? Notiert **Stichworte.**

b Welche Eigenschaften hat Theseus in dieser Sage? **Wählt passende Eigenschaften** aus dem Kasten und notiert jeweils eine Textstelle, in der das deutlich wird, z. B.: furchtlos (Z. 7–13).

> stark • mitfühlend • vorsichtig • gutmütig • ehrgeizig • furchtlos • mutig • tapfer •
> selbstbewusst • zielstrebig • skrupellos • arrogant • nachdenklich • brutal

c Beschreibt Theseus in mehreren Sätzen. Belegt eure Einschätzung mit passenden Textstellen.
d Stellt euch gegenseitig eure Ergebnisse vor.

Die Merkmale von Sagen untersuchen

Der Kampf mit dem Minotaurus

Minos traute seinen Augen nicht, als ihm Theseus den Ring entgegenstreckte. Ariadne aber warf sich dem Helden zu Füßen und weinte vor Freude.

5 Der König nahm den Ring und befahl, Theseus und die anderen jungen Athener und Athenerinnen am nächsten Morgen in das Labyrinth von Knossos zu führen. [...]

Im Schutz der Dunkelheit schlich sich Ariadne
10 zum Lager des Theseus und steckte ihm ein Wollknäuel und einen Dolch zu.

Als der Morgen anbrach, packten die Sklaven des Königs die Athener und stießen sie in das Labyrinth, wo das hungrige Ungeheuer Mino-
15 taurus hauste.

Theseus aber band das eine Ende des Fadens an der Eingangstür fest, und damit er sich in dem Gewirr der Gänge nicht verirrte, rollte er beim Vorwärtsgehen den Faden allmählich ab.
20 Plötzlich stand er vor dem Minotaurus. Das Ungeheuer stürzte auf ihn los, Theseus aber hob die Hand mit dem Dolch und stieß dem Angreifer die spitze Waffe zwischen die Rippen. Laut brüllte das verwundete Ungeheuer auf und wollte sich erneut auf den Helden wer- 25 fen. Die jungen Athener erstarrten vor Furcht. Theseus aber war auf der Hut, packte den Minotaurus mit der einen Hand an einem Horn und hielt ihn fest, während er ihm mit der anderen eine Wunde nach der anderen zu- 30 fügte, bis das Menschen fressende Ungeheuer mit einem entsetzlichen Todesschrei zusammenbrach.

Da umringten die jungen Athener und Athenerinnen voller Freude den Sieger. Nun wickelte 35 Theseus das Wollknäuel wieder auf, und mit Hilfe des Fadens fanden sie zum Eingang zurück.

Als sie wieder im Freien waren, begannen sie, ausgelassen zu tanzen und jubelten vor Freu- 40 de über ihre Rettung.*

 1 a Lest die Sage als Lese-Tandem.
b Erklärt, welche Textstellen schwierig zu lesen waren. Begründet.
c Worum geht es in der Sage? Erzählt es euch gegenseitig.

▶ Das Tandem-Lesen: S. 80

2 a Wie hat Theseus es geschafft, den Minotaurus zu besiegen? Erklärt sein Vorgehen.
b Einzelheld oder Teamwork – welcher Bewertung A–C stimmt ihr zu? Begründet die Bewertung.

> **A** Theseus ist der Held in dieser Sage.

> **C** Der Sieg über den Minotaurus ist eigentlich eine gemeinsame Heldentat von Theseus und Ariadne.

> **B** Die echte Heldentat vollbringt nicht Theseus, sondern Ariadne.

3 Sagen haben typische Merkmale. Woran könnt ihr erkennen, dass dieser Text eine Sage ist? Wählt a, b oder c.

a **Findet** im Text **Angaben** zu Orten, zu Personen und zu sagenhaften Wesen. Schreibt sie auf und notiert dahinter die Textstellen (Zeilenangaben) in Klammern, z. B:
Ort: Knossos auf der Insel Kreta, Labyrinth (Z.5–8)

b **Notiert stichwortartig,** welche Orte es wirklich gab, welche Personen und welche Fantasiewesen im Text genannt werden. Gebt die Textstellen in Klammern an:
Wo wird im Text davon erzählt?

c Notiert, welche Orte, Helden und sagenhaften Wesen in der Sage vorkommen.
Begründet schriftlich, warum der Text eine Sage ist, z. B.:
Bei dem Text „Der Kampf mit dem Minotaurus" handelt es sich um eine Sage. Das erkennt man beispielsweise an … (siehe Zeile …). Der Text erzählt von … (siehe Zeile …). Typisch für Sagen ist das Vorkommen von sagenhaften Wesen, hier …

d Tragt in der Gruppe eure Ergebnisse vor und lest die Textstellen dazu vor.

4 Erzählt, wie die Handlung weitergehen könnte. Was denken und tun Theseus, Ariadne oder die Könige Minos und Aigeus nach dem Sieg über den Minotaurus?

+ 5 Ein Mischwesen, das wie der Minotaurus halb Mensch und halb Tier ist, nennt man eine Schimäre. Kennt ihr andere Erzählungen mit Schimären? Notiert ihre Titel und erzählt davon.

Information ▶ **Die Sage**

- Sagen sind **Erzählungen** mit einem **wahren Kern.**
  In Sagen kommen **Orte, Personen** oder **Begebenheiten** (wie Kriege oder Naturkatastrophen) vor, die es wirklich gab.
- Sagen wurden früher **mündlich weitererzählt** und erst später aufgeschrieben. Deshalb gibt es manchmal verschiedene Fassungen einer Sage.
- Die **Sagen aus dem antiken Griechenland** handeln von Göttinnen und Göttern, Heldinnen und Helden, Fantasiewesen, Menschen und ihren Taten. Diese müssen gegeneinander kämpfen oder Aufgaben lösen. Dabei finden sie oft kluge Lösungen. Das Ende hängt meist davon ab, wie die Göttinnen/Götter in die Handlung eingreifen.

Eine Sage verstehen und Sagenmerkmale nachweisen

Theseus' Rückkehr nach Athen

Nachdem Theseus und die vierzehn jungen Männer und Frauen mit Hilfe des Wollfadens den Weg aus dem Labyrinth des Minotaurus gefunden hatten, schlichen sie zum Hafen. Sie schlugen Löcher in die Schiffe der Kreter, damit die Kreter sie bei ihrer Flucht zurück nach
5 Athen nicht verfolgen konnten.
Ariadne hatte am Hafen auf Theseus gewartet. Sie wollte Kreta verlassen und mit Theseus nach Athen gehen. Aber Theseus erfuhr in einem Traum, dass die Götter die kluge Ariadne bereits Dionysos, dem Gott des Weins, als Ehefrau versprochen hatten. Theseus wuss-
10 te, dass ihre Trennung unvermeidbar war. Er durfte Ariadne, seine Familie und sich selbst nicht dem Zorn der Götter aussetzen. Deshalb ließ er die schlafende Ariadne auf der Insel Naxos zurück. Während er an Ariadne dachte, vergaß er jedoch, die schwarzen Segel auf dem Schiff abzunehmen und durch weiße Segel zu ersetzen, wie er es
15 seinem Vater angekündigt hatte.
Als König Aigeus von einem hohen Felsen aus auf das Meer schaute, erkannte er am Horizont das zurückkehrende Schiff mit den schwarzen Segeln. Er glaubte, dass sein Sohn Theseus und die vierzehn jungen Athener auf Kreta umgekommen sind, und stürzte
20 sich voller Verzweiflung ins Meer. Dieser Teil des Mittelmeers wird bis heute nach ihm „Ägäisches Meer" genannt.

1 Richtig oder falsch? Prüft die folgenden Aussagen zur Fortsetzung der Theseus-Sage.
Tipp: Die Buchstaben vor den richtigen Aussagen ergeben rückwärtsgelesen ein Lösungswort.

FF	Theseus zerstörte Schiffe, um ohne Verfolger von der Insel Kreta fliehen zu können.
RE	Ariadne versuchte, Theseus zu überreden, bei ihr auf der Insel Kreta zu bleiben.
AT	Theseus verließ Ariadne, weil er sie nicht liebte.
IH	Die Götter verhinderten die Fortsetzung der Liebe von Theseus und Ariadne.
CS	König Aigeus sprang ins Meer, weil er glaubte, sein geliebter Sohn Theseus wäre tot.

2 Woran erkennt ihr, dass es sich bei der Erzählung um eine Sage handelt?
Ordnet die markierten Textstellen den folgenden drei Sagenmerkmalen zu.

1 Die Helden finden kluge Lösungen für ihre Aufgaben.	**2** Götter greifen in die Handlung ein und bestimmen, wie sie ausgeht.	**3** Die Handlung spielt an Orten, die es wirklich gibt.

5.2 Von besonderen Orten – Ortssagen nacherzählen

Eine Ortssage kennen lernen

Der Spion von Aalen

Einst lag die Stadt Aalen im Streit mit dem Kaiser. Sein Heer lag schon vor der Stadt, um sie einzunehmen. Die Aalener bekamen Angst und schickten deshalb den Pfiffigsten unter
5 ihnen ins feindliche Lager, um die Stärke der Truppen auszukundschaften.

Der Spion ging geradewegs hinüber zum Feind und wurde natürlich sofort abgefangen und vor den Kaiser geführt. Als dieser ihn fragte,
10 was er denn hier zu suchen habe, antwortete er: „Erschrecket net, ihr hohe Herra, i will bloß gucka, wie viel Kanone ond anders Kriegszeug ihr hent. I ben nämlich der Spion von Aale."

Der Kaiser lachte über so viel Unverfrorenheit
15 und gespielte Einfalt. Er ließ den Aalener durchs ganze Lager führen und schickte ihn dann wieder nach Hause.

Bald darauf zog er mit seinem Heer ab, denn er meinte, eine Stadt, in der solche Schlaumeier wohnten, habe Schonung verdient. Darüber 20 war in Aalen große Freude, und der mutige Mitbürger, fortan „Aalener Spion" genannt, wurde hoch geachtet.

Aus Dankbarkeit setzte man ihm auf dem Alten Rathausturm ein Denkmal. Seitdem wacht 25 er, die Pfeife rauchend, jahraus und jahrein über die Stadt Aalen. *

1 a Betrachtet das Foto und beschreibt, was ihr darauf seht.
  b Lest die Überschrift. Besprecht, was ein Spion ist.
  c Worum könnte es in der Sage gehen?

2 Lest die Sage und gebt den Inhalt mündlich wieder.

3 Sagen haben einen wahren Kern.
  a Sucht Aalen auf der Karte.
  b Recherchiert zum Denkmal des Spions in Aalen.

4 Der Spion spricht im schwäbischen Dialekt (Z. 11–13). Versucht, die Sätze ins Hochdeutsche zu übertragen.

+ 5 Recherchiert Sagen aus eurer Gegend und stellt sie vor.

> **Information** ▶ **Die Ortssage**
>
> ■ Sagen, die zu einem bestimmten Ort erzählt werden, nennt man **Ortssagen.**
> ■ Ortssagen handeln oft von **geschichtlichen Ereignissen** oder **Naturphänomenen.**
>   Oft wird erzählt, wie ein **Ort entstanden** ist oder wie er **seinen Namen erhalten** hat.

Eine Sage mündlich nacherzählen

Erich Bockemühl

Die Weiber von Weinsberg

Weinsberg ist eine kleine Stadt nahe Heilbronn, wo der Neckar fließt. Sie hatte früher feste Mauern und
5 eine starke Burg. Aber der Kaiser Konrad hatte vor achthundert Jahren ein starkes Heer. Und als er einmal mit der Stadt in Streit geraten war, ließ er den Bürgern durch
10 einen Herold[1] sagen, dass er, wenn er in die Stadt hineinkäme, keinen Mann und Krieger mehr würde leben lassen.

Da entstand ein großes Wehklagen in der Stadt. Das Korn und Brot und alles, was zu es-
15 sen aufgespeichert worden war, war aufgezehrt. Was blieb den Leuten, wenn sie nicht verhungern wollten, anders übrig, als die Stadt zu übergeben? Aber wenn sie das taten, mussten alle Männer sterben.

20 Da war eine junge Frau, die sagte: „Wir Frauen bitten den Kaiser um eine Gnade. Und wenn er uns zu sich kommen lässt, dann lasst mich nur machen!"

Der Kaiser ließ die Frauen zu sich kommen,
25 aber er blieb hart und wollte sich nicht erweichen lassen. Da sagte das junge Weib: „Herr Kaiser, wenn Ihr schon die Stadt verderben wollt, dann lasst doch wenigstens uns Frauen leben. Denkt an unsere Kinder! Wir Weiber
30 können Euch doch nichts Übles tun. Wenn Ihr uns abziehen lasst, dann lasst uns wenigstens etwas für den weiten Weg und die Flucht mitnehmen, wenigstens das, was uns am liebsten und am kostbarsten ist."
35 Darauf willigte der Kaiser schließlich ein. „Nun ja", sagte er, „dann sei euch das gewährt. Morgen früh wird das Tor geöffnet, und ihr zieht mit euren Kindern ab, und was euch am kost-

barsten ist und was ihr auf dem Rücken tragen könnt, das könnt ihr mitnehmen." 40

Am anderen Morgen stand der Kaiser mit einigen seiner Ritter auf dem Hügel vor dem Stadttor. Als er den Befehl gegeben hatte, das große Tor zu öffnen, strömte der Zug der Weiber heraus. 45

Aber was war denn das? Was trugen die Frauen denn da alle auf ihrem Rücken?

Das sah ja wirklich zum Lachen aus! Und der Kaiser lachte. Jede Frau hatte ihren Mann auf den Rücken gepackt. Huckepack trugen sie so 50 ihre Männer aus der Stadt hinaus. Die Männer waren ja doch das Kostbarste und Liebste, was sie hatten, und das durften sie nach den Worten des Kaisers mitnehmen. Die Ritter waren böse darüber, aber der Kaiser lachte weiter. 55 „Gewiss war es so nicht gedacht, aber die Weiber waren wieder einmal klüger als wir Männer. Und an einem Kaiserwort darf nicht gedreht und gedeutet werden!"

Er schenkte so den treuen Frauen und ihren 60 Männern die Freiheit. Es wird erzählt, er habe sie alle wieder zurückgerufen und ein großes Fest veranstaltet. Sie durften nun alle in der Stadt bleiben und die Männer auch. Und bei dem Fest hätten der Kaiser selbst und die Rit- 65 ter mit den Frauen getanzt. Die Burg, die schon seit langer Zeit Ruine ist, erhielt den Namen „Weibertreu".*

1 der Herold: Bote, der Nachrichten überbringt

1 **a** Lest euch die Sage abschnittsweise gegenseitig vor.

b Stellt nach jedem Abschnitt abwechselnd W-Fragen zum Inhalt und beantwortet sie gemeinsam, z. B.: Wer lebte in Weinsberg? Was forderte der Kaiser? Warum ...? Wie ...?

2 Was genau passiert in der Sage?
Bestimmt die Handlungsschritte.
Geht dabei so vor:

– Teilt den Text in Abschnitte ein.
Notiert die Zeilenangaben zu jedem
Abschnitt auf jeweils eine Karteikarte, z. B.:
1. Abschnitt: Zeilen 1–12

– Lest jeden Abschnitt noch einmal genau und überlegt:
Was passiert hier? Welche Figur tut hier was?

– Notiert zu jedem Abschnitt die Handlungsschritte stichwortartig auf die Karteikarte, z. B.:
1. Abschnitt (Wer? Wo? Wann?): Zeilen 1–12
– Weinsberg, eine kleine Stadt am Neckar

> Ein neuer **Handlungsschritt** beginnt,
> wenn es eine **Veränderung** gibt, z. B.:
> ■ der **Ort** wechselt,
> ■ ein neuer **Zeitabschnitt** beginnt,
> ■ eine neue **Figur** tritt auf.

3 **a** Überlegt, an welchen Stellen wörtliche Rede
passt und markiert die Stellen mit Sternchen: *.

b Notiert die wörtliche Rede auf der Karteikarte.

c Überlegt, wie ihr die wörtliche Rede vortragen
wollt, z. B.: verzweifelt, erschrocken, ernsthaft.

> 2. Abschnitt: Zeilen 13–23
> – große Angst, dass die Männer sterben
> – Frauen bitten Kaiser, das Kostbarste
>   mitzunehmen
> – Frau möchte um Gnade bitten
> „Ach, was sollen wir nur tun?" (klagend)

4 Erzählt die Sage mündlich nach. Wählt a, b oder c.

a Verwendet eure Karteikarten. Erzählt im Perfekt und verwendet unterschiedliche Satzanfänge.

b Verwendet beim Nacherzählen unterschiedliche Verben und abwechslungsreiche Satzanfänge.
Erzählt möglichst frei und verändert eure Stimme an passenden Stellen.

c Was ist wichtig bei einer mündlichen Nacherzählung? Achtet beim Nacherzählen darauf.

d Gebt euch gegenseitig ein Feedback.

5 **a** Gestaltet zu der Sage eine Hörspielszene. ▶ **Methode: Hörspielszenen gestalten: S. 96**

b Stellt eure Hörspielszenen vor. Welche wirken besonders spannend und anschaulich?
Tipp: Wenn ihr die Hörspielszenen veröffentlichen wollt, müsst ihr das Urheberrecht beachten
(▶ S. 171).

Methode 》 **Eine Sage mündlich nacherzählen**

■ Notiert die wichtigen **Handlungsschritte** der Sage auf Karteikarten und nummeriert sie.
■ Erzählt die Sage mit Hilfe der Karteikarten **mit eigenen Worten** nach.
■ Haltet die **Reihenfolge der Handlungsschritte** ein.
■ Verwendet **wörtliche Rede,** um wichtige Gedanken und Gefühle der Figuren mitzuteilen,
z. B.: Als der König die Frauen sah, fragte er: „Was wollt ihr hier?"
■ Erzählt **lebendig.** Überlegt, wo ihr lauter, leiser, schneller oder langsamer sprechen
solltet.

Hörspielszenen gestalten

Ihr könnt Sagen oder andere Erzählungen als Hörspiel gestalten. So geht ihr dabei vor:

1. Eine Textvorlage erstellen

– Notiert, welche **Figuren** in der Szene vorkommen.
– Prüft, ob ihr eine **Erzählerin** oder einen **Erzähler** braucht, die/der Hintergründe erklärt.
– Schreibt die **Textfassung** für die Hörspielszene. Lasst die Figuren in **Monologen** (zu sich selbst) oder in **Dialogen** (zu anderen Figuren) darüber sprechen, was sie denken und tun.
– Notiert in Klammern, welche Handlung ihr durch welche **Geräusche** wiedergeben könnt.

> Frau (mutig): Ich habe einen Plan! Ihr müsst mir vertrauen.
> Mann (verzweifelt): Was hast du vor? Der Kaiser naht.
> Frau: Los, los! Vertraut mir, es wird alles gut! Wir bleiben alle am Leben!

2. Den Text aufnehmen

– Verteilt die **Aufgaben:** Wer kümmert sich um die **Technik?** Wer übernimmt das **Sprechen?** Wer führt **Regie?**
– Bereitet die **Technik** vor. Übt das **Sprechen** des Textes.
– **Nehmt den Text** anschließend **auf.** Achtet bei der Aufnahme darauf, dass **keine Außengeräusche** stören.

3. Geräusche erzeugen und aufnehmen

– Plant, wie ihr die **Geräusche** erzeugen könnt.
– Überlegt, an welchen Stellen ihr die Atmosphäre mit **Musik** noch besser verdeutlichen könnt.
– Nehmt die einzelnen Geräusche und die Musik auf **einer anderen Tonspur** auf.

Tipp: Im Internet findet ihr Audiodateien mit Geräuschen und Musik. Prüft vor der Verwendung, ob die Dateien kostenlos und nicht urheberrechtlich geschützt sind.

Durcheinander laufende Schritte

Hufgetrappel

4. Tonspuren zusammenführen

– Führt alle **Tonaufnahmen** (Tonspuren) am Computer mit Hilfe einer **Audioeditor-Software** zusammen.
– **Bearbeitet** sie weiter. Passt beispielsweise die **Lautstärke** an oder unterlegt **Halleffekte.**

Das Herz klopft.

Eine Sage schriftlich nacherzählen

Die steinernen Jungfrauen

Nahe Heidenheim liegt das Eselsburger Tal. Einst stand dort hoch oben auf einem schroff aufragenden Felsen die stattliche Burg Eselsburg. Die Burgherrin war wunderschön. Sie
5 hatte aber so hohe Ansprüche, dass ihr kein Freier gut genug war. Im Laufe der Jahre und Jahrzehnte wurden viele Freier abgewiesen, bis zuletzt keiner mehr kam und um sie warb. Auch wurde die Burgherrin alt und hässlich
10 und sie begann, alle Männer zu hassen.

Auf der Burg lebten auch zwei Mägde. Zu ihren Aufgaben gehörte es, abends hinab ins Tal zu steigen und dort am Fluss Wasser für den kommenden Tag zu holen. Der Hass der Burgher-
15 rin war so abgrundtief, dass sie auch den Mägden verbot, mit Männern zu sprechen. Die Mädchen fürchteten die Herrin und hielten sich an diese Anordnung.

Als aber endlich ein kalter und langer Winter
20 auf der Burg zu Ende ging, erfreuten sich die Mädchen an den ersten wärmenden Sonnenstrahlen. Ungeduldig sehnten sie die Abendstunden herbei, an denen sie die Burg für kurze Zeit verlassen durften. Schon beim Abstieg ins Tal hörten sie wohltönende Klänge. Ein 25 junger Fischer musizierte unten am Fluss. Dankbar lauschten sie den Klängen beim Wasserschöpfen, traten dann aber eilig wieder den steinigen und steilen Rückweg an, wo sie von der Burgherrin ungeduldig erwartet wurden. 30 Jeden Abend erklang das Lied des Fischers und von Tag zu Tag lauschten die Mädchen länger seiner Melodie. Bald vergaßen sie sogar das Verbot ihrer Herrin, sie sangen zur Melodie des Fischers und ließen sich dabei in seinem 35 Boot schaukeln.

Die Burgherrin schöpfte Verdacht und beschloss, den Mädchen nachzugehen. Als sie die singenden, fröhlichen Mädchen erblickte, wurde ihr Hass so übermächtig, dass sie mit 40 finsterem Gesicht zornig ausrief: „Werdet zu Stein! Das ist eure Strafe für euren Ungehorsam!"

Kaum war der Fluch ausgestoßen, erstarrten die Mädchen auf ihrer Flucht. Am Rande des 45 Fischweihers stehen sie seitdem als Felsen unterhalb der Eselsburg.

Die Burgherrin aber konnte ihre Genugtuung beim Blick ins Tal hinunter nur kurze Zeit genießen. In der folgenden Nacht wurde sie vom 50 Blitz erschlagen und die Eselsburg brannte in ihrer ganzen Pracht nieder.

1 **a** Lest die Überschrift und betrachtet das Bild: Worum könnte es in der Sage gehen?
b Lest dann die Sage still oder hört sie euch an. ▶ Audio
Tauscht euch über den Inhalt aus:
- An welchem Ort und zu welcher Zeit spielt die Sage?
- Welche Figuren kommen darin vor?

2 a Was bedeuten die Formulierungen A–C im Text? Ordnet die passenden Umschreibungen 1–3 zu.

A „wurden viele Freier abgewiesen" (► Z. 7)	**1** das Gefühl großer Zufriedenheit
B „war so abgrundtief" (► Z. 15)	**2** war unermesslich groß
C „ihre Genugtuung" (► Z. 48)	**3** Kein Heiratskandidat wurde erhört.

b Besprecht zu zweit weitere Textstellen, die ihr nicht verstanden habt.
Tipp: Erschließt Begriffe aus dem Zusammenhang oder zerlegt sie in ihre Bestandteile, z. B. *abgrundtief* (► Z. 15): tief wie ein Abgrund. Veraltete Wörter wie *Mägde* (► Z. 11) könnt ihr im Wörterbuch oder Internet nachschlagen.

3 Worum geht es in der Sage? Prüft die folgenden Aussagen.
Lest euch gegenseitig die Textstellen vor, die zu den richtigen Aussagen passen.
A In der Sage geht es um eine verbitterte alte Burgherrin, die Schönheit und Jugend nicht mehr erträgt.
B Die Sage soll zeigen, dass sich Stolz und Hochmut nicht bezahlt machen.

4 Bereitet die schriftliche Nacherzählung der Sage „Die steinernen Jungfrauen" vor.
a Teilt den Text in Abschnitte ein. Legt zu jedem Abschnitt eine Karteikarte an.
b Notiert zu jedem Abschnitt die Handlungsschritte stichwortartig auf die Karteikarte.
Tipp: Beachtet: Wo im Text wechselt der Ort? Wo beginnt ein neuer Zeitabschnitt? Wo tritt eine neue Figur auf?

> 1. Abschnitt: Zeilen 1–10
> – Burg Eselsburg, hoch über dem Tal,
> – Burgherrin, kein Freier war gut genug
> – …

> 2. Abschnitt: Zeilen 11–18
> – zwei Mägde, dienten Burgherrin
> – durften nicht …
> * die Herrin (drohend): "Wehe euch, wenn ihr mit einem Mann sprecht!"

5 In einer Nacherzählung sollt ihr die Handlung mit eigenen Worten erzählen.
Ihr dürft nicht aus dem Text abschreiben.
a Formuliert die Sätze A–C aus der Sage mit eigenen Worten. Achtet auf das Präteritum.
A „Einst stand dort hoch oben auf einem schroff aufragenden Felsen die stattliche Burg Eselsburg. […]" (► Z. 2–4)
→ Vor langer Zeit stand auf einem steilen Felsvorsprung die mächtige Burg Eselsburg.
B „Ungeduldig sehnten sie die Abendstunden herbei, […]" (► Z. 22–23)
C „Die Burgherrin schöpfte Verdacht […]" (► Z. 37)
b Vergleicht eure Sätze mit einer Partnerin oder einem Partner und prüft:
Hat sich beim Umformulieren der Inhalt verändert? Wurde das Präteritum verwendet?

6 Eure Nacherzählung wirkt lebendiger, wenn ihr wörtliche Rede verwendet.

a Prüft, an welchen Stellen wörtliche Rede passt.
Markiert die Stellen auf euren Karteikarten mit Sternchen: *.

b Formuliert unten oder auf der Rückseite der Karteikarte die wörtliche Rede.
Nutzt passende Redebegleitsätze und achtet auf die Zeichensetzung, z. B.:
Sie drohte: „…!" / Er sprach leise: „…" / „…?", fragten sie erwartungsvoll.

7 Erzählt die Sage „Die steinernen Jungfrauen" schriftlich nach. Wählt a, b oder c.

a Schreibt eure Nacherzählung mit Hilfe eurer Karteikarten. Achtet auf abwechslungsreiche
Satzanfänge und verwendet als Zeitform das Präteritum.

Satzanfänge:	**Präteritumformen:**
Eines Tages … • Als … • Während … •	sie lebte • sie fing an • sie arbeiteten •
Anschließend … • Schließlich … •	sei drohte • er sang • sie hörten zu •
Daraufhin … • Aus diesem Grund … •	sie trafen sich • sie folgte • sie drohte •
Jedoch …	sie erschraken • es zerstörte

b Erzählt die Sage mit Hilfe eurer Notizen nach. So könnt ihr beginnen:
Vor langer Zeit lebte auf der mächtigen Burg Eselsburg, die auf einem steilen Felsvorsprung
gebaut war, eine Burgherrin. Diese war sehr schön, aber …

c Erzählt die Sage mit euren eigenen Worten lebendig und anschaulich nach.

d Lest euch gegenseitig eure Nacherzählungen vor.

8 Überarbeitet eure Nacherzählungen in einer Schreibkonferenz.
Vergleicht die Handlung mit den Stichworten auf euren Karteikarten und prüft:
– Habt ihr alle Handlungsschritte in der richtigen Reihenfolge nacherzählt?
– Habt ihr an passenden Stellen wörtliche Rede eingefügt und die Zeichen richtig gesetzt?
– Sind die Satzanfänge abwechslungsreich? Gibt es keine Wiederholungen am Satzanfang?
– Habt ihr durchgehend im Präteritum geschrieben?

▶ **Methode: Texte überarbeiten in der Schreibkonferenz: S. 54**

9 Kennt ihr einen Ort, an dem vor langer Zeit etwas Wunderbares, Schreckliches, Geheimnisvolles
oder Lustiges passiert sein soll? Schreibt dazu eine Mini-Sage.

Methode ▶ **Eine Sage schriftlich nacherzählen**

- Teilt die Sage in sinnvolle **Abschnitte** ein. Legt zu jedem Abschnitt eine **Karteikarte** an.
- Notiert die wichtigen **Handlungsschritte** auf die Karteikarten. **Nummeriert** die Karten.
- Formuliert mit **eigenen Worten.** Nur wichtige Kernstellen dürft ihr wörtlich wiedergeben.
- Verwendet **wörtliche Rede.** So könnt ihr Gedanken und Gefühle der Figuren mitteilen und
  eure Erzählung wirkt lebendig.
- Nutzt **abwechslungsreiche Satzanfänge.** Das gelingt, indem ihr eure Sätze umstellt.
- Erzählt in der **Zeitform Präteritum.**

5.3 Fit in...! – Eine Sage nacherzählen

Stellt euch vor, ihr bekommt in der nächsten Klassenarbeit die folgende Aufgabe gestellt:

Aufgabe
Schreibe eine Nacherzählung zu der Sage „Das Riesenspielzeug".
Gehe dabei so vor:
Erzähle die Sage in der richtigen Zeitform nach, im Präteritum.
Formuliere wörtliche Rede und nutze abwechslungsreiche Satzanfänge.

Brüder Grimm

Das Riesenspielzeug

Im Elsass auf der Burg Nideck, die an einem hohen Berg bei einem Wasserfall liegt, waren die Ritter vor langer Zeit große Riesen.

5 Einmal ging das Riesen-Fräulein herab ins Tal, wollte sehen, wie es da unten so ist, und kam bis fast nach Haslach auf ein vor dem Wald gelegenes Ackerfeld, das gerade von den Bauern bestellt wurde. Es
10 blieb vor Verwunderung stehen und schaute den Pflug, die Pferde und Leute an, weil es alles neu war. „Ei", sprach es, und ging auf sie zu, „das nehm ich mir mit." Da kniete es nieder zur Erde, breite-
15 te die Schürze aus, strich mit der Hand über das Feld, schob alles zusammen und tat's hinein. Nun lief das Fräulein ganz vergnügt nach Haus.

Der Ritter saß gerade am Tisch, als seine
20 Tochter den Saal betrat. „Ei, mein Kind", sprach er, „was bringst du da, die Freude schaut dir ja aus den Augen heraus." Es machte geschwind die Schürze auf und ließ ihn hineinblicken. „Ei Vater, ein ganz wunderbares Spielding! So etwas Schö- 25 nes hab ich mein Lebtag noch nicht gehabt." Das Fräulein nahm eins nach dem anderen heraus und stellte es auf den Tisch: den Pflug und die Bauern mit ihren Pferden. Es lief herum, schaute, lachte 30 und schlug vor Freude in die Hände, wie sich die kleinen Wesen hin und her bewegten.

Der Vater aber sprach: „Kind, das ist kein Spielzeug, da hast du was Schönes ange- 35 richtet! Geh nur gleich und trag's wieder hinab ins Tal." Das Fräulein weinte, es half aber nichts. „Für mich ist der Bauer kein Spielzeug", sagt der Ritter ernst. „Ich dulde es nicht, dass du murrst. Bring alles an 40 denselben Platz, wo du's genommen hast. Wenn der Bauer auf seinem Acker nichts anbaut, haben wir Riesen auf unserem Felsen nichts zu essen." *

Die Aufgabe verstehen

1 Was verlangt die Aufgabe von euch? Wählt drei richtige Antworten aus.

> **A** Ich soll die Sage so genau wie möglich nacherzählen und
> darf Teile aus dem Text übernehmen.
> **B** Ich soll die Sage in sinnvolle Abschnitte einteilen und
> die wichtigsten Handlungsschritte notieren.
> **C** Ich soll wörtliche Rede verwenden.
> **D** Ich soll die Nacherzählung mit eigenen Worten formulieren.

Planen

2 Plant eure Nacherzählung. Macht euch dazu Notizen zu den Handlungsschritten.
a Lest die Sage und beantwortet das Wer, Wo und Wann in Stichworten.
b Teilt die Sage in sinnvolle Abschnitte ein.
c Notiert stichwortartig die wichtigsten Handlungsschritte in Stichworten.

▶ **Hilfe findet ihr auf S. 102.**

Schreiben

3 Schreibt die Nacherzählung mit Hilfe eurer Notizen.
– Informiert in der Einleitung über das Wer, Wo und Wann.
– Erzählt im Hauptteil die Handlungsschritte in der richtigen Reihenfolge.
  Formuliert mit eigenen Worten.
– Verwendet wörtliche Rede, abwechslungsreiche Satzanfänge und erzählt im Präteritum.

▶ **Hilfe findet ihr auf S. 102.**

Überarbeiten

4 Prüft eure Nacherzählung zunächst selbst:
– Sind die Sätze vollständig und verständlich?
– Stimmen die Rechtschreibung und die Zeichensetzung?

 5 Überprüft und überarbeitet eure Nacherzählung in Partnerarbeit mit Hilfe der Checkliste.

Checkliste ▶ **Eine Nacherzählung schreiben**

- Habt ihr in der **Einleitung** über das Wer, Wo und Wann informiert?
- Habt ihr im Hauptteil die **Handlungsschritte** in **richtiger Reihenfolge** erzählt?
- Habt ihr die Nacherzählung in **eigenen Worten** formuliert?
- Habt ihr **wörtliche Rede** sowie **passende Adjektive** verwendet?
- Habt ihr eure Nacherzählung mit **abwechslungsreichen Satzanfängen** gestaltet?
- Habt ihr die Nacherzählung im **Präteritum** geschrieben?

Fördern

Hilfe-Karte: Abschnitte und wichtige Handlungsschritte

Teilt den Text in folgende Handlungsschritte ein. Notiert und ergänzt folgende Stichworte:

1. Abschnitt (Z.1–4):   Riesen lebten auf der Burg Nideck im Elsass, Burg liegt …
2. Abschnitt (Z.5–18):   Tochter des Riesen ging …, sah … und ist fasziniert, nahm …
                          mit nach Hause
3. Abschnitt (Z.19–33):   Vater fragte neugierig: „…?", Tochter zeigte stolz …
4. Abschnitt (Z.34–44):   Vater wurde …, weil … und befahl …

Hilfe-Karte: Sprache

Satzanfänge	In diesem Moment • Anschließend • Danach • Daraufhin • Später • Schließlich • Aus diesem Grund
Präteritumformen	sie lebten • sie lag • sie ging • sie sah • sie nahm • sie beschloss • sie packte ein • sie erzählte • er fragte • sie öffnete • sie klatschte • er reagierte • sie hatte • er befahlt • sie weinte • er erklärte

---

Hilfe-Karte: Die Nacherzählung mit eigenen Worten formulieren

Nutzt folgende Formulierungen:

Auf der Burg Nideck im Elsass lebten vor langer Zeit …
Die Burg lag an einem Berg in der Nähe …
Eines Tages ging … ins Tal und sah … Sie war so … von den kleinen Menschen.
Aus diesem Grund beschloss sie, … Vorsichtig packte sie …
Zurück auf der Burg erzählte sie … … Der Vater fragte neugierig: „…?"
Freudestrahlend öffnete die Tochter ihre … „…", rief sie und klatschte …
Daraufhin reagierte der Vater verärgert, weil … Er befahl seiner Tochter: „…"
Die Tochter …, doch der Vater erklärte: „Bring …, denn wenn der Bauer …"

1 Beschreibt das Bild: Welche Tiere begegnen sich hier?
   Welche Eigenschaften könnten die Tiere haben?

2 Erzählt kurze Geschichten zu dem Bild:
   – Womit sind die Tiere gerade beschäftigt?
   – Was könnten sie sagen?
     Worüber könnten sie vielleicht sogar
     streiten?
   – Wie endet die Begegnung?

In diesem Kapitel ...

- lest ihr verschiedene Fabeln,
- findet ihr heraus, an welchen Merkmalen
  ihr eine Fabel erkennt,
- schreibt ihr selbst Fabeln von großen
  und kleinen Tieren.

1 Eine Fabel in fünf Bildern!
Seht euch die Bilder an und erzählt die Geschichte gemeinsam.
– Welche Tiere begegnen sich? An welchem Ort?
– Was geschieht nacheinander?
– Welches Tier sagt etwas?
– Wie endet die Geschichte?

Ein Rabe saß auf einem Baum und hatte ein Stück …
Der Fuchs roch den köstlichen …
Da sprach der Fuchs: „Wenn Ihr …"
Der Rabe fühlte sich geschmeichelt und begann zu singen. Dabei …
Der Fuchs freute sich diebisch über seine Beute und meinte: „Danke für …"

2 Beschreibt und bewertet das Verhalten von Fuchs und Rabe.
  a Wählt passende Adjektive für beide Tiere aus. Begründet eure Wahl.
    Tipp: Erklärt euch gegenseitig die schwierigen Adjektive.

    listig • naiv • schnell • langsam • eitel • gerissen • stark •
    schwach • selbstverliebt • frech • falsch • ehrlich

  b Erklärt, wie der Fuchs den Raben überlistet.
  c Bewertet das Verhalten von Fuchs und Rabe.

3 Welchen Rat würdet ihr dem Raben geben? Schreibt ein bis zwei Sätze auf.

6.1 Vom schlauen Esel und anderen Tieren – Merkmale von Fabeln kennen lernen

Den Aufbau einer Fabel untersuchen

Äsop

Der Esel und der Wolf

Ein Esel graste friedlich auf der Wiese, als ein hungriger Wolf daherkam. Der Esel sah die Gefahr und fing an zu hinken.

5 „Was ist denn mit deinem Fuß los?", fragte der Wolf.

„Ich bin in einen Dorn getreten", antwortete der Esel. „Wenn du mich fressen willst, solltest du ihn vorher besser

10 herausziehen. Er wird dich sonst in die Kehle stechen."

„Das ist wahr", sagte der Wolf. „Heb mal deinen Fuß hoch. Ich will mir die Sache ansehen."

15 Der Esel hob den Fuß, und der Wolf beugte sich darüber. Da schlug der Esel aus, und der Wolf bekam einen kräftigen Huftritt mitten ins Gesicht. [...] *

1 Wie überlistet der Esel den Wolf?
  a Fasst den Inhalt der Fabel mit eigenen Worten zusammen.
  b Erklärt die List des Esels in einem Satz.

2 Wie werden Esel und Wolf in der Fabel dargestellt? Beschreibt das Verhalten der beiden Tiere.
  a Welche menschlichen Eigenschaften haben Esel und Wolf in dieser Fabel?
  Wählt für jedes Tier ein passendes Adjektiv aus und begründet eure Wahl.

> schlau • brutal • freundlich • gemein • unschuldig • listig • dumm • hilfsbereit

  b Vergleicht das Verhalten und die Eigenschaften der beiden Tiere. Habt ihr diese Eigenschaften bei Esel und Wolf erwartet? Begründet.

3 Legt ein Buddy-Book zu den Tieren an, mit denen ihr euch im Kapitel beschäftigt.
  Tragt den Esel und den Wolf ein und notiert ihre Eigenschaften.

▶ **Methode: Ein Buddy-Book gestalten: S. 110**

4 Welche Gedanken und Gefühle könnten der Esel und der Wolf haben?
Untersucht das Verhalten der Tiere genau.

a Was könnten der Esel und der Wolf denken, als sie sich das erste Mal sehen?
Schreibt ihre Gedanken in einer Gedankenblase auf.

> Der Esel …, dann
> kann ich ihn …

> Wenn der dumme Wolf …,
> dann täusche ich …

b Erklärt, warum Esel und Wolf nicht direkt sagen, was sie denken.

5 Was könnt ihr aus der Fabel lernen? Diskutiert darüber.

6 Die Fabel „Der Esel und der Wolf" besteht aus drei Teilen:

die Ausgangssituation	der Konflikt	die Lösung / überraschende Wende

Untersucht den Aufbau der Fabel nun genauer. Wählt a, b oder c.

a Teilt die Fabel in drei Abschnitte ein und notiert die Zeilenangaben:
  – Ausgangssituation: In welcher Situation begegnen sich der Wolf und der Esel?
  – Konflikt: Worüber sprechen die Tiere? Welche Absicht hat der Wolf?
    Welche Absicht hat der Esel?
  – Lösung / überraschende Wende: Wie überlistet der Esel den Wolf?

b Ordnet den oben stehenden Begriffen die folgenden Fragen zu und ergänzt passende
Zeilenangaben.
  – In welchem Abschnitt wird erzählt, wie sich beide Tiere begegnen?
  – In welchem Abschnitt wird der Konflikt auf überraschende Weise gelöst?
  – In welchem Abschnitt wird ein Konflikt ausgetragen, in dem es um Leben und Tod geht?

c Bestimmt die Abschnitte. Notiert dazu die Zeilenangaben und die Begriffe für den Aufbau, z. B.:
Ausgangssituation: Z. 1–4

d Tragt eure Ergebnisse zusammen.

7 Bei Äsop endet die Fabel anders. Lest auf Seite 297 nach und vergleicht, welche Lehre in dieser
Fassung vermittelt wird.

▶ **So endet die Fabel: S. 297**

Über die Lehre einer Fabel nachdenken

 1 a Beschreibt das Bild: In welcher Situation befinden sich Löwe und Maus?

b Wie könnte die Maus dem Löwen helfen? Diskutiert auch, ob sie ihm überhaupt helfen sollte.

Äsop

Der Löwe und das Mäuschen

Ein Mäuschen lief über einen schlafenden Löwen. Der Löwe erwachte und ergriff es mit seinen gewaltigen Tatzen.

„Verzeihe mir", flehte das Mäuschen, „meine
5 Unvorsichtigkeit, und schenke mir mein Leben. Ich will dir ewig dankbar sein. Ich habe dich nicht stören wollen."

Großmütig schenkte der Löwe ihm die Freiheit und sagte lächelnd zu sich: „Wie will ein
10 Mäuschen einem Löwen dankbar sein?"

Kurze Zeit darauf hörte das Mäuschen in seinem Loch das fürchterliche Gebrüll eines Lö-
wen. Neugierig lief es zu ihm hin und fand seinen Wohltäter in einem Netz gefangen. Sofort zernagte es einige der Knoten des Netzes, so- 15 dass der Löwe mit seinen Tatzen die übrigen Maschen zerreißen konnte. Auf diese Weise dankte das Mäuschen dem Löwen für seine Großzügigkeit.

Selbst unbedeutende Menschen können sich 20 bisweilen für Wohltaten bedanken. Behandle deshalb auch den Geringsten nicht übermütig.*

 2 Vergleicht den Inhalt der Fabel mit euren Vorüberlegungen zu dem Bild.

3 Wie verhalten sich der Löwe und die Maus?

a Findet die Eigenschaften, die im Text genannt werden. Schreibt sie untereinander auf. Schreibt jeweils gegensätzliche Eigenschaften daneben.

> Maus: unvorsichtig – vorsichtig
>
> ...
>
> Löwe: gefährlich – ...

b Tragt den Löwen und die Maus mit ihren Eigenschaften in euer Buddy-Book ein.

▶ Methode: Ein Buddy-Book gestalten: S. 110

4 Untersucht den Aufbau der Fabel.

a Bestimmt die drei Abschnitte und notiert die Zeilenangaben.

b Ordnet die Begriffe den Abschnitten der Fabel zu.

die Ausgangssituation ➤ **der Konflikt** ➤ **die Lösung / überraschende Wende**

5 Erklärt die Lehre der Fabel: „Behandle deshalb auch den Geringsten nicht übermütig." (Z. 21–23) Wählt a, b oder c.

a Die **Maus** ist **viel kleiner** als der Löwe. Erklärt, wie sie ihn trotzdem retten konnte.
Die Maus konnte den Löwen retten, indem sie ... Dann hat sie ... Schließlich ...

b **Erklärt,** wie die Maus den Löwen gerettet hat.

c Erklärt, was mit der **Lehre** gemeint sein könnte. Schreibt sie mit euren eigenen Worten auf.

d Tauscht euch über eure Ergebnisse aus.
Überlegt gemeinsam: Für welche Situation in eurem Leben könnte diese Lehre gelten?
Bezieht in eure Überlegungen mit ein, was das Wort „übermütig" in dieser Fabel bedeutet.

+ 6 In der Fabel findet ihr einige ungewöhnliche Wörter.
Legt eine Wortliste an und schreibt Worterklärungen auf.
Tipp: Schlagt im Wörterbuch nach.
die Tatzen – die Pfoten großer Raubtiere
flehen – ...

 7 Der Löwe kommt in vielen Fabeln vor.

a Recherchiert im Internet.
Findet und lest weitere Fabeln mit Löwen.

▶ Informationen recherchieren, S. 151

b Tragt weitere Eigenschaften zusammen, die der Löwe in Fabeln haben kann.

c Ergänzt die Eigenschaften in eurem Buddy-Book.

| Fabel Löwe | 🔍 |

| fabel löwe **und fuchs** | 🔍 |

| fabel löwe **und esel** | 🔍 |

Ein Buddy-Book gestalten

Ein Buddy-Book ist ein kleines, achtseitiges Buch,
das ihr **aus einem DIN-A4-Blatt** herstellen könnt.
Ihr könnt dieses Buch für unterschiedliche Zwecke einsetzen,
zum Beispiel als **Notizbuch,** als Spickzettel bei einer
Präsentation, als **Vokabelheft** oder als **Formelsammlung.**
In einem Buddy-Book könnt ihr auch Tiere sammeln,
die in einer Fabel auftreten könnten.

So bastelt ihr ein Buddy-Book:

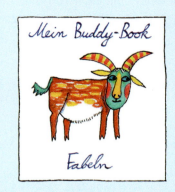

1. Falten

Faltet ein DIN-A4-Blatt zuerst zu einem DIN-A5-Blatt,
dann zu einem DIN-A6-Blatt und zuletzt zu einem
DIN-A7-Blatt. **Faltet** es also **dreimal zur Hälfte.**

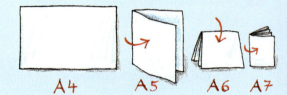

2. Schneiden

Jetzt faltet ihr das Blatt wieder bis zum DIN-A5-Format auf.
Schneidet es **von der geschlossenen Seite** her entlang der
Faltlinie **bis zur Mitte** ein.

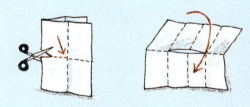

3. Klappen

Faltet das Blatt nun wieder vollständig auf und **klappt**
es dieses Mal **der Länge nach zusammen.**
Schiebt das Blatt zusammen, sodass ein **Kreuz** entsteht.
Legt dann **alle Seiten** des Blattes in einer Richtung **übereinander.**

4. Beschriften

Beschriftet nun die Seiten
mit euren **Informationen.**

Einen Sachtext über Äsop lesen

Der Fabeldichter Äsop

▶ Audio

Äsop lebte vermutlich im 6. Jahrhundert vor Christus, also vor mehr als zweieinhalbtausend Jahren, in Griechenland. Er war arm und musste reichen Herren als Sklave dienen.

Bekannt und berühmt wurde Äsop durch seine Fabeln, die
5 zunächst mündlich weitererzählt und erst Jahrhunderte später aufgeschrieben wurden.

Zu dieser Zeit war es für Sklaven gefährlich, die Schwächen ihrer Herren oder Ungerechtigkeiten in der Gesellschaft offen zu kritisieren. Deshalb „verkleidete" Äsop seine Kritik:
10 Er erzählte Fabeln, in denen Tiere mit typischen menschlichen Eigenschaften handeln und sprechen. Aus jeder Geschichte lässt sich eine Lehre über das menschliche Verhalten ziehen.

Äsops Fabeln werden bis heute auf der ganzen Welt gelesen und neu erzählt. Denn noch heute erkennen sich die Menschen
15 in den Stärken und Schwächen der Tiere wieder.

Äsop,
Gemälde von Diego Velázquez
(1599–1660)

1 Lest den Text und beantwortet die folgenden Fragen:
- Warum ist Äsop noch heute bekannt und berühmt?
- Warum werden Fabeln als „verkleidete Wahrheiten" bezeichnet?
- Was kann man aus Fabeln lernen?

2 In den Fabeln gewinnen häufig die kleineren oder schwächeren Tiere. Erklärt, was das mit Äsops Leben zu tun haben könnte.

Information ▶▶ **Die Fabel**

Eine Fabel ist eine **kurze, lehrhafte Erzählung** mit diesen **Merkmalen:**
- Die Figuren in der Fabel sind meist zwei Tiere, z. B. der Fuchs, der Rabe, die Maus.
- Die Tiere handeln und sprechen wie Menschen.
  Sie haben menschliche Eigenschaften, oft gegensätzliche.
- Fabeln haben meist folgenden Aufbau:
  - **Ausgangssituation:** Die Tiere werden vorgestellt und die Situation wird beschrieben.
  - **Konflikt:** Ein Tier fordert das andere Tier heraus oder versucht, es zu überlisten bzw. zu besiegen. Das andere Tier antwortet oder reagiert darauf.
  - **Lösung / überraschende Wende:** Der Konflikt wird (oft durch eine überraschende Wendung) gelöst.
- Aus einer Fabel soll man **eine Lehre** für das eigene Verhalten ziehen.
  Oft wird die Lehre am Schluss der Fabel formuliert.

Die Merkmale von Fabeln untersuchen

FABELN   zurück zu den Suchergebnissen   Suche   🔍

Jean de La Fontaine
Die Grille und die Ameise

Die Grille hatte den ganzen Sommer lang gesungen und alle Tiere
mit ihren Liedern erfreut.
Als der Winter mit seinem kalten Nordwind kam, hatte sie kein Geld
und keine Vorräte. Ihr Hunger war ebenso groß wie ihre Not.
5 So groß, dass sie bei ihrer Nachbarin, der Ameise, an die Tür klopfte.
Die Grille sagte: „Ich habe kein Geld und nichts zu essen. Bitte gib mit etwas.
Ich zahle es dir im nächsten Sommer zurück."
Die Ameise lieh niemanden gern etwas. Stattdessen fragte sie die Grille:
„Und was hast du den ganzen Sommer getan? ICH nämlich habe Vorräte gesammelt!"
10 Die Grille antwortete: „Ich habe in jeder Minute für alle gesungen.
Und das hat auch dir gefallen!"
Da sagte die Ameise: „Du hast gesungen und bist nun hungrig?
Na gut, dann tanz doch jetzt!"
Traurig ging die Grille fort. Die Ameise blieb in ihrem stillen Bau zurück. [...]*

1 a Beschreibt, in welcher Notsituation die Grille ist. Wie ist sie in diese Situation hineingeraten?
b Erklärt, warum die Ameise der Grille nicht helfen will.

2 Untersucht die Eigenschaften der Tiere.
a Welche Eigenschaften passen zur Grille? Welche passen zur Ameise?
b Tragt die Grille und die Ameise mit ihren Eigenschaften in euer Buddy-Book ein.

> verzweifelt • freundlich • unbeschwert •
> hartherzig • herablassend • sorglos • gemein

▶ **Methode: Ein Buddy-Book gestalten: S. 110**

3 Beschreibt den Aufbau der Fabel mit eigenen Worten.

die Ausgangssituation ▶ **der Konflikt** ▶ **die Lösung/überraschende Wende**

4 Welche Lehre passt zu dieser Fabel?
a Wählt die passende Lehre aus. Begründet eure Entscheidung.
– *Erst die Arbeit, dann das Vergnügen.*
– *Behandle deinen Gegenüber so, wie du selbst behandelt werden möchtest.*
b Was könnt ihr aus der Fabel lernen? Formuliert es mit eigenen Worten.

 5 Erklärt mit Beispielen, woran ihr erkennt, dass diese Fabel im Internet recherchiert wurde.

Merkmale von Fabeln erkennen

A Während sich die Maus wehrte und abmühte, flog ein Raubvogel vorbei, schnappte die Maus, zog den Frosch mit und fraß sie beide.

O Eine Maus wollte einen Fluss überqueren. Sie wusste aber nicht, wie, und bat einen Frosch um Rat und Hilfe.

L Überlege dir, mit wem du dich einlässt. Die Welt ist voller Falschheit und Ungerechtigkeit. [...]*

R Der Frosch war hinterlistig und sagte zu der Maus: „Binde deinen Fuß an meinen Fuß. Dann will ich schwimmen und dich hinüberziehen." Als sie aber in das Wasser kamen, tauchte der Frosch unter und wollte die Maus ertränken.

M **Vom Frosch und von der Maus**

1 Die Teile der Fabel sind durcheinandergeraten.
Ordnet sie und notiert das Lösungswort: Es ist ein anderes Wort für die Lehre einer Fabel.

2 Welche gegensätzlichen Eigenschaften passen am genauesten zu Frosch und Maus?
Begründet in einem Satz. Tragt Frosch und Maus in euer Buddy-Book ein. ▶ **Buddy-Book: S. 110**
Tipp: Lest die vollständige Fabel auf Seite 297. ▶ **vollständiger Text: S. 297**

> hinterlistig – gutgläubig •
> groß – klein •
> mächtig – unterwürfig

3 Formuliert mit Hilfe der Satzteile drei richtige Aussagen über Fabeln. Schreibt sie auf.

Fabeln sind aufgebaut aus …

… eine Lehre für das eigene Verhalten ziehen.

In Fabeln sprechen und handeln …

… Tiere wie Menschen.

Aus einer Fabel kann man …

… Ausgangssituation, Konflikt, Lösung / überraschende Wende.

 4 Vergleicht eure Ergebnisse mit einer Partnerin oder einem Partner.

6.2 In der Schreibwerkstatt – Fabeln selbst erzählen

Eine Parallelfabel schreiben

Äsop

Die Schildkröte und der Hase

Eine Schildkröte wurde wegen ihrer Langsamkeit von einem Hasen verspottet. Trotzdem wagte sie es, den Hasen zum Wettlauf herauszufordern. Der Hase ließ sich mehr aus Scherz
5 als aus Prahlerei darauf ein.
Es kam der Tag, an dem der Wettlauf stattfinden sollte. Das Ziel wurde festgelegt und beide betraten im selben Augenblick die Laufbahn. Die Schildkröte kroch langsam und unermüd-
10 lich. Der Hase dagegen legte sich mit mächtigen Sprüngen gleich ins Zeug, wollte er den Spott für die Schildkröte doch auf die Spitze treiben. Als der Hase nur noch wenige Schritte vom Ziel entfernt war, setzte er sich schnaufend ins Gras und schlief kurz darauf ein. Die 15 großen Sprünge hatten ihn nämlich müde gemacht.
Doch plötzlich sah sich der Hase vom Jubel der Zuschauer geweckt, denn die Schildkröte hatte gerade das Ziel erreicht und gewonnen. 20
Der Hase musste zugeben, dass das Vertrauen in seine Schnelligkeit ihn so leichtsinnig gemacht hatte, dass sogar ein langsames Kriechtier ihn mit Ausdauer besiegen konnte.*

1 Untersucht die Fabel genauer.

a Macht euch Notizen zu den folgenden Fragen.
  – Wie verhalten sich Hase und Schildkröte?
  – Wie ist die Fabel aufgebaut?
  – Was könnte die Lehre aus der Fabel sein?
  Tiere: Hase (schnell, überheblich, …), Schildkröte (langsam, unermüdlich, …)
  Ausgangssituation: Schildkröte wird vom Hasen verspottet und fordert …
  Konflikt: …
  Lösung / überraschende Wende: …
  Lehre: …

b Tauscht euch über eure Ergebnisse aus.

2 Eine Parallelfabel hat einen ganz ähnlichen Konflikt wie die Ursprungsfabel, nur mit anderen Tieren. Wählt zunächst zwei geeignete Tiere mit gegensätzlichen Eigenschaften aus, über die ihr eine Parallelfabel schreiben wollt.
▶ **Buddy-Book: S. 110**

3 **a** Überlegt euch die Handlung eurer Fabel.
  – In welchem Wettstreit sollen eure Tiere gegeneinander antreten?
  – Worin besteht der Konflikt?
  – Wie wird der Konflikt auf überraschende Weise gelöst?
b Schreibt eine Lehre auf. Bei einer Parallelfabel ist es die gleiche wie in der Ursprungsfabel.
c Übertragt den Schreibplan in euer Heft und ergänzt ihn mit euren Ideen.

> der Weitsprung •
> das Schwimmen •
> das Armdrücken •
> der Hochsprung

Eine Parallelfabel schreiben
Titel:
Tiere: das Känguru (schnell, frech, ...), der Bär (...)
die Ausgangssituation: Wald, Känguru verspottet den Bären, zum Weitsprung herausgefordert
der Konflikt: ...
die Lösung / überraschende Wende: ...
die Lehre: ...

---

4 Tauscht eure Schreibpläne aus und überprüft, ob die Handlung ähnlich der Ursprungsfabel ist.

5 Schreibt die Fabel in einem zusammenhängenden Text auf.
  a Verwendet das Präteritum. Beginnt mit der Situation, z. B.:
  Ein Känguru und ein Bär trafen im Wald aufeinander. Das Känguru lachte über den Bären, der nicht weit springen konnte ...
  b Lasst die Tiere in eurer Fabel wie Menschen miteinander sprechen und denken.
  Wählt Stellen aus, zu denen ihr wörtliche Rede formuliert. Nutzt passende Redebegleitsätze.

> rief • sagte • dachte • lachte • stotterte • antwortete • fragte

  c Schreibt den Schluss der Fabel. Verwendet eure Notizen und die Lehre, z. B.: Die Fabel lehrt: ...

5 Prüft und überarbeitet eure Fabeln in Partnerarbeit.

Methode	**Eine Parallelfabel schreiben**

- Wählt ein geeignetes Tierpaar mit gegensätzlichen Eigenschaften aus.
  Beschreibt die Tiere mit treffenden Adjektiven, z. B.: *fleißig – faul, ehrlich – listig, überheblich – bescheiden.*
- Beachtet den **Aufbau** der Ursprungsfabel. Legt eure Fabel entsprechend der Ursprungsfabel an.
- Schreibt in einer **Zeitform,** meist ist das das Präteritum.
- Behaltet die **Lehre** der Ursprungsfabel bei.

Zeichensetzung bei der wörtlichen Rede

Der Hase dachte: „Oh, die Schildkröte ist so langsam."
„Wir werden sehen, wer gewinnen wird", keuchte die Schildkröte.
„Dann los", meinte der Hase, „möge der Schnellere gewinnen."

1 **a** Schreibt die Sätze ab.
  b Markiert die wörtliche Rede und die Redebegleitsätze in unterschiedlichen Farben.
  c Führt ein Rechtschreibgespräch: Wo stehen die Anführungszeichen?
     Wann setzt man einen Doppelpunkt? Wann setzt man ein Komma?

Jean de La Fontaine

Der Hase und die Frösche

1 Ein Hase saß in seinem Lager und grübelte. „Wer furchtsam ist", dachte er, „ist eigentlich unglücklich dran! Nichts kann er in Frieden genießen. Ich schlafe vor Angst
schon mit offenen Augen. Das muss anders werden. Aber wie?" [...] Plötzlich hörte
er ein leichtes Säuseln. „Was ist das?", fragte er sich. Sofort sprang er auf und rannte
5 davon. Er hetzte bis an das Ufer eines Teiches. Da sprangen die aufgescheuchten
Frösche alle ins Wasser.
2 Der Hase sagte ❓ Oh! Sie fürchten sich vor mir! Da gibt
es also Tiere, die vor mir, dem Hasen, zittern! ❓ Recht
zufrieden fügte er hinzu ❓ Was bin ich für ein Held! ❓
10 **3** Da kann einer noch so feige sein, er findet immer einen,
der ein noch größerer Feigling ist. *

2 **a** Schreibt die zwei wörtlichen Reden aus Absatz 1 mit den Redebegleitsätzen ab.
  b Schreibt Absatz 2 ab und setzt die Satzzeichen, die noch fehlen.
  c Markiert in allen Beispielen die wörtliche Rede und die Begleitsätze in unterschiedlichen Farben.

> **Information** ❯❯ **Wörtliche Rede verwenden**
>
> Wenn ihr in einer Fabel Tiere sprechen oder etwas denken lasst, verwendet ihr wörtliche
> Rede. Die wörtliche Rede steht in Anführungszeichen.
> ▪ Wenn der Redebegleitsatz vor der wörtlichen Rede steht, verwendet man einen
>   Doppelpunkt, z. B.: *Der Hase lachte: „Du kommst nicht einmal bis zum nächsten Baum."*
> ▪ Wenn der Redebegleitsatz in der Mitte der wörtlichen Rede oder am Ende steht,
>   verwendet man Kommas, z. B.:
>   *„Ganz schön vorlaut", dachte die Schildkröte, „dir werde ich es zeigen."*
>   *„Wer zuletzt lacht, lacht am besten", sagte sie und ging zufrieden davon.*

Eine Fabel weiterschreiben

Jean de La Fontaine
Der Fuchs und der Hahn

Ein Hahn saß auf einem hohen Gartenzaun und kündete mit lautem Krähen den neuen Tag an. Ein Fuchs schlich um den Zaun herum und blickte verlangend zu dem fetten Hahn empor. „Einen schönen guten Morgen", grüßte der Fuchs freundlich,
5 „welch ein herrlicher Tag ist heute!"
Der Hahn erschrak, als er seinen Todfeind erblickte, und klammerte sich ängstlich fest.
„Brüderchen, warum bist du böse mit mir? Lass uns doch endlich Frieden schließen und unseren Streit begraben." Der Hahn
10 schwieg noch immer. „Weißt du denn nicht", säuselte[1] der Fuchs mit sanfter Stimme, „dass der König der Tiere den Frieden ausgerufen hat? Er hat mich als seinen Boten ins Land geschickt. Komm schnell zu mir herunter, wir wollen unsere Versöhnung mit einem Bruderkuss[2] besiegeln. Aber beeile dich, ich habe
15 noch vielen anderen diese freudige Nachricht zu bringen."
Der Hahn schluckte seine Furcht hinunter und sagte sich: „Diesem verlogenen Gauner komme ich nur mit seinen eigenen Waffen bei." Und mit gespielter Freude rief er: „…"*

1 säuseln: mit verstellter Stimme sprechen
2 der Bruderkuss: ein Begrüßungsritual

1 Lest den Anfang der Fabel.
a Beschreibt die Situation, in der Fuchs und Hahn sich begegnen. Was plant der Fuchs?
b Welche Eigenschaften haben der Fuchs und der Hahn in dieser Fabel? Tauscht euch aus.

2 Plant eure Fortsetzung der Fabel mit Hilfe eines Schreibplans.
a Was könnt die Lehre aus der Fabel sein? Verständigt euch darüber.
b Notiert Stichworte zur Fabel. Beachtet dabei den Aufbau einer Fabel.
  – In welcher Situation begegnen sich die Tiere?
  – Worin besteht der Konflikt? Was denken Fuchs und Hahn?
  – Wie überlistet der Hahn den Fuchs?
  – Wie endet die Fabel auf überraschende Weise?

3 Schreibt mit Hilfe des Schreibplans eure Fortsetzung in einem zusammenhängenden Text. Schreibt im Präteritum und verwendet wörtliche Rede. Formuliert auch eine passende Lehre.

► **wörtliche Rede: S. 116**

4 Überarbeitet eure Fortsetzung in Partnerarbeit.

► **So endet die Fabel: S. 297**

Eine eigene Fabel schreiben

1 Plant eine eigene Fabel.
a Wählt zwei Tiere und passende Eigenschaften aus.
Ihr könnt euer Buddy-Book nutzen oder die Wortspeicher.

▶ **Methode: Ein Buddy-Book gestalten: S. 110**

> die Ameise • der Hase • der Rabe •
> das Lamm • der Fuchs • der Löwe •
> der Affe • der Hund • der Frosch •
> die Maus • der Esel • der Storch •
> die Grille • der Wolf • die Mücke

> fleißig • tollpatschig • ehrlich •
> listig • weise • mächtig • naiv •
> hilfsbereit • neugierig • eitel • faul •
> gefräßig • böse • egoistisch

b Überlegt, in welcher Situation sich die beiden Tiere begegnen.

> Streit um Beute • ein Hindernis überwinden •
> Recht haben wollen • eine Falle stellen •
> in Lebensgefahr sein • einen Wettstreit gewinnen wollen •
> Angst, gefressen zu werden

2 Notiert in einem Schreibplan Ideen für den Aufbau euer Fabel.
– Worin besteht der Konflikt?
– Was denken die Tiere voneinander?
– Wie versuchen die Tiere, ihren Konflikt zu lösen?
– Wie überlistet eines der Tiere das andere?
– Wie endet die Fabel?
– Was könnte die Lehre aus der Fabel sein?

3 Was könnten die Tiere zueinander sagen? Verfasst einen kurzen Dialog, z. B.:
Tier 1 knurrt: „Warum guckst du so gierig auf mein Futter?"
Tier 2 antwortet: „Ich …"

▶ **wörtliche Rede: S. 116**

4 Schreibt die Fabel mit Hilfe eures Schreibplans
in einem zusammenhängenden Text auf.
a Verwendet das Präteritum. Beginnt mit der Situation.
b Verwendet abwechslungsreiche Satzanfänge, z. B.:
Eines Tages … Es trafen sich…
Daraufhin sagte … Das Tier prahlte …
c Formuliert an geeigneten Stellen wörtliche Rede.
d Schreibt den Schluss der Fabel.
Verwendet eure Notizen und die von euch gewählte Lehre.

 5 Prüft und überarbeitet eure Fabeln in Partnerarbeit.

Ein Fabelbuch am Computer gestalten

1 Gestaltet eine Fabel für ein Fabelbuch.
Arbeitet zunächst mit Papier und Stift oder direkt am Computer.
Wählt dazu a, b oder c.

a Gestaltet einen **Comic** zu „Der Fuchs und der Hahn" auf Seite 117.
Schreibt, was die Tiere sagen und denken, in Sprech- und
Gedankenblasen.

b Schreibt eine Fabel zu folgender **Begebenheit.**
Wählt dazu die Tiere mit passenden Eigenschaften aus eurem Buddy-Book aus.

> Das kleinste Mädchen der Straße wurde von den anderen Kindern wegen seiner geringen Größe gehänselt. Eines Nachmittags schoss eines der Kinder beim Spielen den Ball über den Zaun des Bolzplatzes. Es gab zwar ein Loch im Zaun, doch kein Kind passte hindurch. Da kam das kleine Mädchen, schlüpfte durch das Loch und holte den Ball zurück. Alle Kinder waren froh und behandelten das Mädchen seitdem freundlicher.

c Wählt eines der folgenden **Sprichwörter** als Lehre aus und schreibt dazu eine Fabel.
Nutzt euer Buddy-Book, um passende Tiere zu finden.
– *Wer nicht wagt, der nicht gewinnt.*
– *Eine Hand wäscht die andere.*
– *Wer anderen eine Grube gräbt, fällt selbst hinein.*

d Stellt euch eure Fabeln gegenseitig vor und gebt euch Rückmeldungen.

2 Überarbeitet die Fabeln am Computer.
– Die Comics könnt ihr einscannen oder abfotografieren und als Dateien abspeichern.
– Die Texte tippt ihr ab oder verbessert sie am Computer.
– Zeichnet selbst Bilder und scannt sie ein oder findet Bilder im Internet.

3 a Entwerft am Computer ein Deckblatt für euer Fabelbuch.
Schreibt einen Buchtitel und die Namen der Mitwirkenden darauf.

b Schreibt ein Inhaltsverzeichnis mit den Titeln der Fabeln und den Seitenangaben.

c Druckt alle Seiten aus und legt sie geordnet in einem Hefter ab.

Methode ▶▶ **Texte am Computer gestalten**

- Legt eine **Textdatei** in einem **Schreibprogramm** an und speichert sie unter einem sinnvollen **Dateinamen** ab, z. B.: *Seynep_Hase und Igel.*
- Tippt euren Text ein. Wählt dazu eine **Schriftart und Schriftfarbe,** die gut lesbar ist und euch gefällt, z. B. Times New Roman, 12 pt. in der Farbe Blau.
- Gestaltet die Überschrift, indem ihr sie fett setzt oder eine größere **Schriftgröße** wählt.
- Illustriert euren Text. Fügt dazu eingescannte **Bilder** oder Illustrationen aus dem Internet in die Textdatei ein. Schreibt die Bildquelle dazu.

6.3 Fit in …! – Eine Fabel weiterschreiben

Stellt euch vor, ihr bekommt in der nächsten Klassenarbeit die folgende Aufgabe gestellt:

Aufgabe
Schreibe die Fabel „Der Löwe, der Fuchs und der Esel" weiter.
Beachte den Aufbau und die Merkmale einer Fabel. Formuliere auch eine Lehre.
Erzähle die Fabel im Präteritum.

Äsop

Der Löwe, der Fuchs und der Esel

Löwe, Esel und Fuchs gingen gemeinsam auf die Jagd. Als sie reiche Beute gemacht hatten, beauftragte der Löwe den Esel mit der Verteilung. Der machte drei Teile und sagte dann dem Löwen, er solle sich einen aussuchen. Da war der Löwe so böse, dass er den Esel auffraß und nun dem Fuchs den Auftrag gab zu teilen. […]

Die Aufgaben verstehen

1 Was verlangt die Aufgabe von euch? Wählt die beiden richtigen Antworten aus.
 A Ich soll die Fabeltiere austauschen und eine Parallelfabel schreiben.
 B Ich soll die Fabel weiterschreiben.
 C Ich soll die Fabel als Comic gestalten.
 D Ich soll die typischen Fabelmerkmale verwenden.

Planen

2 Beschreibt das Verhalten der Tiere.
 Findet für jedes Tier ein treffendes Adjektiv aus dem Wortspeicher.

> hilfsbereit • schlau • leichtgläubig • listig • gierig • hinterhältig • gerecht

3 Um die Fabel weiterschreiben zu können, muss man sie gut verstehen.
Beantwortet die folgenden Fragen in Stichworten:
– Ausgangssituation: In welcher Situation befinden sich die Tiere?
– Konflikt: Wie teilt der Esel die Beute? Wie reagiert der Löwe auf die Teilung der Beute?

▶ **Hilfe findet ihr auf S. 122.**

4 Der Löwe frisst den Esel, obwohl der Esel die Beute gerecht geteilt hat.
Notiert, was der Fuchs in dem Moment denken könnte.

5 Nun soll der Fuchs die Beute aufteilen. Wie könnte er vorgehen?
a Überlegt euch eine überraschende Wende. Was hat der Fuchs
gelernt? Wie könnte der Fuchs den Löwen überlisten?
b Was schlägt der Fuchs dem Löwen zur Teilung der Beute vor?
Verfasst einen kurzen Dialog in wörtlicher Rede.

▶ **Hilfe findet ihr auf S. 122.**

Der Löwe ist gierig und
… Wenn ich am Leben
bleiben will, muss ich …

6 Überlegt euch eine passende Lehre zur Fabel.

Schreiben

7 Schreibt die Fabel jetzt mit Hilfe eurer Notizen weiter. Verwendet das Präteritum.
– Knüpft an die letzten Satz der Fabel an. Was denkt der Fuchs?
Was tut er nun, als er die Beute teilen soll?
– Verwendet wörtliche Rede. Was schlägt der Fuchs dem Löwen vor? Was antwortet der Löwe?
– Erzählt, wie der Konflikt auf überraschende Weise gelöst wird.
– Schreibt ganz zum Schluss die Lehre auf.

▶ **Hilfe findet ihr auf S. 122.**

Überarbeiten

 8 Lest eure Fabeln vor und gebt euch mit Hilfe der Checkliste Tipps zum Überarbeiten.

Checkliste ▶	**Eine Fabel weiterschreiben**
Inhalt	■ Schließt die Fortsetzung an den **Inhalt der Ursprungsfabel** an?
	■ **Sprechen** die Tiere miteinander?
	■ **Passt die Lehre** zur Handlung?
Aufbau:	■ Hat die Fabel einen **klaren Aufbau?**
	■ Wird deutlich, wie das eine Tier das andere **überlistet oder besiegt?**
	■ Gibt es am Ende eine **Lehre?**
Sprache:	■ Habt ihr im **Präteritum** geschrieben?
	■ Ist **wörtliche Rede** eingebaut?
	■ Stimmen **Rechtschreibung, Grammatik** und **Zeichensetzung?**

Fördern

Hilfe-Karte: Der Aufbau der Fabel

Ausgangssituation	Löwe, Fuchs und Esel machten gemeinsam Beute. Nun musste die Beute … Der Esel teilt die Beute gerecht. doch der Löwe … Nun soll der Fuchs …
Konflikt	– Der Löwe gab dem Esel …
Lösung/ überraschende Wende	Wähle eine der folgenden Möglichkeiten aus: – Der Fuchs verzichtete auf die Beute und überließ alles dem Löwen. – Der Fuchs teilte sich selbst nur einen Bruchteil der Beute zu. – Der Fuchs halbierte die Beute. – Der Löwe war sehr zufrieden. – Der Löwe beanspruchte alles für sich und schnappte sich die Beute des Fuchses. – Der Löwe gab sich nicht damit zufrieden und tötete den Fuchs.
wörtliche Rede	Wähle eine der folgenden Möglichkeiten aus: – Manchmal ist es klüger, auf das zu verzichten, was einem zusteht. – Wenig ist besser als nichts. – Gerechtigkeit wird nicht immer belohnt.

Hilfe-Karte: Sprache

Präteritumformen	er überlegte • er nickte • er teilte auf • er wartete ab • er ließ übrig • er lächelte • er lobte • er antwortete • er fiel über … her • er fraß • er brüllte • er entkam
wörtliche Rede	„Nun gut, dann werde ich nun …", sprach der Fuchs. „Mir scheint", sagte der Löwe zufrieden, „du bist ein schlaues Kerlchen." Der Löwe rief entsetzt: „Du wagst es, …?" „Wie kannst du es wagen?", schrie der Löwe und …
treffende Adjektive und Verben	blitzschnell • zufrieden • entsetzt • anerkennend • schnell • mutig

7 Die Natur hat viele Gesichter –
Gedichte verstehen, vortragen, gestalten

1 Welche Jahreszeit mögt ihr am liebsten?
Erzählt, was ihr in dieser Zeit gern macht.

2 Kennt ihr Gedichte oder Lieder über Jahreszeiten?
Stellt sie der Klasse vor.

3 Erklärt, was das Besondere an der Form von
Gedichten und Liedern ist.
Wie unterscheiden sie sich von Geschichten
oder Sachtexten über Jahreszeiten?

In diesem Kapitel ...

- untersucht ihr Naturgedichte,
- tragt ihr Gedichte auswendig vor,
- gestaltet ihr eigene Gedichte,
- gestaltet ihr einen Gedichtkalender.

Mascha Kaléko

Die vier Jahreszeiten

Der Frühling
Mit duftenden Veilchen komm ich gezogen,
Auf holzbraunen Käfern komm ich gebrummt,
Mit singenden Schwalben komm ich geflogen,
5 Auf goldenen Bienen komm ich gesummt.
Jedermann fragt sich, wie das geschah:
Auf einmal bin ich da!

15 **Der Herbst**
Ich bin, das lässt sich nicht bestreiten,
Die herbste aller Jahreszeiten:
Rauhe Winde, scharf wie Säbel,
Welke Wälder, graue Nebel.
20 Die Vögel klagen leise, leise
Und gehen auf die Winterreise.
Dann lischt die Sommersonne aus.
Holt eure Gummischuhe raus!

1 Frühling, Sommer, Herbst und Winter –
woran denkt ihr bei den einzelnen Jahreszeiten?
Notiert eure Ideen in vier Clustern:

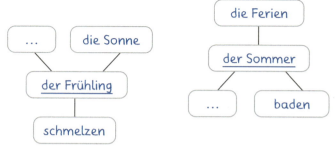

2 Lest die vier Gedichtstrophen oben.
Welche Jahreszeitenwörter entdeckt ihr darin?
Ergänzt einzelne Wörter aus den Strophen in euren Clustern von Aufgabe 1.

Der Sommer

Ich bin der Sommer. In erbsgrünen Hosen,
10 Kirschrotem Wams[1] zieh ich lustig einher.
Heb ich den Finger, blühen die Rosen.
Heb ich die Hand, rauscht die Welle im Meer.
Spiel ich die Flöte, tanzt der Delfin,
Duftet's nach Wiesengrund und nach Jasmin.

Der Winter

25 Die Pelzkappe voll mit schneeigen Tupfen,
Behäng ich die Bäume mit hellem Kristall.
Ich bringe die Weihnacht und bringe den Schnupfen,
Silvester und Halsweh und Karneval.
Ich komme mit Schlitten aus Nord und Nord-Ost.
30 – Gestatten Sie: Winter. Mit Vornamen: Frost.*

1   das Wams: westenartige Jacke

---

3 Welche Reimwörter findet ihr in den Strophen?
  a Wählt eine Strophe aus und schreibt die Reimwörter auf, z. B.:
Strophe „Der Frühling": gezogen – geflogen
  b Zu welchen Reimwortpaaren findet ihr ein weiteres Reimwort? Ergänzt es, z. B.:
gezogen – geflogen – verbogen

4 Wählt zu zweit eine Strophe aus und tragt sie gemeinsam vor:
  – Schreibt die Strophe ab. Lasst nach jedem Vers eine Zeile frei.
  – Markiert, wer welche Verse spricht, und macht euch Notizen zum Vortrag:
    Wo sprecht ihr laut, leise, langsam, schnell? Wo macht ihr Pausen?
    Welche Wörter betont ihr?
  – Übt den Vortrag der Strophe ein. Wie könnt ihr die Stimmung der Jahreszeit ausdrücken?

5 In welcher Jahreszeit habt ihr Geburtstag?
Schreibt auf: Was mögt ihr an der Jahreszeit? Was findet ihr nicht so schön?
Ich habe im … Geburtstag. Ich mag an der Jahreszeit … Aber es gefällt mir nicht, dass …

7.1 Was die Natur kann! – Gedichte untersuchen

Reim und Rhythmus untersuchen

Christian Morgenstern

Der Schaukelstuhl auf der verlassenen Terrasse

„Ich bin ein einsamer Schaukelstuhl
und wackel im Winde, im Winde.

Auf der Terrasse, da ist es kuhl,
und ich wackel im Winde, im Winde.

Und ich wackel und nackel den ganzen Tag.
Und es nackelt und rackelt die Linde.
Wer weiß, was sonst wohl noch wackeln mag
im Winde, im Winde, im Winde."

1 Lest das Gedicht.
Fasst in einem Satz zusammen, worum es in dem Gedicht geht.

2 a Findet die Reimwörter im Gedicht.
Welche Reimform liegt vor: Paarreim oder Kreuzreim?
b Erklärt, warum in Vers 3 das Wort „kuhl" statt „kühl" verwendet wird.

3 Äußert Vermutungen, warum Christian Morgenstern das Wort „nackeln" (Verse 5, 6) für
das Gedicht erfunden hat. Wie klingt dieses Fantasiewort? Was könnte es bedeuten?

4 a Hört euch das Gedicht an. ▶ Audio
b Erklärt, wie der Sprechrhythmus mit dem Inhalt des Gedichtes zusammenhängt.
c Findet im Gedicht drei weitere Verse mit einem regelmäßigen Rhythmus.

Information ▶	**Das Gedicht**	▶ Video

- Gedichte sind **kürzere Texte** in einer besonderen **Form.**
- Eine Zeile im Gedicht nennt man **Vers.** Mehrere Verse bilden zusammen eine **Strophe.**
- Gedichte haben häufig **Reimwörter.** Es gibt verschiedene **Reimformen,** z. B.:

der Paarreim:		**der Kreuzreim:**		**der umarmende Reim:**	
blau	a	Sonne	a	Rose	a
grau	a	sein	b	Hand	b
Wind	b	Tonne	a	Wand	b
Kind	b	fein	b	Hose	a

- Manche Gedichte haben eine besondere Sprechmelodie: den **Rhythmus.**

Sprachliche Bilder entdecken

Georg Britting

Am offenen Fenster bei Hagelgewitter

Himmlisches Eis
Sprang mir auf den Tisch,
Rund, silberweiß.
Schoss wie ein Fisch

5 Weg von der Hand,
Die's greifen wollt,
Schmolz und verschwand.
Blitzend wie Gold

Blieb auf dem Holz
10 Nur ein Tropfen dem Blick.
Mächtig die Sonne
Sog ihn zurück.

1 Habt ihr schon einmal Hagel erlebt? Beschreibt, wie Hagelkörner aussehen.

2 Untersucht, wie ein Hagelkorn in dem Gedicht oben beschrieben wird. Wählt a, b oder c.

a **Findet** in den **Strophen 1 und 2** zwei Verse, in denen der Dichter das Hagelkorn
mit etwas **vergleicht. Tipp:** Achtet auf das Wort *wie.* Es zeigt die Vergleiche an.

b **Findet** in **Strophe 2** einen **Vergleich** mit *wie* und **wählt die passende Erklärung** dazu:
A Der Dichter meint, dass das Hagelkorn so wertvoll wie Gold ist.
B Der Dichter beschreibt anschaulich, wie das Hagelkorn in der Sonne glänzt.
C Der Dichter beschreibt, wie jemand ein Goldstück findet.

c **Findet** in **Strophe 1** einen **Vergleich** mit *wie.* **Erklärt:** Was beschreibt der Dichter damit?

 d Stellt euch gegenseitig eure Ergebnisse vor und besprecht dann gemeinsam:
Wie wirken die Vergleiche im Gedicht? Warum hat der Dichter nicht geschrieben:
„Das Hagelkorn aus Eis war glitschig" / „Die Sonne schien auf das Hagelkorn"?

3 Womit kann man diese fünf Dinge vergleichen? Formuliert anschauliche Vergleiche:
ein Baum wie …, Nebel wie …, Tautropfen wie …, Donner wie …, Wolken wie …

Information ▸▸ **Der Vergleich**

- In **Vergleichen** beschreibt man Dinge, die **ähnlich** sind.
- Vergleiche erkennt man oft an dem Wort *wie,* z. B.:
  Bäume stehen am Weg wie alte Riesen. Das bedeutet: *Die Bäume sind so groß wie Riesen.*
- Mit Vergleichen kann man Eigenschaften von Menschen oder Dingen **anschaulich**
  beschreiben. So können die Leserinnen und Leser sie sich gut vorstellen.

Anne Steinwart

Pusteblumensonntag

Fallschirme schweben über
die Wiese
weiße zarte Balletttänzer
das Orchester auf den
5 Bäumen zwitschert und flötet
ohne Pause
behutsam führt ein sanfter Wind
den Taktstock[1] und
schmeichelt[2] den Pusteblumen
10 die letzten Tänzerinnen ab.
Ich liege im Gras
applaudiere bin andächtiges[3]
Publikum
und wäre viel lieber
15 mit auf der Bühne.

1 der Taktstock: Stock, mit dem ein Dirigent oder eine Dirigentin einem Orchester den Takt anzeigt

2 schmeicheln: übertrieben gut über jemanden reden

3 andächtig: innerlich berührt

4 Wie wirkt das Gedicht auf euch?
Wählt passende Adjektive aus und begründet eure Wahl jeweils mit einem Vers.

> traurig • bedrohlich • feierlich • fröhlich • ungemütlich • festlich • einsam • verträumt

5 a Ordnet den Bestandteilen des Bildes die Verse in den Gedichten zu, z. B.:
 1 – Vers 1 bis 3, 2 – …

b Die Person im Gras beschreibt ihre Umgebung mit Bildern. Stellt euch vor, ihr würdet ein Foto von der Situation aufnehmen. Wie würde diese in echt aussehen?
Zeichnet gemeinsam ein Bild für die Verse 1–6:
– Partnerin oder Partner A zeichnet Vers 1–3.
– Partnerin oder Partner B zeichnet Vers 4–6.

6 Besprecht, wieso die Dichterin diese bildhafte Sprache verwendet haben könnte. Warum schreibt sie nicht z. B. „Pusteblumensamen schweben langsam über die Wiese"?

> **Information** ⟩⟩ **Die Metapher**
>
> ■ Bei einer **Metapher** wird ein Wort nicht wörtlich, sondern in einer **übertragenen (bildlichen) Bedeutung** gebraucht, z. B.: *der Himmel brennt* für *Sonnenuntergang*.
> ■ Man verwendet Metaphern, weil sich zwei Dinge in einer Eigenschaft **ähnlich** sind, z. B. im Aussehen oder in der Funktionsweise. So macht man die Eigenschaft **anschaulicher**.
> ■ Im Unterschied zum Vergleich fehlt bei der Metapher das Vergleichswort *wie*.

Ein Gedicht auswendig lernen und vortragen

Erwin Moser

Gewitter

Der Himmel ist blau
Der Himmel wird grau

Wind fegt herbei
Vogelgeschrei
5 Wolken fast schwarz
Lauf, weiße Katz!

Blitz durch die Stille
Donnergebrülle
Zwei Tropfen im Staub
10 Dann Prasseln auf Laub

Regenwand
Verschwommenes Land
Blitze tollen
Donner rollen

15 Es plitschert und platscht
Es trommelt und klatscht
Es rauscht und klopft
Es braust und tropft

Eine Stunde lang
20 Herrlich bang

Dann Donner schon fern
Kaum noch zu hör'n
Regen ganz fein
Luft frisch und rein

25 Himmel noch grau
Himmel bald blau!

1 **a** Wie verändert sich das Wetter im Gedicht?
Beschreibt mit eigenen Worten.

    b Hat der Sprecher im Gedicht Angst vor dem Gewitter?
Begründet eure Einschätzung.

2 **a** Bereitet den Vortrag des Gedichts vor.
Schreibt die Strophen ab und ergänzt Notizen zur Vortragsweise:
Pausen: Wo wollt ihr Pausen machen, um Spannung zu erzeugen?
Lautstärke: Wo werdet ihr lauter, wo wieder leiser?
Tempo: Welche Strophen sprecht ihr eher ruhig und langsam, welche eher schnell?
Stimmung: Wo sprecht ihr ruhig, aufgeregt, ängstlich, unheimlich, bedrohlich oder fröhlich?

    b Übt Strophe für Strophe den Gedichtvortrag ein und lernt das Gedicht auswendig.

    c Tragt das Gedicht in der Gruppe vor.
Die Zuhörenden geben eine Rückmeldung:
– Hat die Sprecherin/der Sprecher deutlich gesprochen und zum Publikum geschaut?
– Waren die Pausen, die Betonungen, die Lautstärke und das Tempo passend?
– Hat die Sprecherin/der Sprecher die Stimmung im Gedicht deutlich gemacht?

3 Überlegt in Kleingruppen: Welche Geräusche passen zu dem Gedicht?
Wie kann man sie erzeugen?
Nehmt den Gedichtvortrag auf und unterlegt ihn mit passenden Geräuschen.

▶ **Methode: Hörspielszenen gestalten: S. 96**

7.2 In der Gedichtwerkstatt – Gedichte gestalten

Station 1: Aus Buchstaben und Wörtern Bildgedichte gestalten

Max Bense

Wolke

```
wolke     wolke
wolkewolkewolkewolke
wolkewolkewolkewolke
wolkewolkewolkewolke
wolke     wolke
  B        B
  L        Lb
  I        I  l  t  z
  T        T  i
  Z        Z  tz
```

Eugen Gomringer

Wind

```
      w     w
    d   i
  n   n   n
  i  d  i  d
w         w
```

1 Betrachtet die zwei Bildgedichte aus Buchstaben:
Was erkennt ihr in den Bildern?
Welche Wörter entdeckt ihr?
Wie wurden die Wörter angeordnet?

2 Betrachtet die drei Bildgedichte aus Buchstaben und Bildern.
Wie wurden sie gestaltet?

3 Gestaltet selbst zwei Bildgedichte aus Buchstaben oder aus Buchstaben und Bildern zu
Wetterwörtern. Ihr könnt Wörter aus dem Kasten wählen oder euch selbst welche überlegen.

Sturm • Regen • Nebel • Regenbogen • Hagel • Gewitter • Schnee • Raureif

Station 2: Vergleiche formulieren

Christine Busta

Die Frühlingssonne

Unhörbar wie eine Katze
kommt sie über die Dächer,
springt in die Gassen hinunter,
läuft durch Wiesen und Wald.

5 Oh, sie ist hungrig! Aus jedem
verborgenen Winkel schleckt sie
mit ihrer goldenen Zunge den Schnee.

Er schwindet dahin wie Milch
in einer Katzenschüssel.
10 Bald ist die Erde wieder blank.

Die Zwiebelchen unter dem Gras
spüren die Wärme ihrer Pfoten
und beginnen neugierig zu sprießen.

Eins nach dem andern blüht auf:
15 Schneeglöckchen, Krokus und Tulpe,
weiß, gelb, lila und rot.
Die zufriedene Katze strahlt.

1 Womit vergleicht die Dichterin die Sonne und den Schnee im Gedicht?
Sucht die zwei Verse mit *wie* und schreibt sie auf.

2 Wo wird das Folgende durch den Vergleich mit der Katze beschrieben? Notiert die Verszahlen.
A Durch die Wärme der Sonne wachsen aus den Blumenzwiebeln Frühlingsblumen.
B Die Frühlingssonne scheint auf Häuser und Straßen.
C Die Frühlingssonne schmilzt den Schnee.
D Die Sonne scheint nicht nur in der Stadt, sondern auch in der Natur im Wald und auf Wiesen.

3 Womit kann man andere Dinge aus der Natur vergleichen? Dichtet Verse mit Vergleichen:
a Ordnet folgende vier Wetterwörter dem jeweils passenden Vergleich zu.

| **1** Der Wind … | **2** Der Raureif … | **3** Die Blitze … | **4** Die Tautropfen … |

glitzert wie Kristall. • jault auf wie ein verletzter Hund. •
schimmern auf Blättern wie Edelsteine. • jagen wie Feuerpfeile durch die Nacht.

b Macht das Wetter durch Vergleiche sichtbar oder hörbar.
Verwendet Wörter aus den Kästen oder denkt euch selbst Vergleiche aus.

| der Regen • der Donner •
 der Schnee • die Wolke •
 der Sturm • der Regentropfen •
 der Regenbogen | erscheint wie ein großes Tor • wie ein Kissen •
 funkelt wie ein Diamant • wie Trommelschläge •
 schützt wie eine weiße Decke • wie eine Brücke •
 schwebt wie Zuckerwatte • wie dünne Fäden •
 wie das Heulen eines Wolfs |

Station 3: Metaphern formulieren

Mascha Kaléko

Es regnet

Es regnet Blümchen auf die Felder,
Es regnet Frösche in den Bach.
Es regnet Pilze in die Wälder,
Es regnet alle Beeren wach!

Der Regen singt vor deiner Türe,
Komm an das Fenster rasch und sieh:
Der Himmel schüttelt Perlenschnüre
Aus seinem wolkigen Etui[1]. [...]*

---

1   das Etui (franz.): Behälter, z. B. für eine Brille

▶ **vollständiger Text: S. 297**

1   Wie stellt die Autorin in ihrem Gedicht den Regen dar?
  a Notiert mindestens drei Metaphern, die in dem Gedicht vorkommen.
  b Zeichnet ein Bild zu eurer Lieblingsmetapher aus dem Gedicht.
     Tipp: Orientiert euch an der Abbildung zum ersten Vers.
  c Was meint die Autorin mit den Metaphern? Notiert wie im Beispiel.
     Es regnet Blümchen auf die Felder = Durch das Regenwasser können Blumen wachsen.

2 a Was könnte der Regen noch bewirken?
     Notiert mindestens zwei Folgen, die der Regen mit sich bringt.
     Wenn es regnet, glitzern die Regentropfen auf der Wiese.
     Durch das Regenwasser ...
  b Formuliert aus euren Ergebnissen aus Aufgabe 2a Metaphern.
     Geht dabei wie die Dichterin in der ersten Strophe vor, z. B.:
     Es regnet Glitzer auf die Wiese.

3   Stellt euch vor, auch die Sonne hätte ein Etui, aus dem sie Gegenstände auf die Erde schüttelt.
     Notiert mindestens zwei Gegenstände als Metapher für z. B. Sonnenstrahlen, Licht oder Wärme.

Station 4: Eine Collage zu einem Gedicht gestalten

Mascha Kaléko

Schirmgespenster

Kinder, guckt mal aus dem Fenster,
Da gibt's was zum Amüsieren[1]!
Lauter Regenschirmgespenster
Gehn am hellen Tag spazieren.

Gummimäntel auf zwei Beinen
Und ein Schirm anstatt Gesicht.
Auch Galoschen[2]. Aber einen
Kopf, den ham sie alle nicht.

Huuuuuuuuuuuuuuuuuuhh!

---

1   zum Amüsieren: zum Spaßhaben
2   die Galoschen: Überschuhe zum Schutz der Schuhe

Eduard Mörike

Septembermorgen

Im Nebel ruhet noch die Welt,
Noch träumen Wald und Wiesen:
Bald siehst du, wenn der Schleier fällt,
Den blauen Himmel unverstellt,
Herbstkräftig die gedämpfte Welt
In warmem Golde fließen.

1   Lest die Gedichte.   ▶ 🖱 Audio
Welches Gedicht gefällt euch besser?
Begründet.

2   Wählt ein Gedicht aus und fasst den Inhalt mit eigenen Worten zusammen.

3   Gestaltet eine Collage zu eurem
ausgewählten Gedicht. Geht wie folgt vor:

a Schreibt das Gedicht auf ein weißes
Blatt Papier.
Tipp: Am besten verwendet ihr ein Papier
im DIN-A3-Format.

b Überlegt und notiert stichwortartig, was eure Collage zeigen sollte:
- **Motiv und Material:** Was sollte man sehen?
  Welche Materialien könnte man verwenden?
- **Größe:** Welche Inhalte aus dem Gedicht wollt ihr besonders hervorheben?
- **Farben:** Wie sollten die Farben auf dem Foto sein, z. B.: dunkel, hell, eintönig, bunt?
- **Stimmung:** Welche Stimmung sollten die Farben zum Ausdruck bringen, z. B.: heiter, düster?

c Bastelt nun aus verschiedenen Materialien eine Collage um euer Gedicht herum.
Verwendet z. B. Stifte, Zeitschriftenausschnitte, Fotos, getrocknete Blätter usw.

4   Hängt eure Collagen im Klassenzimmer auf und präsentiert sie euch gegenseitig.

▶ **Plakate präsentieren: S. 154**

7.3 Projekt – Einen Gedichtkalender gestalten

Ein selbst gestalteter Kalender mit Gedichten und Bildern für jeden Monat kann euer Klassenzimmer oder ein Zimmer bei euch zu Hause ein ganzes Jahr lang verschönern.

 1 Gestaltet einen Gedichtkalender.
Geht dabei so vor:
- Bildet Gruppen und teilt die zwölf Monate auf: Jede Gruppe übernimmt einen Monat.
- Sucht in der Gruppe ein Gedicht aus, das zu eurem Monat passt.
  Tipp: Ihr könnt ein Gedicht von den Seiten 134–136, aus einem Gedichtbuch, aus einer Gedichtsammlung im Internet oder ein selbst gestaltetes Gedicht wählen.
- Sucht zu dem Gedicht ein passendes Foto im Internet und speichert es. Beachtet bei der Suche: Ist das Foto kostenlos? Ist es urheberrechtlich geschützt?
  Tipp: Ihr könnt auch ein selbst fotografiertes Foto verwenden.
- Legt eine Kalenderseite am Computer an. Gebt am Seitenanfang den Monatsnamen an.
  Tipp: Ihr könnt den Monatsnamen auch in verschiedenen Sprachen zeigen.
- Schreibt das Gedicht ab und fügt das Foto auf der Seite ein.
  Tipp: Ihr könnt das Gedicht mit der Hand abschreiben oder einen Computer verwenden.
- Prüft, ob ihr beim Abschreiben des Gedichts keine Fehler gemacht habt.
- Druckt die fertigen Kalenderseiten aus und heftet sie zu Kalendern zusammen.

Clara Müller-Jahnke

Eisnacht

Wie in Seide ein Königskind
schläft die Erde in lauter Schnee,
blauer Mondscheinzauber spinnt
schimmernd über der See.

Aus den Wassern der Raureif steigt,
Büsche und Bäume atmen kaum:
durch die Nacht, die erschauernd schweigt,
schreitet ein glitzernder Traum.

Joachim Ringelnatz

Der Stein

Ein kleines Steinchen rollte munter
Von einem hohen Berg herunter.

Und als es durch den Schnee so rollte,
Ward es viel größer als es wollte.

5 Da sprach der Stein mit stolzer Miene:
„Jetzt bin ich eine Schneelawine."

Er riss im Rollen noch ein Haus
Und sieben große Bäume aus.

Dann rollte er ins Meer hinein,
10 Und dort versank der kleine Stein.

Theodor Storm

März

Und aus der Erde schauet nur
Alleine noch Schneeglöckchen;
So kalt, so kalt ist noch die Flur[1],
Es friert im weißen Röckchen.

1 die Flur: die Landschaft

Walter Mahringer

April! April!

Morgens Sonne
mittags Schnee
und dann wieder
Sturm oje
5   einmal Regen
plötzlich heiß
so ein Wetter
niemand weiß
was der Unfug
10   wirklich soll
ist die Welt denn
plötzlich toll
Gott sei Dank
weiß jedes Kind
15   Es ist der April
der spinnt!

Eduard Mörike

Er ist's

Frühling lässt sein blaues Band
wieder flattern durch die Lüfte;
süße, wohlbekannte Düfte
streifen ahnungsvoll das Land.
Veilchen träumen schon,
wollen balde kommen.
– Horch, von fern ein leiser Harfenton!
Frühling, ja du bist's!
Dich hab' ich vernommen!

Christine Busta

Der Sommer

Er trägt einen Bienenkorb als Hut,
blau weht sein Mantel aus Himmelsseide,
die roten Füchse im gelben Getreide
kennen ihn gut.
Sein Bart ist voll Grillen. Die seltsamsten Mären[2]
summt er der Sonne vor, weil sie's mag,
und sie kocht ihm dafür jeden Tag
Honig und Beeren.

2 die Mären: die Märchen

Paula Dehmel

Ich bin der Juli

Grüß Gott! Erlaubt mir, dass ich sitze.
Ich bin der Juli, spürt ihr die Hitze?

Kaum weiß ich, was ich noch schaffen soll,
die Ähren sind zum Bersten voll;

5 reif sind die Beeren, die blauen und roten,
saftig sind Rüben und Bohnen und Schoten.

So habe ich ziemlich wenig zu tun,
darf nun ein bisschen im Schatten ruhn.

Duftender Lindenbaum,
10 rausche den Sommertraum!

Seht ihr die Wolke? Fühlt ihr die Schwüle?
Bald bringt Gewitter Regen und Kühle.

August Heinrich von Fallersleben

Regen, Regen!

Regen, Regen!
Himmelssegen!
Bring uns Kühle, lösch den Staub
Und erquicke¹ Halm und Laub!

5 Regen, Regen!
Himmelssegen!
Labe² meine Blümelein,
Lass sie blühn im Sonnenschein!

Regen, Regen!
10 Himmelssegen!
Nimm dich auch des Bächleins an,
Dass es wieder rauschen kann!

---

1 erquicken: erfreuen
2 laben: stärken

Jürg Schubiger
Postkarte

Ich schicke dir ein Herbstgedicht
von überreifen Birnen.
Um Äpfel, Pflaumen geht es nicht:

Dies ist ein reines Birngedicht,
so tief im Laub und gelb im Licht,
so schwer, dass hier die Zeile
bricht.

Joachim Ringelnatz
Herbst

Der Herbst schert³ hurtig Berg und Tal
Mit kalter Schere ratzekahl.
Der Vogel reist nach warmer Ferne;
Wir alle folgten ihm so gerne.

Das Laub ist gelb und welk geworden,
Grün blieb nur Fichte noch und Tann'.
Huhu! Schon meldet sich im Norden
Der Winter mit dem Weihnachtsmann.

---

3 scheren: abrasieren

Heinz Erhardt
Überlistet

Wenn Blätter von den Bäumen stürzen,
die Tage täglich sich verkürzen,
wenn Amsel, Drossel, Fink und Meisen
die Koffer packen und verreisen,
5 wenn all die Maden, Motten, Mücken,
die wir versäumten zu zerdrücken,
von selber sterben – so glaubt mir:
Es steht der Winter vor der Tür!

Ich lass ihn stehn!
10 Ich spiel ihm einen Possen⁴!
Ich hab die Tür verriegelt
und gut abgeschlossen!
Er kann nicht rein!
Ich hab ihn angeschmiert!
15 Nun steht der Winter vor der Tür – – –
und friert!

---

4 Possen spielen: einen Streich spielen

Jürg Schubiger
Schnee

Der Schnee fällt leicht und licht,
als fiele er gar nicht,
aufs grüne, graue Gras,
tut weiter nichts als das.

Er fällt mir ins Gesicht,
er fällt und sieht mich nicht.
Er ist aus leisem Glas,
und weiter nichts als das.

8 Entdecken, erforschen, erfinden –
Mit Sachtexten und Grafiken umgehen

1 Betrachtet das Foto.
  a Was fällt euch spontan dazu ein?
  b Beschreibt genau, was ihr seht.

2 Habt ihr schon einmal selbst etwas erforscht oder erfunden? Berichtet davon.

3 Stellt euch vor, ihr könntet eine der Personen auf dem Foto befragen. Was würdet ihr fragen?

In diesem Kapitel …

- lest ihr Texte über bekannte Entdeckungen, Forschungsreisen und Erfindungen,
- erschließt ihr Sachtexte und Grafiken,
- wertet ihr Informationen aus,
- präsentiert ihr eure Ergebnisse.

A *Jugend forscht* ist der bekannteste Wettbewerb für Nachwuchsforscherinnen und -forscher in Deutschland.

B George de Mistral erfand den Klettverschluss. Er hat sich die Funktionsweise von der Natur abgeschaut, nämlich von der Klette.

C Das erste Automobil mit Verbrennungsmotor wurde von Carl Benz gebaut.
1888 unternahm seine Frau Bertha mit ihren Söhnen heimlich die erste Autofahrt.

D Amelia Earhart wollte 1937 als erste Frau allein mit dem Flugzeug die Welt umrunden. Sie verschwand auf dieser Reise spurlos.

1 **a** Betrachtet die Bilder.
b Beschreibt die Bilder. Was könnt ihr darauf erkennen?
Bild … zeigt einen/eine/ein …, der/die/das …

das Forschungsschiff • der Astronaut • vor einem Flugzeug • auf dem Mond • der Klettverschluss • der Roboter • die Forscherin • das Automobil

2 **a** Lest die Texte A–F vor.
b Ordnet die Texte den Bildern zu und begründet:
Text A gehört vermutlich zu Bild …, denn …
In Text B geht es um … Deshalb kann man dem Text Bild … zuordnen.

E 1969 gelang der Crew von Apollo 11 die erste Landung auf dem Mond.

F Das Forschungsschiff „Polarstern" unternimmt regelmäßig Forschungsreisen in die kältesten Regionen der Erde, z. B. in die Arktis und in die Antarktis.

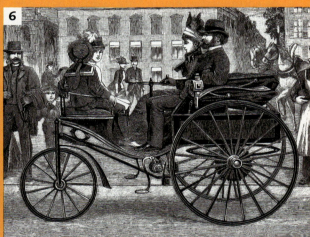

3 Findet die nebenstehenden Wörter in den Texten A–F und erklärt ihre Bedeutung. Wie kann man die Bedeutung herausfinden, wenn man sie nicht kennt?

der Nachwuchs • die Klette • die Crew • der Verbrennungsmotor • die Region • spurlos

4 a Was wisst ihr über die abgebildeten Ereignisse und Erfindungen? Welche Namen habt ihr schon einmal gehört? Erzählt davon.
b Wo könnt ihr euch darüber informieren? Sammelt Vorschläge.

5 Welche Entdeckungen oder Erfindungen kennt ihr noch? Berichtet davon.

➕ 6 Welche Entdeckung oder Erfindung findet ihr besonders interessant? Beschreibt sie.

8.1 Entdecken und erforschen – Sachtexte und Grafiken erschließen

Einen Sachtext lesen und verstehen

Vor dem Lesen

 1 a Betrachtet die Bilder zum Text und lest die Überschrift. Besprecht zu zweit:
– Worum könnte es in diesem Text gehen?
– Was wisst ihr bereits über das Thema?
b Welche Fragen habt ihr zu dem Thema? Notiert sie.

Beim Lesen

2 a Überfliegt den Text und verschafft euch einen Überblick über den Inhalt.
b Formuliert in einem Satz, worum es in dem Text geht.

Birgit Schlepütz
Abenteuer Fortschritt

Der chinesische Seefahrer Zheng He und seine Flotte, 1407

Johannes Gutenberg erfand den Buchdruck, ca. 1450

1 Immer schon waren die Menschen neugierig. Sie wollten Neues entdecken, forschen oder selbst erfinderisch werden. Diese Lust am Wissen regte sie zu Ideen und Leistungen
5 an, die unser aller Leben verändert haben. Manchmal brauchten sie Jahre oder Jahrzehnte, bis sie neue Wege entdeckten, Naturrätsel knackten oder in Forschungslaboren erfolgreich waren. Manchmal half
10 ihnen auch der Zufall. Bis heute ist die Neugier der Menschen grenzenlos geblieben. Das zeigen auch die vielen jungen Forschenden, die mit kreativem Erfindergeist unsere Zukunft gestalten wollen.

2 Die Reisen früher Entdecker erweiterten 15 unser Wissen über die Welt. Sie waren voller Gefahren und dauerten oft Jahre. Doch von jeder dieser Reisen lernten die Menschen Neues über fremde Länder, unbekannte Kulturen oder die Natur: Zheng He zum Beispiel 20 erkundete von China aus den Indischen Ozean. Alexander von Humboldt unternahm Forschungsreisen in die Regenwälder Südamerikas. Roald Amundsen erreichte als ers-

25 ter Mensch den Südpol. 1969 betrat schließlich Neil Armstrong als erster Mensch den Mond. Auf der Erde sind die „unentdeckten Flecken" mittlerweile seltener geworden. Das Weltall aber bleibt sicher noch lange
30 ein Ziel für Reisen ins Unbekannte.

3 Erfindungen haben unseren Alltag grundlegend verändert. Die früheste Erfindung, die bislang bekannt ist, ist der Faustkeil. Er gilt als das erste vom Menschen erschaffene
35 Werkzeug. Seitdem haben die Menschen immer wieder bewiesen, wie viel Kreativität in ihnen steckt: Sie erfanden das Rad und den Motor, die Glühbirne und den Computer. Seit der Erfindung der Schrift können wir
40 Wissen und Ideen festhalten. Seit es den Buchdruck gibt, können wir beides in großen Mengen vervielfältigen. Und seit der Erfindung des Internets kennt auch unsere Kommunikation keine Grenzen mehr. Viele Erfindungen entstanden durch gezielte Forschung
45 und Experimente. Andere entstanden zufällig, wie etwa das Penizillin, mit dem wir Infektionen bekämpfen.

4 Nach wie vor begeistern sich junge Talente auf der ganzen Welt für das Entdecken,
50 Erforschen und Erfinden. In Deutschland bieten Wettbewerbe wie „Jugend forscht" ihnen die Chance, ihre Projekte vorzustellen und neue Ideen zu entwickeln. Ihre Neugier und Kreativität setzen sie zum Beispiel dafür
55 ein, dass wir weltweit gesünder und nachhaltiger leben können. Als „Forschende von morgen" tragen sie dadurch dazu bei, die Zukunft und unser globales Zusammenleben zu gestalten.
60

3 Besprecht nach dem Überfliegen des Textes mit einer Partnerin oder einem Partner:
– Waren eure Vermutungen über den Inhalt richtig?
– Was habt ihr bereits verstanden?

4 a Lest den Text noch einmal gründlich Absatz für Absatz.
Notiert dabei die Wörter untereinander, die ihr nicht versteht.

b Stellt euch gegenseitig die Wörter vor, die ihr nicht verstanden habt.
Überlegt gemeinsam: Wie könnt ihr vorgehen, um die Bedeutung herauszufinden?

5 Es gibt verschiedene Strategien, wie man die Bedeutung von Wörtern herausfinden kann.
a Lest die Aussagen A–C. Welche Strategie hilft bei welchem Wort aus dem Kasten?
A Wenn ich ein Wort nicht kenne, lese ich den Satz noch einmal ohne das Wort.
Wenn ich den Satz trotzdem verstehe, muss ich nicht über das Wort nachdenken.
B Wenn ich ein Wort nicht verstehe, dann prüfe ich:
Wird das Wort an einer Stelle im Text erklärt?
C Bei unbekannten Wörtern suche ich nach Wortteilen, die ich kenne.
Ich leite die Bedeutung davon ab.

> kreativ (Z. 13) • der Erfindergeist (Z. 13) • grundlegend (Z. 31–32) •
> vervielfältigen (Z. 42) • die Infektion (Z. 47–48) • global (Z. 59)

b Klärt gemeinsam die Bedeutung der unbekannten Wörter von Aufgabe 4 und schreibt sie auf.
Wenn die drei Strategien nicht helfen, sucht das Wort in einem Lexikon oder im Internet.

6 In den Absätzen 1 und 2 sind wichtige Textstellen markiert.
Diese Wörter zeigen, worum es in dem Absatz geht.

a Lest die beiden Absätze noch einmal still.

b Lest die markierten Stellen vor und erklärt euch abwechselnd, was ihr dazu erfahren habt.

7 a Lest die Absätze 3 und 4 gründlich und notiert Wörter und Textstellen,
die für den Textinhalt wichtig sind.

b Vergleicht: Habt ihr dasselbe aufgeschrieben?

c Erklärt euch gegenseitig, was ihr im Text zu diesen Wörtern und Textstellen erfahrt.

8 Formuliert zu jedem Absatz eine Zwischenüberschrift. Wählt a, b oder c.

a Ordnet den Absätzen die folgenden **Stichworte** als Zwischenüberschriften zu.

> Erfindungen für den Alltag • Grenzenlose Neugier •
> Forschende von morgen • Reisen ins Unbekannte

b Formuliert zu jedem Absatz einen **Satz** als Zwischenüberschrift, z. B.:
1. Absatz (Z.1–14): Die Neugier der Menschen ist grenzenlos.

c Formuliert zu jedem Absatz eine **Frage** als Zwischenüberschrift, z. B.:
1. Absatz (Z.1–14): Wohin führt die Neugier der Menschen?

d Stellt euch gegenseitig eure Zwischenüberschriften vor und vergleicht:
Drücken sie jeweils denselben Inhalt aus?

Nach dem Lesen

9 Worum geht es in dem Text? Fasst die Absätze abwechselnd mündlich zusammen, z. B.:
Im 1. Absatz geht es darum, dass Menschen schon immer …
Der 2. Absatz informiert über …
Im 3. Absatz werden … vorgestellt.
Im 4. Absatz erfährt man etwas über …

10 Überprüft, welche eurer W-Fragen aus Aufgabe 1b der Text beantwortet. Audio

a Lest dafür den Text noch einmal.

b Beantwortet die W-Fragen in ganzen Sätzen in eurem Heft.

c Recherchiert im Internet die Antworten zu den Fragen, die offengeblieben sind.

▶ **Methode: Informationen recherchieren: S. 151**

11 Formuliert vier richtige Aussagen zum Text.

> Der Text ist ein Sachtext, denn …
> **A** er ist sehr spannend / sachlich geschrieben.
> **B** er enthält interessante Informationen / einen spannenden Höhepunkt / ein gutes Ende.
> **C** er hat das Ziel, die Leserinnen und Leser zu unterhalten / über etwas zu informieren.
> **D** er stammt vermutlich aus einem Onlinelexikon / aus einem Sachbuch über Entdeckungen.

Einen Sachtext lesen und verstehen

Sachtexte informieren über etwas.
Die folgenden fünf Schritte helfen euch, Sachtexte zu verstehen.

Vor dem Lesen

Betrachtet die **Bilder** zum Text und lest die **Überschrift.**
Überlegt:
– Worum könnte es in diesem Text gehen?
– Was wisst ihr bereits über das Thema?
– Welche Fragen habt ihr zu diesem Thema?

Sich einen Überblick
über den Textverschaffen

Beim Lesen

Überfliegt den Text und verschafft euch einen **Überblick**
über den **Inhalt.**
Überlegt:
– Waren eure Vermutungen richtig?
– Was habt ihr bereits verstanden?
– Was hat euch überrascht?

Lest den Text noch einmal **gründlich Absatz für Absatz.**
– Markiert oder notiert **Textstellen,**
die besonders **wichtig** sind.
– Unterstreicht oder notiert **Wörter, die ihr nicht versteht.**
Denkt über ihre mögliche Bedeutung nach oder
schlagt sie nach.

Den Text genau lesen und verstehen

Formuliert zu jedem Absatz eine **Zwischenüberschrift.**
Überlegt:
– Welche Informationen sind wichtig?
– Was habt ihr Neues erfahren?

Nach dem Lesen

Gibt es **Aufgaben zum Text?** Dann bearbeitet sie nun:
– Beantwortet Fragen zum Text.
– Fasst den Inhalt mit eigenen Worten zusammen.
– Erstellt einen Stichwortzettel.
– **Lest** noch einmal **nach,** wenn ihr euch nicht sicher seid.

Mit dem Inhalt des
Textes arbeiten

Einen Sachtext zusammenfassen

Alexander von Humboldt

Schon zu Lebzeiten galt Alexander von Humboldt als einer der bekanntesten Menschen der Welt. Und auch heute ist
5 sein Name noch weltberühmt. Auf seinen Forschungsreisen durch Mittel- und Südamerika sowie Russland erkundete er die unterschiedlichsten Aspekte der Natur. Denn für ihn war
10 klar: Alles hängt mit allem zusammen.

Alexander und sein zwei Jahre älterer Bruder Wilhelm kamen aus einer wohlhabenden
15 adligen Familie. Die beiden wuchsen auf einem Schloss in Berlin auf und ihre Eltern ermöglichten ihnen eine sehr gute Ausbildung. Während Wilhelm sich eher für Sprachen interessierte, zogen Alexander die Naturwis-
20 senschaften an. […]
Alexanders unendliche Neugier und sein Forscherdrang ließen ihn keine Ruhe finden. Als er dann von seiner Mutter viel Geld erbte, kündigte er kurzerhand seine Arbeit und
25 erfüllte sich seinen größten Traum: eine Forschungsreise in ferne Länder.
1799 begann Humboldts Reise, die fünf Jahre dauern sollte. Begleitet wurde er von dem ebenfalls pflanzenbegeisterten Natur-
30 forscher Aimé Bonpland. Ihr Ziel: Mittel- und Südamerika. In den Jahren zuvor hatte Humboldt sich bereits intensiv vorbereitet. Nun bereiste er die Gebiete der heutigen Länder Venezuela, Kolumbien, Ecuador,
35 Peru, Kuba und Mexiko. In seinem Gepäck befanden sich die damals neuesten wissenschaftlichen Geräte. Gemeinsam mit seinem Begleiter erkundete Humboldt den Regenwald und traf dort auf exotische Tiere wie

40 Flussdelfine, Schlangen und Jaguare. Er erforschte Flüsse wie den Amazonas und den Orinoko, zeichnete Landkarten und nahm Messungen an
45 dem später nach ihm benannten Humboldtstrom vor. Das ist eine Meeresströmung, die sich von der Antarktis entlang der Westküste Amerikas zieht
50 und kaltes Wasser mit sich bringt.
Bei seinen Unternehmungen scheute Humboldt kein Risiko: Er wurde von Krokodilen gebissen und trank das Nervengift von Pfeil-
55 giftfröschen, um zu beweisen, dass es nur über das Blut wirkt. Außerdem bestieg er den Chimborazo – einen über 6000 Meter hohen Vulkan in Ecuador, der damals als höchster Berg der Welt galt. Das tat er ganz
60 ohne Bergsteigerausrüstung, nur in seiner normalen Alltagskleidung. Und natürlich sammelte er überall Pflanzen, Tiere, Steine und andere Dinge aus der Natur.
Nach seiner Rückkehr begann er mit der Auswertung seiner Erkenntnisse, verfasste
65 Bücher darüber und tauschte sich mit anderen Forschenden aus. Im Alter von 60 Jahren machte er sich noch einmal auf, um mit der Pferdekutsche Russland zu erkunden.
Humboldts unermüdliche Forschungen
70 brachten ihn zu der Erkenntnis, dass in der Natur alles zusammenhängt. So beeinflusst das Klima das Wachstum der Pflanzen und der Mensch wiederum verändert durch sein Handeln die Umwelt. Deshalb gilt er als
75 Begründer der Ökologie, also der Lehre von der Beziehung zwischen Lebewesen und ihrer Umwelt. *

1 a Erschließt den Text über den Naturforscher Alexander von Humboldt.

b Erklärt euch gegenseitig, was ihr über Alexander von Humboldt erfahren habt.

▶ Methode: Einen Sachtext lesen und verstehen: S. 143

2 a Findet die sieben Absätze im Text.

Notiert zu jedem Absatz die Zeilenangabe untereinander:

1. Absatz (Z.1–12).

b Formuliert zu jedem Absatz eine Zwischenüberschrift als Stichwort, als Satz oder als Frage.

3 Nach dem Lesen arbeitet ihr mit dem Inhalt des Textes. Fasst die wichtigsten Informationen auf einem Stichwortzettel zusammen. Wählt a, b oder c.

a **Ergänzt** den folgenden Stichwortzettel in eurem Heft. Schreibt keine ganzen Sätze auf.

(Z.1–12) Ein weltberühmter Forscher	(Z.13–20) Alexander von Humboldts Kindheit
– schon zu Lebzeiten …	– …
– Forschungsreisen nach …	
– erkundete …	

b **Erstellt** einen Stichwortzettel. Ergänzt dazu die folgenden Stichworte und notiert auch passende Zwischenüberschriften.

– Alexander von Humboldt, bekannt, Forschungsreisen …

– wohlhabende Familie, Interesse an …

– …

c **Fasst** die Textabschnitte auf einem Stichwortzettel **zusammen**. Ergänzt passende Zwischenüberschriften.

d Stellt euch mit Hilfe eurer Stichwortzettel abwechselnd Fragen zum Text und beantwortet sie.

4 Recherchiert weitere Informationen über Alexander von Humboldt und informiert euch gegenseitig.

Methode ❯❯ **Einen Sachtext in Stichworten zusammenfassen**

1. Absätze finden

– Absätze unterteilen einen Text in Sinneinheiten.
Findet die Absätze im Text und notiert zu jedem Absatz die Zeilenangaben untereinander.

2. Zwischenüberschriften formulieren

– Lest jeden Absatz gründlich und überlegt:
Was erfährt man in diesem Absatz? Welche Frage wird hier beantwortet?

– Notiert jeweils eine Zwischenüberschrift als Stichwort, als Satz oder als Frage.

3. Den Text mit eigenen Worten zusammenfassen

– Schreibt zu jedem Absatz einige Stichworte auf. Gebt die wichtigsten Informationen mit eigenen Worten wieder. Schreibt keine ganzen Sätze auf.

Einen Zeitungsbericht untersuchen

1 **a** Betrachtet das Bild und lest die Überschrift.

   b Formuliert Vermutungen: Worum könnte es in dem Zeitungsbericht gehen?

2 Lest den Text genau und überprüft eure Vermutungen. Was habt ihr erfahren?

Weingartener Schülerinnen und Schüler funken erneut zu Astro-Alex ins All

„Ein einmaliges Erlebnis", so dachten die Realschule und das Gymnasium Weingarten
im Oktober, als der Minikontakt mit Alexander Gerst[1] zustande kam. […] Der Kontakt
5 brach damals nach nur wenigen Minuten
ab. Unerwartet bekamen Realschule und
Gymnasium nun eine zweite Chance.
Das ist etwas äußerst Ungewöhnliches, ein
echtes Adventsgeschenk, heißt es seitens der
10 Schulen in einer Mitteilung. Und so trafen
sich interessierte Schülerinnen und Schüler in
der Turnhalle, um den zweiten Versuch zu
erleben. […]
Die Funkamateure waren optimistisch: Ein
15 Winkel von 72° und eine Distanz zwischen
2 000 und 400 Kilometern boten optimale
Bedingungen. Und dann hörten die Anwe-
senden Alexander Gerst klar und deutlich.
„Hallo Heilbronn! Hallo Weingarten! Ich
20 freue mich, dass es dieses Mal geklappt
hat!"
Abwechselnd mit Heilbronn stellten die
Weingartener Schülerinnen und Schüler ihre
Fragen, unter anderem: „Wie bewegt man
25 sich in der Schwerelosigkeit?", „Wie wurde
das Leck an der ISS entdeckt?", „Wie gefährlich ist Weltraumschrott für die ISS?", „Kann
man von der ISS aus die Folgen der Umwelt-
verschmutzung sehen?" und natürlich: „Sieht
30 man von der ISS aus den Bodensee oder sogar Weingarten?" Alexander Gerst freute
sich sichtlich über die Fragen und antwortete ausführlich und so, dass sogar die jüngsten

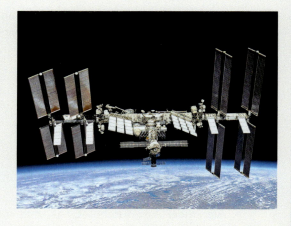

Schülerinnen und Schüler etwas verstehen
konnten. 35
Und ja, er kann den Bodensee klar erkennen,
und auch Weingarten hat er schon mal entdeckt. 16 Fragen konnten gestellt werden –
eine sensationelle Zahl, normale Funkkon-
takte schaffen in der Regel acht Fragen. Ein 40
riesiger Erfolg, fand man seitens der Schulen.
Realschule und Gymnasium Weingarten
hatten einen idealen Funkkorridor erwischt,
der nicht nur ungewöhnlich lang, sondern 45
auch glasklar zu verstehen war. […] Von den
Zuschauern gab es Standing Ovations für
dieses unvergessliche Erlebnis. Ein Jahr
Vorbereitungsarbeit habe sich „so gelohnt",
bemerkte Matthias Metzler danach zufrie- 50
den.*

---

1 Alexander Gerst gehörte 2014 und 2018 zum
    Forschungsteam der Internationalen Raumstation ISS.

3 Untersucht den Inhalt des Berichts.
Wählt a, b oder c.

a **Übertragt** die folgende **Übersicht** und ergänzt stichwortartig die wichtigen Informationen.

> „Weingartener Schülerinnen und Schüler funken erneut zu Astro-Alex ins All"
>
> Was?   Funkkontakt mit der ISS
> Wann?   Adventszeit
> Wo?   Turnhalle der ...
> Wer?   ...
> Wie lief es ab? – Schülerinnen und Schüler trafen sich in der Turnhalle
>   – Funkkontakt mit ...
>   – ...

b **Notiert** in Stichworten **Antworten** auf die W-Fragen, z. B.:
– Wann fand der Funkkontakt mit Alexander Gerst auf
   der ISS statt? Der Funkkontakt fand ... statt.

c **Stellt W-Fragen** zum Inhalt des Berichts und beantwortet
sie stichwortartig.

d Stellt euch gegenseitig eure Ergebnisse vor.

> **W-Fragen:**
> - **Was** fand statt?
> - **Wann** fand es statt?
> - **Wo** fand es statt?
> - **Wer** war dabei?
> - **Wie** lief es ab?

4 Untersucht die Sprache des Berichts.

a Welche Zeitform wurde verwendet? Prüft die Verben und formuliert eine Aussage.

b Prüft die Aussagen A–D. Welche treffen zu?

A Der Bericht will die Lesenden überzeugen, an so einer Veranstaltung teilzunehmen.

B Der Bericht gibt kurz und knapp nur die wichtigsten Informationen zum Funkkontakt
mit Alexander Gerst wieder.

C Im Bericht werden Gedanken und Gefühle der einzelnen Teilnehmenden beschrieben.

D Der Bericht informiert sachlich (ohne Umgangssprache) über den Ablauf des Funkkontakts.

5 Wie würde ein/-e Teilnehmende/-r von dem Funkkontakt erzählen? Schreibt fünf Sätze auf, z. B.:
Gestern haben wir uns in der Turnhalle getroffen, um ...

> **Information** **Der Zeitungsbericht**
>
> - Der Zeitungsbericht ist ein **kurzer Sachtext,** der über ein Ereignis **informiert.**
> - Zeitungsberichte beantworten meistens die **W-Fragen:**
>   Was? Wann? Wo? Wer? Warum? Wie?
> - Zeitungsberichte werden **sachlich** geschrieben.
>   Sie sollen aber auch das **Interesse der Leserinnen und Leser** wecken.
>   Deshalb können sie Aussagen von beteiligten Personen (auch wörtliche Rede)
>   oder Bewertungen enthalten.
> - Meistens stehen Zeitungsberichte im **Präteritum.**

Grafiken auswerten

Eine Karte lesen und verstehen

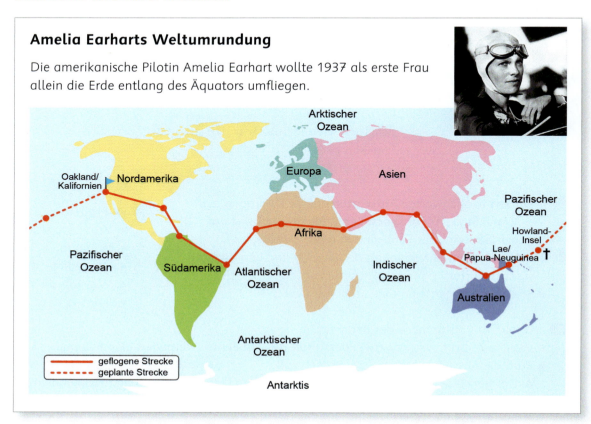

1 Betrachtet die Karte.
 a Lest die Überschrift und schreibt auf, worüber die Karte informiert.
 b Lest alle Angaben / die Legende und überlegt:
   – Was bedeutet die rote Linie? Was bedeutet die gestrichelte Linie?
   – Wo startete Amelia Earhart? Wo endete ihr Flug?

2 Untersucht die Informationen der Karte genauer. Wählt a, b oder c.
 a Richtig oder falsch? **Prüft** die Aussagen A–E und schreibt die richtigen ab.
   A Amelia Earhart startete in Oakland.
   B Amelia Earharts Weltumrundung führte sie auch nach Europa.
   C Amelia Earharts Flug führte von Australien nach Indien und Afrika
     und dann nach Südamerika.
   D Von Lae aus wollte Amelia Earhart über den Pazifischen Ozean nach Oakland zurückkehren.
   E Amelia Earharts Flugzeug verschwand in der Nähe der Howland-Insel spurlos.
 b Notiert **wichtige Stationen** von Amelia Earhart während ihrer Weltumrundung.
 c Notiert **vier Aussagen**, die ihr der Karte entnehmen könnt.
 d Stellt euch eure Aussagen gegenseitig vor.

Ein Diagramm auswerten

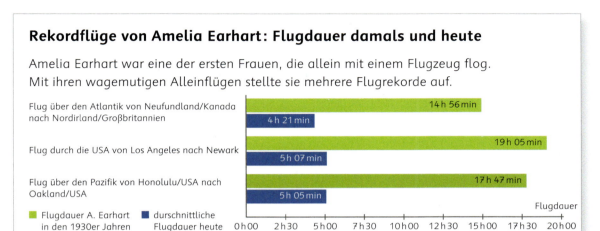

Rekordflüge von Amelia Earhart: Flugdauer damals und heute

Amelia Earhart war eine der ersten Frauen, die allein mit einem Flugzeug flog.
Mit ihren wagemutigen Alleinflügen stellte sie mehrere Flugrekorde auf.

Flug über den Atlantik von Neufundland/Kanada nach Nordirland/Großbritannien — 14 h 56 min / 4 h 21 min

Flug durch die USA von Los Angeles nach Newark — 19 h 05 min / 5 h 07 min

Flug über den Pazifik von Honolulu/USA nach Oakland/USA — 17 h 47 min / 5 h 05 min

Flugdauer A. Earhart in den 1930er Jahren / durchschnittliche Flugdauer heute

Flugdauer: 0 h 00, 2 h 30, 5 h 00, 7 h 30, 10 h 00, 12 h 30, 15 h 00, 17 h 30, 20 h 00

1 Untersucht das Balkendiagramm und beantwortet die Fragen:
- Worüber informiert das Diagramm?
- Was zeigen die grünen und die blauen Balken?
- Wofür stehen die Einheiten h und min?

2 a Untersucht die Angaben genauer:
- Welche Flugstrecken ist Amelia Earhart geflogen?
- Wie lange dauerten diese drei Flüge bei Amelia Earhart?
- Wie lange dauern diese Flüge heute durchschnittlich?
- Welche Unterschiede gibt es zwischen heute und damals?

b Wertet die Ergebnisse aus: Welche Ergebnisse haben euch überrascht?

3 Gebt den Inhalt der Grafik mit eigenen Worten wieder. Ergänzt dazu die folgenden Sätze.
Das Diagramm stellt … dar. Es gibt an, wie lange … Amelia Earhart flog als erste Frau allein über den Atlantik von … nach … Dieser Flug dauerte … Der längste Alleinflug von Amelia Earhart ging von … nach … und dauerte … Heute benötigt man für die Strecke … Insgesamt überrascht (nicht), dass …

Methode ▶ **Grafiken auswerten** ▶ Video

Grafiken stellen Informationen **bildlich** und **übersichtlich** dar.
Sie können zum Beispiel **Karten** oder **Diagramme** sein.
- In Diagrammen kann man **Zahlen** oft gut miteinander vergleichen.
- So könnt ihr bei der Auswertung von Diagrammen vorgehen:
  - Lest die **Überschrift.** Worüber informiert das Diagramm?
  - Lest alle **Angaben:** Wofür stehen die **Säulen, Balken, Farben** oder **Zahlen?**
  - Prüft die Einheit: Worauf beziehen sich die Zahlen, z. B. auf Personen, Stunden?
    Vergleicht die **Werte:** Welcher Wert ist **am höchsten,** welcher **am niedrigsten?**

Sachtexte erschließen

1 Wie kann man vorgehen, wenn man einen Sachtext gut verstehen möchte?
Schreibt die folgenden Schritte in einer sinnvollen Reihenfolge auf.
Tipp: In der richtigen Reihenfolge ergeben die Buchstaben rückwärtsgelesen ein Lösungswort.

> **O** wichtige Wörter und Textstellen markieren oder notieren und unbekannte Wörter klären
> **R** den Text überfliegen und sich einen Überblick über den Inhalt verschaffen
> **A** Fragen zum Thema notieren
> **R** Zwischenüberschriften zu den Absätzen notieren
> **P** die Aufgaben zum Text bearbeiten
> **M** überlegen, worum es in dem Text gehen könnte und was man schon darüber weiß
> **G** den Text gründlich Absatz für Absatz lesen
> **M** die Bilder zum Text betrachten und die Überschrift lesen

A **Was ist ein Patent?**

Durch ein Patent können Erfinderinnen und Erfinder ihre Ideen vor Imitation, also vor Nachahmung, schützen.
Ein Patent ist eine offizielle Urkunde,
5 die einer Person oder einer Firma das alleinige Recht gibt, eine Erfindung zu nutzen, herzustellen und zu verkaufen. Patente sind eine Anerkennung für kreative Leistungen und Forschung. Sie
10 ermutigen Erfinderinnen und Erfinder, neue Produkte und Technologien zu entwickeln, die dann der Gesellschaft zugutekommen.

B **Was ist ein Patent?**

Durch ein Patent können Erfinderinnen und Erfinder ihre Ideen vor Imitation, also vor Nachahmung, schützen.
Ein Patent ist eine offizielle Urkunde,
5 die einer Person oder einer Firma das alleinige Recht gibt, eine Erfindung zu nutzen, herzustellen und zu verkaufen. Patente sind eine Anerkennung für kreative Leistungen und Forschung. Sie
10 ermutigen Erfinderinnen und Erfinder, neue Produkte und Technologien zu entwickeln, die dann der Gesellschaft zugutekommen.

2 Prüft die Markierungen in den Texten A und B.
Welche helfen besser, den Textinhalt zu überblicken?

3 a Wie könnt ihr die Bedeutung der unterstrichenen Wörter in Text A am besten klären?
Ordnet sie den folgenden drei Strategien zu:
1 prüfen, ob man den Satz auch ohne das Wort versteht,
2 prüfen, ob das Wort an einer Stelle im Text erklärt wird,
3 nach bekannten Wortteilen suchen.
b Vergleicht eure Ergebnisse mit einer Partnerin oder einem Partner.

8.2 Erforschen und erfinden – Informationen recherchieren und präsentieren

Ideen sammeln und Informationen recherchieren

1 Was sind für euch „geniale Erfindungen"?
Erstellt gemeinsam eine Liste.

die Schreibmaschine

2 a Bildet Gruppen, um eine Plakatpräsentation vorzubereiten.
  b Entscheidet euch für eine Erfindung, die euch interessiert, z. B.:
Wir wählen die Schreibmaschine, weil wir so eine Schreibmaschine
neulich im Museum ausprobiert haben.

das WLAN

3 Notiert Fragen, die ihr mit eurer Plakatpräsentation beantworten
wollt, z. B.:
– Wer hat die Schreibmaschine erfunden?
– Wofür hat man sie verwendet?
– Wie funktionierte sie?
– Was verwendet man heute anstatt der Schreibmaschine?

die Post-its

4 a Sucht in Sachbüchern, in Zeitschriften oder im Internet
nach Informationen zu den Fragen.
  b Beachtet das Urheberrecht. ▶ **Urheberrecht, S. 171**
Notiert zu den gefundenen Texten, Bildern und Grafiken,
aus welchem Buch, aus welcher Zeitschrift oder von welcher
Internetseite sie stammen.

das Fahrrad

5 Welche Vorteile und welche Nachteile hat die Recherche im Internet
im Vergleich zu Sachbüchern? Formuliert eine kurze Aussage dazu.

Methode 〉〉 **Informationen recherchieren**

1. Bücher und Medien in einer Bücherei suchen
– Sucht in der Bücherei im Onlinekatalog und in den Regalen nach Büchern
(Lexika, Sach- oder Fachbücher) und anderen Medien.

2. Im Internet recherchieren
– Verwendet Suchmaschinen, wenn ihr im Internet nach Informationen sucht.
– Gebt eindeutige Suchbegriffe in das Suchfeld ein.
– Prüft eure Suchergebnisse und ruft nur passende Internetseiten auf.

3. Quellen angeben
– Beachtet das Urheberrecht und gebt eure Quellen an.
– Notiert zu allen Materialien die Quellen für die genutzten Informationen oder Bilder,
z. B.: *www.einfach-genial.example.com*.

Die Informationen auswerten und ordnen

1 **a** Lest eure gefundenen Texte und verschafft euch einen Überblick.
Orientiert euch dabei immer an euren Fragen von Seite 151.

b Markiert in den Texten die Informationen, die für euer Thema wichtig sind.

c Notiert wichtige Informationen stichwortartig.

▶ **Methode: Einen Sachtext lesen und verstehen: S. 143**

2 Prüft die Informationen, die ihr notiert habt.
Streicht und ergänzt:
  – Welche Informationen wiederholen sich?
  – Welche Informationen sind unwichtig oder gehören nicht zum Thema?
  – Welche Informationen fehlen noch?

3 Ordnet die Informationen in einer Mindmap.

▶ **Methode: Mit einer Mindmap Informationen ordnen: S. 153**

4 Bereitet Karteikarten für die Plakatpräsentation vor:

a Legt zu jedem Oberbegriff (Unterthema) oder zu jeder Frage eine Karteikarte an.

b Übertragt die Informationen aus der Mindmap in Stichworten auf die jeweilige Karteikarte.

1 **Erfinder:**
Wer hat die Schreibmaschine erfunden?
– erstes Patent: Henry Mill

2 **Funktion:**
Wofür hat man sie verwendet?
– zum Schreiben von Briefen und Texten
– besser lesbar als Handschrift

c Ordnet die Karteikarten in einer sinnvollen Reihenfolge und nummeriert sie.

5 Überlegt euch eine Einleitung, die das Interesse eurer Zuhörerinnen und Zuhörer weckt, z. B.:
  – Wisst ihr, was auf diesem Bild zu sehen ist? Das ist …
  – Ich möchte euch heute etwas über … erzählen.

Methode ▶▶ **Informationen für eine Präsentation auswerten und ordnen**

■ Bestimmt das **Thema** für eure Kurzpräsentation. Warum interessiert es euch?

■ Notiert **Fragen zu dem Thema,** die ihr in eurer Kurzpräsentation beantworten wollt.
Überlegt:
  – Welche Informationen gehören zu dem Thema?
  – Was interessiert eure Zuhörerinnen und Zuhörer vermutlich an dem Thema?

■ **Recherchiert** nach **Informationen** zu den Fragen im Internet. Notiert sie stichwortartig.

■ **Ordnet** die **Informationen,** zum Beispiel in einer Mindmap.

Mit einer Mindmap Informationen ordnen

Die Mindmap hilft euch, Ideen und Informationen
zu einem bestimmten Thema zu ordnen.
Sie eignet sich besonders gut für die Planung von
Texten und Vorträgen.

Das Wort *Mindmap* kommt aus der
englischen Sprache und bedeutet
„Gedanken-Landkarte".

1. Thema notieren

- Schreibt das **Thema** in die Mitte eines Blattes Papier.
- Kreist das Thema ein.

2. Unterthemen oder Fragen zum Thema aufschreiben

- Überlegt, welche **Unterthemen oder Fragen** zum Thema gehören.
- Notiert die Unterthemen oder Fragen um das Thema herum.
- Verbindet das Thema und die Unterthemen/Fragen mit Linien.

3. Informationen den Unterthemen oder Fragen zuordnen

- Notiert stichwortartig **wichtige Informationen zu jedem Unterthema** oder **zu jeder Frage.**
- Verbindet die einzelnen Informationen mit den Unterthemen oder Fragen durch **Linien.**

Tipp: Ihr könnt die Linien in unterschiedlichen Farben zeichnen. So wird die Mindmap übersichtlicher.

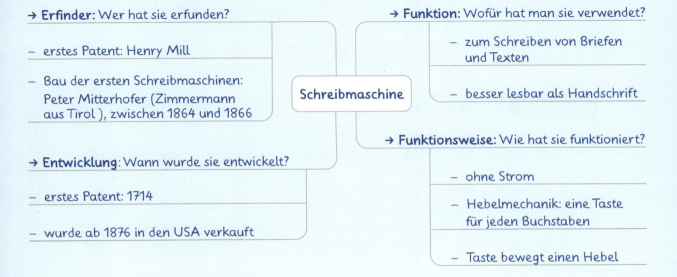

Die Informationen präsentieren

1 Gestaltet ein interessantes und anschauliches Plakat.

a Formuliert mit Hilfe eurer Mindmap zu jedem Unterthema einen kurzen Text. Schreibt gut lesbar auf kleine Blätter.

b Schneidet oder druckt Bilder oder Diagramme aus, die die Unterthemen veranschaulichen. Ihr könnt auch selbst eine Grafik erstellen.

c Ordnet die Bilder, Diagramme und Textblätter auf dem Plakat an. Lasst Platz für die Überschrift und Bildunterschriften und klebt erst am Ende alles auf.

d Notiert die Bildunterschriften unter die Bilder.

e Schreibt die Überschrift in einer auffälligen Farbe und in gut lesbarer Schrift auf das Plakat.

 2 a Übt mit einer Partnerin oder einem Partner den Vortrag.
  – Verwendet die Karteikarten von Seite 152 und formuliert dazu ganze Sätze.
  – Übt auch, wie ihr das Plakat zeigt.

b Gebt euch gegenseitig Tipps, worauf ihr achten solltet.
  Mir hat gut gefallen, dass/wie … Beim nächsten Mal solltest du …

3 Bereitet eine kleine Ausstellung im Klassenzimmer vor. Jede Gruppe stellt ihr Plakat vor, z. B. auf Stellwänden.
  – Ein Gruppenmitglied präsentiert als Expertin/Experte das Plakat und beantwortet Fragen. Beachtet dabei die Hinweise aus dem Methodenkasten unten.
  – Die anderen Gruppenmitglieder betrachten die Plakate der anderen Gruppen.

> In einem Museumsgang könnt ihr Arbeitsergebnisse vollständig oder in Teilen wie in einer Ausstellung präsentieren.

4 Gebt euch gegenseitig Rückmeldungen zu euren Präsentationen:
  Ich fand, dass das Plakat gut gegliedert war.
  Mir hat gefallen, dass ihr frei und deutlich gesprochen habt.
  Mich hätte noch interessiert, …

Methode ▶▶ **Ein Plakat präsentieren**

- Zeigt euer **Plakat** und erklärt, was man darauf sehen kann.
- Tragt möglichst **frei** vor. Schaut nur auf die Karteikarten, wenn ihr unsicher seid. Lest nicht von den Karteikarten ab.
- Haltet **Blickkontakt** zu den Zuhörerinnen und Zuhörern.
- **Sprecht laut, deutlich** und **langsam,** damit euch alle verstehen.
- Gebt den Zuhörerinnen und Zuhörern die Möglichkeit, **Fragen zu stellen.**
- **Bedankt** euch zum Schluss bei den Zuhörerinnen und Zuhörern für ihre Aufmerksamkeit.

8.3 Fit in …! – Einen Sachtext mit Grafik untersuchen

Stellt euch vor, ihr bekommt in der nächsten Klassenarbeit die folgende Aufgabe gestellt.

Aufgabe

Untersuche den Sachtext und das Diagramm. Gehe dabei so vor:

1. Formuliere zu jedem Absatz eine Zwischenüberschrift. Fasse dann den Text zusammen.
2. a Beschreibe, was das Diagramm zeigt.
   b Notiere, welche Information aus dem Text das Diagramm genauer erklärt.

65 Projekte beim Landeswettbewerb „Jugend forscht"

Das Finale des Landeswettbewerbs *Jugend forscht Baden-Württemberg* findet vom 20. bis 22. März in der Messe Freiburg statt. […] In elf Regionalwettbe-
5 werben haben sich 112 Jungforscherinnen und -forscher, die an 65 Projekten arbeiten, für das Finale des Landeswettbewerbs *Jugend forscht Baden-Württemberg* qualifiziert. […]

10 „Die Qualität der Beiträge ist beeindruckend. Die Jugendlichen machen sich getreu dem Wettbewerbsmotto ,Mach dir einen Kopf' über viele Dinge ihrer Umwelt Gedanken und präsentieren ihre
15 innovativen Ideen in sieben Fachgebieten. Ihr Erfindungsreichtum scheint dabei grenzenlos und einige beziehen bereits künstliche Intelligenz in ihre Forschung mit ein", sagt Landeswettbe-
20 werbsleiterin Dr. Marianne Rädle. […]
Der Alltag besteht manchmal aus lästigen Pflichten und zeitintensiven Routinen. Hier setzen einige Jungforschende an und nutzen künstliche Intelligenz zur
25 Optimierung: So soll die KI-gestützte Website „smART dresser" die Entscheidung für das passende Outfit erleichtern, indem sie anlassbezogen und dem Wetter angepasst die richtige Kleidung aus
30 dem Kleiderschrank vorschlägt. […]

Aber auch ökologische Fragestellungen spielen eine wichtige Rolle beim Wettbewerb: Sei es bei der Entwicklung eines lokalen Hochwasser-Warnsystems zur Vorhersage von Überschwemmungen 35 oder bei der Bestimmung der Feuersalamander-Population im Wasserburgertal im Landkreis Tuttlingen. […]
Beim Finale […] in Freiburg stellen die Jungforscherinnen und -forscher ihre 40 Projekte der Jury vor und können mit anderen Teilnehmenden und Betreuenden neue Netzwerke bilden. Am 22. März hat dann auch die Öffentlichkeit die Möglichkeit, die Arbeiten anzuschauen. 45 Bei der Projektausstellung von 11:00 bis 14:00 Uhr stehen die Jugendlichen den Besucherinnen und Besuchern Rede und Antwort. Anschließend beginnt die Feierstunde mit Siegerehrung, die den Ab- 50 schluss der Veranstaltung markiert. […]*

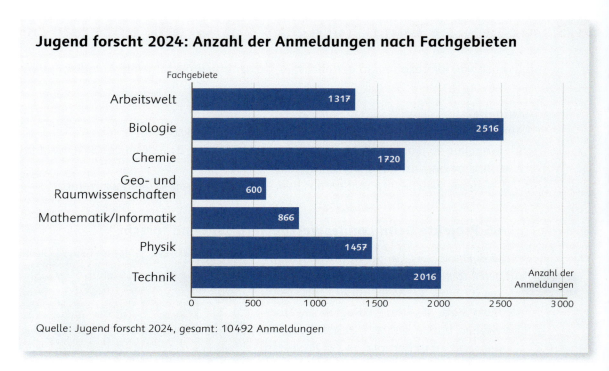

Jugend forscht 2024: Anzahl der Anmeldungen nach Fachgebieten

Fachgebiete

Fachgebiet	Anzahl der Anmeldungen
Arbeitswelt	1317
Biologie	2516
Chemie	1720
Geo- und Raumwissenschaften	600
Mathematik/Informatik	866
Physik	1457
Technik	2016

Quelle: Jugend forscht 2024, gesamt: 10492 Anmeldungen

Die Aufgaben verstehen

1 Was verlangen die beiden Aufgaben von euch?
Erklärt euch gegenseitig, wie ihr beim Bearbeiten der Aufgaben vorgeht.

Planen

2 Lest den Sachtext. Geht dabei nach der Sachtext-Lesemethode vor:
a Betrachtet die Bilder und das Diagramm zum Text und lest die Überschriften.
Überlegt: Worum könnte es in dem Text gehen?
b Überfliegt den Text und verschafft euch einen Überblick über den Inhalt.
c Lest den Text gründlich Absatz für Absatz. Notiert und klärt dabei unbekannte Wörter.

3 Notiert die Zeilenangaben zu den Absätzen 1–5 untereinander.
Formuliert zu jedem Absatz eine Zwischenüberschrift als Stichwort oder Frage, z. B.:
1. Absatz (Z.1–9): Finale von Jugend forscht …
2. Absatz (Z.10–20): Was sagt die …?

▶ **Hilfe findet ihr auf S. 158.**

4 a Vergleicht eure Zwischenüberschriften aus Aufgabe 3 mit einer Partnerin oder einem Partner.
Habt ihr ähnliche Zwischenüberschriften formuliert?
b Fragt euch gegenseitig nach unbekannten Wörtern, deren Bedeutung ihr nicht klären konntet.

5 **a** Wertet zu zweit das Diagramm aus.

Beantwortet abwechselnd folgende Fragen und macht euch Notizen:

– Worüber informiert das Diagramm?

– Wie viele Anmeldungen gab es insgesamt?

– Was zeigen die blauen Säulen?

– Vergleicht die Werte: Welcher Wert ist am höchsten?

b Prüft gemeinsam: Welche zusätzlichen Informationen zum Text liefert das Diagramm?

Schreiben

6 Fasst den Sachtext mit eigenen Worten in Stichworten zusammen.

Nutzt eure Notizen zu Aufgabe 3.

– Was: 59. Landeswettbewerb von …

– Wann und wo: …

– Motto: …

– zusammengefasst: …   ▶ **Hilfe findet ihr auf S. 158.**

7 **a** Beschreibt, welche Informationen das Diagramm enthält. Nutzt eure Notizen zu Aufgabe 5.

Das Diagramm informiert über die Anmeldezahlen bei …

Es gab insgesamt … Anmeldungen. Das Diagramm zeigt, dass …

▶ **Hilfe findet ihr auf S. 158.**

b Schreibt auf, welche zusätzliche Information zum Text man im Diagramm finden kann.

Das Diagramm erklärt genauer, wie viele …

Überarbeiten

 8 **a** Tauscht eure Stichwortzettel und überprüft sie mit Hilfe der Checkliste.

b Formuliert eine kurze Rückmeldung für eure Partnerin oder euren Partner:

Was ist gut gelungen? Was muss sie oder er noch verbessern?

– Du hast gut … / Dir ist gut gelungen, …

– Du hast vergessen, … / Verbessere … / Prüfe noch einmal …

9 Überarbeitet eure Stichwortzettel mit Hilfe der Rückmeldung eurer Partnerin oder eures Partners.

Checkliste ▶	**Einen Sachtext und ein Diagramm untersuchen**

- Habt ihr zu **jedem Absatz** eine **Überschrift** formuliert, die zu dem Inhalt passt? Oder habt ihr zu jedem Absatz eine **Frage** formuliert, die in dem Absatz beantwortet wird?
- Habt ihr den Sachtext **mit eigenen Worten zusammengefasst?**
- Habt ihr beschrieben, welche **Informationen** das **Diagramm** zeigt?
- Habt ihr eine **Information** genannt, die man **im Diagramm** zusätzlich finden kann?
- Habt ihr **verständlich und vollständig** geschrieben?
- Habt ihr die **Rechtschreibung** und **Zeichensetzung** überprüft?

Fördern

Hilfe-Karte **Inhalt: Zwischenüberschriften zu den Absätzen formulieren**

Ordnet die folgenden Stichworte oder Fragen den Absätzen 1–5 zu.

Absatz	Stichworte	Fragen
1. Absatz (Z. 1–9) 2. Absatz (Z. 10–20) 3. Absatz (Z. 21–30) 4. Absatz (Z. 31–38) 5. Absatz (Z. 39–51)	– Beiträge zu künstlicher Intelligenz – Finale von „Jugend forscht" Baden-Württemberg – Ablauf des Finales des 59. Landeswettbewerbs – Ökologische Fragestellungen – Worte der Wettbewerbsleiterin	– Welche Beiträge zu künstlicher Intelligenz gibt es? – Was ist das Finale von „Jugend forscht" Baden-Württemberg? – Wie läuft das Finale des 59. Landeswettbewerbs ab? – Welche Beiträge zu ökologischen Fragestellungen werden vorgestellt? – Was sagt die Wettbewerbsleiterin?

Hilfe-Karte **Sprache: Stichworte formulieren**

Ordnet die Stichworte in der richtigen Reihenfolge den Zwischenüberschriften zu.
– Motto: „Mach dir einen Kopf"
– Vorstellung vor der Jury, der Öffentlichkeit präsentieren, Siegerehrung
– Wann und wo: 20.–23. März in Freiburg
– Hochwasser-Warnsystem, Bestimmung der Feuersalamander-Population
– Was: 59. Landeswettbewerb von „Jugend forscht" Baden-Württemberg
– Einsatz von künstlicher Intelligenz, smART dresser: schlägt passende Outfits vor

---

Hilfe-Karte **Sprache: Das Diagramm beschreiben**

Beschreibt, welche Informationen das Diagramm enthält. Nutzt folgende Satzanfänge:
Das Diagramm informiert über die Anmeldezahlen bei …
Es gab insgesamt … Anmeldungen.
Das Diagramm zeigt, dass …
Wenn man die Balken vergleicht, sieht man, dass …
Die meisten Anmeldungen gibt es im Fachbereich …
Hier haben sich … Teilnehmende angemeldet.
Das Diagramm erklärt genauer, wie sich die Anmeldungen auf … verteilen.

1 Welche Filme seht ihr euch besonders gerne an? Begründet.

2 Tragt euer Vorwissen zum Thema „Film" zusammen.
- Welche Arten von Filmen kennt ihr?
- Was wisst ihr über die Entstehung von Filmen? Welche Berufe sind beteiligt?
- Mit welchen filmsprachlichen Mitteln kann man einen Film gestalten?

In diesem Kapitel ...

- untersucht ihr den Inhalt und die Gestaltung eines animierten Kurzfilms,
- lernt ihr Besonderheiten der Kommunikation im Internet kennen,
- lernt ihr, wie ihr eigene und fremde Daten im Internet schützt,
- dreht ihr selbst eine kurze Filmsequenz.

1 Die Bilder 1–4 zeigen die Anfangsszene des Kurzfilms „The Present".
 a Seht euch die Bilder an.
 b Der englischsprachige Titel hat zwei mögliche deutsche Übersetzungen.
 Welche Übersetzung des Titels erscheint euch zutreffender? Begründet.

> **Das Geschenk**   **Die Gegenwart**

2 Betrachtet die vier Szenenbilder genau und beschreibt sie euch gegenseitig.
 – Wo spielt die Handlung?
 – Welche Figuren sind zu sehen? Was tun sie?
 – In welcher Beziehung könnten die Figuren zueinander stehen?
 – Welche Gegenstände sind zu sehen, die im Film wichtig sein könnten?

3 Beschreibt, wie die Bilder auf euch wirken und welche Stimmung sie erzeugen.
Bild 1 wirkt … auf mich. Bild 2 erzeugt eine … Stimmung. Bild 3 …

bedrohlich • düster • fröhlich • bedrückt • traurig • lustig • spannend • freundlich

4 Beschreibt, wie nah oder wie weit weg die Figuren und Gegenstände zu sehen sind.
In Bild 1 sieht man den Jungen … In Bild 2 …

sehr nah • nah • mittlerer Abstand • sehr großer Abstand

5 Formuliert mithilfe des Titels und der Bilder eure Erwartungen an den Film.
– Was könnte sich in dem Pappkarton befinden?
– Wie könnte die Handlung weitergehen?

9.1 „Und Action" – Einen Kurzfilm untersuchen

Den Inhalt erschließen, den Gesamteindruck beschreiben

1 a Seht euch den Kurzfilm „The Present" an. ►  Video
   b Sprecht über euren ersten Eindruck vom Film: Welche Gedanken und Gefühle habt ihr?
   c Bringt die Szenenbilder A–D in die richtige Reihenfolge.
   d Gebt mithilfe der Bilder mündlich den Inhalt des Kurzfilms wieder.
     Bezieht auch die Bilder von den Seiten 160–161 mit ein.

2 a Wie verändern sich die Gefühle des Jungen gegenüber dem Hund im Verlauf des Films?
     Stellt die Entwicklung in eurem Heft mit einer Gefühlskurve dar. Hier seht ihr ein Beispiel:

   b Wodurch verändern sich seine Gefühle jeweils? Ergänzt die Ereignisse in eurer Gefühlskurve.
   c Vergleicht eure Gefühlskurven in der Gruppe.
   d Könnt ihr die Reaktionen des Jungen nachvollziehen? Diskutiert.

3 a Besprecht, welche Filmszene euch besonders beeindruckt oder überrascht hat.
   b Würdet ihr den Kurzfilm einer Freundin oder einem Freund empfehlen? Begründet.

Die Einstellungsgrößen untersuchen

1 Die Kameraeinstellung bestimmt, wie nah oder wie weit entfernt Personen und Gegenstände in einer bestimmten Filmszene zu sehen sind.

a Beschreibt die Szenenbilder E–H genau. Achtet darauf, wie weit die Kamera entfernt ist.

b Untersucht, wie die Bilder wirken und worauf eure Aufmerksamkeit jeweils gelenkt wird.

c Ordnet den Bildern die passenden Fachbegriffe aus dem Infokasten unten zu.

 2 a Denkt euch eine Situation aus dem Schulalltag aus. Überlegt, mit welcher Einstellungsgröße ihr die Szene filmen würdet, und fertigt eine Skizze an.

b Präsentiert eure Ergebnisse in der Klasse. Begründet die Wahl der Einstellungsgröße.

Information ⟩⟩ **Die Kamera: Einstellungsgrößen unterscheiden**

Je nachdem, wie eine **Kamera eingestellt** wird, sieht man Figuren und Dinge im Bild ganz nah oder weit entfernt.

- **Totale:** Eine **größere Umgebung** wird gezeigt, oft mit Figuren darin.
- **Halbnah: Figuren** werden **von der Hüfte an aufwärts** gezeigt. Beziehungen können gut dargestellt werden.
- **Nah:** Man sieht **Kopf und Schultern von Figuren.** Die Mimik ist gut erkennbar, man kann leicht auf Gefühle schließen.
- **Detail:** Ein **kleiner Ausschnitt** wird groß dargestellt, z. B. Augen oder ein Teil eines Gegenstands. Dadurch wird auf das Detail aufmerksam gemacht, es wird wichtig.

Die Kameraperspektiven untersuchen

1 Die Kamera zeigt das Geschehen nicht immer auf Augenhöhe (Normalperspektive), sondern kann Szenen auch aus anderen Perspektiven zeigen. Erklärt die Fachbegriffe **Vogelperspektive** und **Froschperspektive** mithilfe der Szenenbilder und der Schaubilder.

2 Seht euch die Szene von Minute 2:25 bis Minute 2:50 erneut an. ► 🖱 Video
  a Beschreibt, wie die Kameraperspektiven jeweils auf euch wirken.
  b Stellt einen Bezug zur Handlung her: Wie unterstützen die Perspektiven den Inhalt der Szene?

3 Probiert die unterschiedlichen Kameraperspektiven mit eurem Smartphone aus. Fotografiert euch gegenseitig oder einen beliebigen Gegenstand im Klassenzimmer aus den verschiedenen Blickwinkeln und vergleicht die Wirkung.

> **Information** ▶▶ **Die Kamera: Kameraperspektiven unterscheiden**
>
> Die Kamera kann ein Geschehen aus verschiedenen **Blickwinkeln** zeigen.
> - **die Normalperspektive:** Das Geschehen wird **auf Augenhöhe** gezeigt.
> - **die Froschperspektive:** Die Kamera schaut **von unten** auf das Geschehen. So kann man beispielsweise Unterlegenheit ausdrücken.
> - **die Vogelperspektive:** Die Kamera schaut **von oben** auf das Geschehen. So kann man beispielsweise Überlegenheit ausdrücken.

Die Licht- und Tongestaltung untersuchen

1 Beschreibt den Handlungsort zu Beginn und zum Ende des Films.
- – Wie wirkt der Handlungsort in Bild 1 und in Bild 2?
- – Welche Rolle spielen dabei die Lichtverhältnisse (Helligkeit und Dunkelheit)?
- – Wie passt die vermittelte Atmosphäre (Stimmung) jeweils zum Inhalt der Szene?

2 Neben den Bildern spielt auch der Ton eine wichtige Rolle für die Wirkung einer Szene.
a Seht euch die Anfangsszene bis Minute 00:20 einmal mit und einmal ohne Ton an. ► 🖒 Video
b Beschreibt, wie sich die Wirkung der Szene unterscheidet.

3 An zwei Stellen ist der Kurzfilm zusätzlich mit Hintergrundmusik unterlegt.
a Seht euch den Film erneut an und notiert jeweils die Zeitangaben. ► 🖒 Video
b Wählt jeweils Adjektive aus, die zur Musik passen.

> laut – leise • schnell – langsam • gefühlvoll – rockig • verspielt – ruhig

c Beschreibt, welche Stimmung durch die Musik entsteht.

> fröhlich – traurig • friedlich – dramatisch • bedrohlich – beruhigend • lustig – ernst

4 Wie passen das Licht und der Ton jeweils zu den Gefühlen des Jungen? Begründet.

Information 〉〉 **Die Licht- und Tongestaltung untersuchen**

- Zur Bildgestaltung eines Films gehört auch **die Beleuchtung und die Farbauswahl.** **Helles** Licht und helle Farben wirken oft **fröhlich und freundlich. Dunkles** Licht und dunkle Farben wirken häufig **traurig, düster** oder sogar **bedrohlich.**
- **Geräusche und Hintergrundmusik** machen einen Film **lebendig,** lassen Stimmungen entstehen und liefern viele Informationen über die **Gefühlslage der Figuren.** Insbesondere Musik kann **Stimmungen verstärken** und den Inhalt so unterstützen.

Die Filmsprache verstehen

Wenn ihr euch einen Film anseht, dann werden immer **mehrere Sinne** angesprochen.

Was sehe ich?

Was höre ich?

Was fühle ich?

Was erfahre ich?
Was wird erzählt?

1. Wie ist mein erster Eindruck? Was fühle ich?

– Seht euch den Film einmal im Ganzen an.
– Formuliert einen ersten Eindruck zu **Handlung, Atmosphäre und Wirkung** des Films.

2. Was erfahre ich? Was wird erzählt?

Macht euch Notizen zur **Handlung** und zu den **Figuren:**
– Um welche **Situation** (Abenteuer, **Konflikt** …) geht es?
– In welcher **Beziehung** steht die Hauptfigur zu den anderen Figuren?
– Welche **Entwicklung** oder Veränderung macht die Hauptfigur durch?

3. Was sehe ich?

Untersucht die einzelnen Szenen:
– Welche **Einstellungsgrößen** (Totale,
  Halbnah, Nah, Detail) werden gewählt?
  Wie wirken sie?
– Welche **Kameraperspektive** (Vogel-/
  Frosch-/Normalperspektive) wird verwendet?
  Warum?
– Wie werden **Farben** und **Licht** eingesetzt?

4. Was höre ich?

Achtet auf **Geräusche** und **Hintergrundmusik:**
– Welche Funktion und welche Wirkung haben sie?

9.2 Gemeinsam vernetzt – Kompetent im Internet

Im Chat miteinander sprechen

1 Die Schülerinnen und Schüler der Klasse 6a unterhalten sich in einem Klassenchat.
  – Worum geht es im Chat?
  – Welche verschiedenen Möglichkeiten nutzen sie, um miteinander zu kommunizieren?

2 a Findet im Chat Beispiele für die folgenden Besonderheiten von Chatsprache.

> Abkürzungen • Emojis • unvollständige Sätze •
> falsche Kleinschreibung • fehlende Satzzeichen

  b Stellt Vermutungen an, warum die Schülerinnen und Schüler im Chat so schreiben.
  c Wofür stehen die verwendeten Abkürzungen? Erklärt.
  d Beschreibt die Emojis im Chat. Was drücken sie jeweils aus?

3 a Wann verwendet ihr selbst beim Chatten welche Kommunikationsmöglichkeiten (Emojis,
   Abkürzungen, Sprachnachrichten, Videos, Bilder …)? Vervollständigt die Satzanfänge.
   Ich verwende Emojis/Sprachnachrichten/…, wenn … Sie sind praktisch, weil …
  b Die verkürzte Sprache in Chats und die fehlende Körpersprache können manchmal jedoch
   zu Missverständnissen führen. Was besprecht ihr lieber persönlich statt im Chat? Begründet.

Sich in sozialen Netzwerken richtig verhalten

Name: Tonia Schmidt
Geburtstag: 8. März
aus: Villingen-Schwennigen
(neben dem Jugendtreffpunkt)
Schule: Gesamtschule Kieferweg

Tonia Schmidt
23. März geteilt mit: öffentlich
Endlich Ferien!!! 2 Wochen Amrum, juhuu! 😄
#Ferien #Sonne #Herzklopfen #Meeristtoll

Infos
nimmt am 15. Juli an der Veranstaltung
„Rock im Freibad" teil

Fotos

#homesweethome 😍

Linas Hund #sleepingbeauty

Gefällt mir

Sven123: Guckt wie Alina!

Mit Lina im Tanzkurs
@Tanzschule Letsdance!
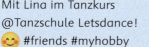 😋 #friends #myhobby

#Lina #bestfriendsforever
#loveyou
❤ Gefällt 54 mal

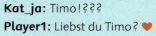

Kat_ja: Timo!???
Player1: Liebst du Timo? ❤
Lina09: Passt!
Kat_ja: Was passt???

1 a Betrachtet die Profilseite: Was erfahrt ihr über die Nutzerin? Listet alle Informationen auf, z. B.:
Die Nutzerin heißt … Sie wohnt in …

b Beschreibt, wie die Nutzerin auf euch wirkt. Wodurch ist dieser Eindruck entstanden?

> freundlich • witzig • kreativ • aktiv • ehrlich • arrogant • ehrgeizig • ernst • selbstsicher •
> unsicher • aggressiv • misstrauisch • hilfsbereit • fantasievoll • neugierig

c Stellt Vermutungen an, wer die Adressaten der Profilseite sind. Begründet.

2 Die Profilseite ist öffentlich sichtbar. Untersucht die Seite genauer. Wählt a, b oder c.

a Welchen **Aussagen A–D** stimmt ihr zu? Notiert sie und ergänzt jeweils ein Beispiel.

   A Die Nutzerin veröffentlicht zu viele Informationen über sich selbst.

   B Mit den Informationen der Nutzerin kann ein Fremder nicht viel anfangen.

   C Weil die Nutzerin ihren Namen nennt, darf sie kritisch über andere Personen schreiben.

   D Die Nutzerin sollte keine Lästereien schreiben und andere darin nicht unterstützen.

b Welche **Informationen, Fotos** und **Kommentare** sollte die Nutzerin auf ihrer Profilseite nicht öffentlich zeigen? Listet sie auf.

c Prüft, ob die Profilseite für die Veröffentlichung in Ordnung ist. Notiert problematische Inhalte und begründet, warum deren Veröffentlichung ein Problem ist.

d Schreibt Tonia eine private Nachricht. Gebt ihr Tipps, was ihr an ihrer Stelle verändern würdet, und begründet eure Empfehlungen.

Hallo Tonia, dein Profil … An deiner Stelle würde ich … weil … Hast du bedacht, dass … ?

3 Wie sollte man auf Lästereien oder Beleidigungen in sozialen Netzwerken reagieren? Diskutiert in der Gruppe die folgenden Aussagen 1–4.

> **1** Wenn eine Person anfängt zu lästern oder andere zu beleidigen, sollte man sie blockieren. Dann kann sie nicht mehr schreiben.

> **2** Wenn man Beschimpfungen oder Beleidigungen in sozialen Netzwerken liest, sollte man sie den Eltern oder einer erwachsenen Vertrauensperson zeigen. Es ist schwer, allein mit so etwas umzugehen.

> **3** Gegen Lästereien und Beleidigungen sollte man sich wehren und zurück-beleidigen. Dann hören die anderen auf.

> **4** Man sollte die Person auffordern, mit den Beleidigungen aufzuhören.

4 Tauscht euch in der Gruppe über eure Erfahrungen mit sozialen Netzwerken aus: Welche sozialen Netzwerke nutzt ihr? Wer kann eure Profilseite sehen? Kennt ihr alle Freunde, Follower oder Abonnenten eurer Profilseite?

Methode ⟫ **Sich in sozialen Netzwerken richtig verhalten**

- Gebt **nie** den **Nachnamen**, das **Geburtsdatum**, die **Adresse** oder **Telefonnummer** an. Wählt **Nutzernamen**, die **nicht zu viel** über euch verraten.
- Stellt **keine Fotos oder Videos von euch selbst** ein, die später peinlich sein könnten. Veröffentlicht keine Fotos oder Videos **von eurem Zuhause.**
- Teilt Profilseiten nur mit Menschen, die ihr kennt. Nehmt **keine Fremden** als Freunde an.
- Brecht den Kontakt ab bei **komischen oder unangenehmen Nachrichten.** Zeigt diese Nachrichten euren Eltern oder einer anderen erwachsenen Vertrauensperson.
- Macht bei **Lästereien nicht mit.** Fordert andere auf, mit den Beleidigungen aufzuhören.

Die Netiquette beachten – Im Internet höflich kommunizieren

Eddie123
Liebe Koch-Community, ich möchte meiner Freundin als Überraschung ein leckeres Essen kochen. Sie mag gern Nudeln. Ich habe aber noch nie ein Nudelgericht gekocht. Könnt ihr mir Tipps zum Nudelkochen geben? Thanks, Eddie

Eva2110
Hey Eddie, du musst Wasser in einem Topf zum Kochen bringen, das Wasser salzen und dann die Nudeln reingeben. Je nach Sorte müssen die Nudeln unterschiedlich lange kochen. Genaue Angaben dazu findest du immer auf der Nudelpackung. Ich würde dir dazu ein Pesto empfehlen, das ist am einfachsten.

EsgibtBlödeFragen
Was bist du denn für einer? Nicht mal Nudeln kochen kannst du?

Jason007
Deine Freundin sollte sich besser jemand anderen suchen!
Stehe zur Verfügung!

1 Lest die Beiträge aus einem Internetforum und besprecht:
– Welches Anliegen hat der Nutzer Eddie123?
– Welche Antwort findet ihr angemessen? Begründet.

2 **a** Lest die nebenstehende Erklärung zum Wort „Netiquette".
b Deckt die Erklärung ab und erklärt euch gegenseitig Aufbau und Bedeutung des Fremdwortes mit eigenen Worten.

 3 Formuliert zu zweit Vorschläge für drei Netiquette-Regeln für den Klassenchat. Stellt sie den anderen vor.

 die Netiquette:
Kommunikationsregeln im Internet, Zusammensetzung aus: *net* (engl. für *das Netz*) und *etiquette* (franz. für *Regeln für den höflichen Umgang*)

Methode | **Im Internet höflich kommunizieren**

- Im Internet gelten dieselben **Regeln für gutes Benehmen** wie im direkten Umgang mit Menschen. Man sollte sich gegenüber anderen immer respektvoll verhalten.
- **Beleidigungen, Beschimpfungen und Bedrohungen** im Internet gelten als **Straftaten.**
- In Internetforen gibt es häufig **Administratoren.** Sie prüfen Posts und können Nachrichten löschen oder Accounts sperren.
- Soziale Netzwerke bieten oft **Meldefunktionen** an, über die man die Betreiber zum Löschen von Posts und zum Ausschließen von Personen auffordern kann.

Das Urheberrecht und Persönlichkeitsrechte beachten

Das Urheberrecht und die Fallen: Hochladen, Teilen, Verlinken

Das Internet bietet vielfältige Möglichkeiten, Inhalte aus verschiedenen Quellen für Freundinnen und Freunde oder die ganze Welt zu veröffentlichen. Schnell ein Foto in den Cloud-Speicher hochladen, ein Video im sozialen Netzwerk mit anderen teilen, einen Artikel aus einem Online-Magazin in den eigenen Blog stellen – das geht heutzu-
5 tage technisch einfach. Rechtlich sieht es allerdings anders aus. [...]
Das **Urheberrecht** schützt Werke der Literatur, der Wissenschaft und Kunst. Dazu gehö-ren rechtlich betrachtet Musikstücke, Texte, Bilder und Skulpturen, Filme und Fotogra-fien, aber auch Tanzstücke und Computerprogramme – um nur einige Beispiele zu nen-nen. Die geschützten Werke müssen persönliche, geistige Schöpfungen sein. Das heißt,
10 sie müssen eine gewisse Originalität[1] oder künstlerische Leistung von Menschen in sich tragen. Im Zweifel sollte man immer davon ausgehen, dass fremde Werke urheberecht-lich geschützt sind. [...]
Neben den Rechten von Urhebern gilt es, auch andere Rechte zu beachten. Bei der Veröffentlichung von selbst erstellten Fotos oder Videos sind das vor allem Persönlich-
15 keitsrechte der Abgebildeten – auch bekannt unter dem Begriff des **Rechtes am eigenen Bild.** Will jemand zum Beispiel ein Foto von einer anderen Person im Internet veröffent-lichen, so muss er zuvor grundsätzlich die Erlaubnis dieser Person einholen. Das gilt auch für die Veröffentlichung in sozialen Netzwerken. [...]*

1 die Originalität: eine gewisse Einmaligkeit und Besonderheit

---

1 ▶ Der Blogbeitrag des Verbraucherportals Baden-Württemberg informiert über das **Urheberecht** und das **Recht am eigenen Bild.**
  a Was sagen die Gesetze jeweils aus? Erklärt es in eigenen Worten.
  b Warum ist es wichtig, diese Rechte zu kennen? Begründet.

 2 ▶ Dürfen die folgenden Bilder oder Videos veröffentlicht werden oder nicht? Begründet.
  A Eine Kunstlehrerin will auf der Schulhomepage mit einer besonders gelungenen Schülerzeichnung für eine Ausstellung der Kunst-AG werben. Der Schüler hat zugestimmt.
  B Ein Schüler hat ein Video von sich beim Skaten gedreht und das Video mit einem Song aus den Charts unterlegt. Nun möchte er es auf einer Videoplattform hochladen.
  C Eine Schülerin möchte ihr Video vom Abschlussfest der Klassenfahrt auf ihrem Profil posten.

3 ▶ Seht euch erneut das Profil von Tonia auf Seite 168 an. Von welchen Personen hätte Tonia eine Erlaubnis einholen müssen, bevor sie die Bilder online stellt? Benennt sie.

4 ▶ Wie möchtet ihr selbst das Urheberrecht und das Recht am eigenen Bild im Klassenchat, im Schulforum oder in sozialen Netzwerken berücksichtigen? Formuliert gemeinsam Regeln.

Sich in sozialen Netzwerken richtig verhalten

Wenn ihr Profile in sozialen Netzwerken anlegt oder die Profile anderer anschaut, müsst ihr folgende Dinge beachten.

Ein Profil anlegen und die eigene Privatsphäre schützen

– Wenn ihr ein neues Profil anlegt, ist das meistens **automatisch öffentlich.** Dann können weltweit alle Menschen eure Fotos und Informationen sehen. Schaltet euer **Profil auf „privat",** damit nur noch Abonnenten auf euer Profil zugreifen können.
  Diese **Abonnenten** könnt ihr **prüfen** und unerwünschte Abonnenten löschen.
– Prüft in den Einstellungen, wie ihr **Personen blockieren** oder **Kommentare einschränken** könnt.
– Veröffentlicht in sozialen Netzwerken **keine persönlichen Daten** von euch selbst oder von anderen Personen, z. B.: den Nachnamen, das Alter, das Geburtsdatum, die Adresse, die Telefonnummer oder die E-Mail-Adresse.
– Wählt **Nutzernamen,** die **nichts** über euch **verraten.** Gebt niemals euren echten Namen, Geburtstag, Geburtsjahr oder Heimatort an.
– Erstellt **sichere Passwörter** mit Groß- und Kleinbuchstaben, Zahlen und Zeichen. Haltet sie geheim.

Informationen und Fotos auf Profilseiten veröffentlichen

– Auf Profilseiten könnt ihr eure Interessen und Hobbys vorstellen.
– **Vermeidet Aussagen zu Personen oder Dingen, die ihr nicht mögt.**
  Solche Aussagen können andere verletzen oder bloßstellen.
– Veröffentlicht **keine Fotos oder Videos** von euch selbst, die euch später **peinlich** sein könnten, z. B. Fotos in Badekleidung.
– Stellt **keine Fotos oder Videos von euren Freundinnen und Freunden oder anderen Personen** ein. Ihr benötigt dafür ihre **Zustimmung** oder die ihrer Eltern. Musik, Filme oder Fotos von Stars sind oft **urheberrechtlich geschützt.**

Beim Posten höflich bleiben

Wenn ihr **Kommentare** auf Profilseiten, in Internetforen oder Weblogs schreibt, müsst ihr höflich bleiben und dürft **niemanden beschimpfen, beleidigen oder bedrohen.**

9.3 Projekt – Eine Filmsequenz drehen

1. Schritt: Ideen sammeln und ein Storyboard entwerfen

 1 Bildet Filmteams und sammelt mithilfe eines Placemats
Ideen für eine kurze Filmsequenz zum Thema „Freundschaft".

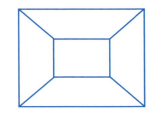

a Notiert zunächst jede/-r für sich eure Ideen in eines der Außenfelder.

b Dreht das Placemat leise und lest die Ideen der anderen.

c Einigt euch im mittleren Feld gemeinsam auf eine Idee.
Achtet darauf, dass die Geschichte nicht zu lang ist, da eure
Filmsequenz nicht länger als drei Minuten dauern soll.

2 Mit einem Storyboard, einer Art Drehbuch, könnt ihr euer Video planen.
Betrachtet den Ausschnitt aus dem Storyboard und besprecht: Was wird dargestellt?

Szene 1	Kamera	Handlung	Dialoge, Geräusche
	Einstellung: Totale Perspektive: Vogelperspektive	Yasmin spielt im Park allein Fußball, der Ball landet im Dornenbusch.	Hintergrundgeräusch: Vogelgezwitscher

Szene 2	Kamera	Handlung	Dialoge, Geräusche
	Einstellung: Detail Perspektive: Vogelperspektive	Yasmin stellt wütend fest, dass der Ball platt ist.	Yasmin (fluchend): „Das kann doch jetzt nicht wahr sein!" Hintergrundgeräusch: bremsende Reifen

Szene 3	Kamera	Handlung	Dialoge, Geräusche
	Einstellung: Halbnah Perspektive: Normalperspektive	Lara aus der Parallelklasse fährt vorbei, sie steigt vom Rad und geht auf Yasmin zu.	Lara: „Hi, du bist Yasmin, oder? Ich bin grad auf dem Weg zum Bolzplatz. Willst du nicht mit?"

 3 Plant nun eure eigene Filmsequenz mithilfe eines Storyboards.

– Fertigt für jede Szene eine Skizze an.

– Legt die Einstellungsgröße und die Kameraperspektive fest.

– Beschreibt die Handlung in Stichworten.

– Überlegt euch die Dialoge und passende Geräusche.

2. Schritt: Den Filmdreh vorbereiten

 4 **a** Überlegt, was man bei einem Filmdreh beachten und organisieren muss.

b Bereitet den Filmdreh vor.

– Findet einen geeigneten Drehort.

– Besorgt alle benötigten Materialien.

– Legt fest, wer welche Aufgabe übernimmt: Regisseurin/Regisseur, Kamerafrau/Kameramann, Schauspielerinnen/Schauspieler, Assistentinnen/Assistenten.

3. Schritt: Die Filmsequenz drehen

 5 Filmt nacheinander die verschiedenen Szenen mit eurem Smartphone.

– Achtet auf gutes Licht und guten Ton.

– Haltet die Kamera möglichst ruhig oder nutzt ein Stativ. Je mehr ihr heranzoomt, desto eher verwackelt das Bild. Geht lieber näher heran.

– Dreht zur Sicherheit jede Szene zweimal.

4. Schritt: Die Filmsequenz schneiden

 6 Bearbeitet eure Videos mit einem Schnittprogramm am Computer oder Tablet.

– Schneidet die einzelnen Szenen zu einer Filmsequenz zusammen.

– Ergänzt fehlende Geräusche.

– Unterlegt einzelne Szenen gegebenenfalls mit Hintergrundmusik.
Tipp: Sucht dazu im Internet nach Musik mit sogenannter CC-Lizenz („Creative-Commons-Lizenz"), die für eigene Werke frei nutzbar ist.

5. Schritt: Die Filmsequenz präsentieren

 7 Präsentiert eure Ergebnisse in der Klasse.

8 Gebt euch gegenseitig ein Feedback.

– Was ist besonders gelungen?

– Was könnt ihr beim nächsten Mal noch verbessern?

Freund/Freundin

friend

ami/amie

amigo/amiga

amigo/amiga

ystävä

przyjaciel/przyjaciółka

prieten/prietena

prijatelj/prijateljica

amico/amica

B.H. = Bosnien und Herzegowina
K. = Kosovo
Lst. = Liechtenstein (Vaduz)
Mc. = Monaco
Mt. = Montenegro
Nmz. = Nordmazedonien
S.M. = San Marino
Vst. = Vatikanstadt

1 Auf der Europakarte findet ihr die Nomen *Freund* und *Freundin* in verschiedenen Sprachen.

a Lest die Nomen in den Sprachen vor, die ihr kennt.

▶ 🖥 Audio

b Vergleicht die Nomen:
– In welchen Sprachen sind sie ähnlich?
– In welchen Sprachen unterscheidet man zwischen männlicher und weiblicher Form?

c Kennt ihr das Wort *Freund* oder *Freundin* in weiteren Sprachen?
Stellt die Übersetzungen vor.

In diesem Kapitel …

■ untersucht ihr verschiedene Wortgruppen, Wortarten, Satzglieder und Satzarten,
■ lernt ihr, wie man neue Wörter bildet,
■ lernt ihr Traditionen anderer Länder kennen,
■ überarbeitet ihr Texte mit Hilfe von Proben.

A

B

E

F

1 AM „SAINT PATRICK'S DAY" IN IRLAND IST DIE STADT DUBLIN GANZ GRÜN.

2 BEI GROßEN VOLKSFESTEN IN BARCELONA BILDEN DIE MENSCHEN HOHE TÜRME.

1 Die Fotos A–G zeigen Traditionen und Feste in Europa.
  a Betrachtet die Fotos und ordnet ihnen die Sätze 1–7 zu.
  b Wo würdet ihr gern einmal dabei sein oder mitmachen? Begründet.

2 a Bestimmt jeweils die Wortart der grün markierten Wörter.
  b Welche Aussage passt zu welcher Wortart? Ordnet zu.

> das Nomen • das Adjektiv • das Verb • die Präposition • das Textpronomen

  A Diese Wörter geben an, was jemand tut oder was geschieht.
  B Mit diesen Wörtern kann man etwas genauer beschreiben.
  C Diese Wörter ersetzen Nomen.
  D Nach diesen Wörtern folgt immer ein bestimmter Kasus.
  E Diese Wörter bezeichnen Lebewesen, Gegenstände oder Gedanken, Gefühle und Zustände.

C

D

3 FÜR DEN FASCHINGSUMZUG VERKLEIDEN SICH VIELE MENSCHEN IN DEUTSCHLAND. SIE SEHEN LUSTIG AUS.

4 IN AMSTERDAM SIEHT MAN VIELE FAHRRÄDER. SIE SIND SEHR BELIEBT.

5 IN GALAXIDI DARF MAN MANCHMAL MIT MEHL WERFEN.

G

6 IN PARIS SOLLTE ER AM 1. APRIL AUF FISCHE AUFPASSEN.

7 DIE BEWOHNER VON BRÜSSEL LIEBEN LECKERE POMMES FRITES UND UNTERSCHIEDLICHE SOßEN.

3 Welche Wörter stecken in den blau markierten Zusammensetzungen? Gebt sie, wenn möglich, mit Artikel an.

4 Wie viele Satzglieder hat Satz 7?
Stellt den Satz zweimal um.
Achtet darauf: Welche Wörter oder Wortgruppen bleiben immer zusammen?
Überprüft mit Hilfe des Vorfeldtests.
Beginnt jeweils so:
Leckere Pommes frites ...

+ 5 Schreibt die Sätze 1–3 in der richtigen Groß- und Kleinschreibung auf.
Achtet dabei auf die Wortarten.

10.1 Viel Spaß in Europa – Wortgruppen, Wortarten und Wörter untersuchen

Die Nominalgruppe untersuchen

Fasching in Deutschland erleben

Meine schönste Jahreszeit ist die verrückte Faschingszeit. Das ist eine besondere Zeit. Sie macht nicht nur den Kindern eine große Freude. Mit einem fröhlichen Fest verabschieden die Menschen den Winter. Sie feiern zusammen, tanzen, singen und genießen die ausgelassene Atmosphäre. Das Beeindruckendste sind die Kostüme.
Beim Verkleiden habe ich viel Spaß.

1 **a** Schreibt den Text ab und markiert die Nominalgruppen.
    b Unterstreicht in jeder Nominalgruppe das Nomen oder die Nominalisierung.
    Wo stehen sie jeweils?   ► **nominalisierte Verben und Adjektive: S. 239**

2 Untersucht die Nominalgruppen in den Sätzen A–D.
    a Ordnet die Nominalgruppen in eine Tabelle ein.
    A Wir sind dabei und ziehen die verrücktesten Kostüme an.
    B Unsere Mutter hat sie für uns genäht.
    C Das Schönste ist das Clownskostüm.
    D Meinem kleinen Bruder fällt das Gehen in seinem Bärenkostüm schwer.

Artikelwort + Nomen	Artikelwort + Adjektiv + Nomen	Artikelwort + Nominalisierung
…	die verrücktesten Kostüme	…

    b Erweitert die Nominalgruppen in der linken Spalte um sinnvolle Adjektive.

Information   **Die Nominalgruppe**   ► Video

- Wörter schließen sich zu Wortgruppen zusammen. Nominalgruppen sind Wortgruppen, in denen **das Nomen den Kern bildet.**
- Das **Nomen** steht immer **am rechten Rand** der Nominalgruppe, **am linken Rand** steht ein **Artikelwort.** Zwischen Artikelwort und Nomen kann ein Adjektiv stehen, z. B.: *das Faschingsfest, ihr interessantes Kostüm.*
- Das Nomen bestimmt Genus, Numerus und Kasus der anderen Wörter in der Gruppe, z. B.: *der lustige Clown, meine verkleidete Freundin, ein fröhliches Fest.*
- **Nominalisierungen** können auch den Kern einer Nominalgruppe bilden, z. B.: *Das Nähen der Kostüme hat großen Spaß gemacht.*

3 Ersetzt die Nomen der Nominalgruppen durch andere. Wählt a, b oder c.

a Ersetzt in jedem Satz **das unterstrichene Nomen** durch ein passendes Nomen aus dem **Wortkasten.** Passt die Artikelwörter und Adjektive an.

> Viele haben eine interessante Verkleidung. Marie ist eine wunderschöne Prinzessin mit einem goldenen Haarreif, Yannic ist ein wilder Cowboy und mein netter Nachbar ist ein Clown.

> Tier • Kostüm • Freundin • Königin • Hexe • Krone

b Ersetzt in jeder Nominalgruppe **das Nomen** durch ein anderes aus dem **Wortkasten.** Passt die Artikelwörter und Adjektive an.

> Riccardo ist ein tapferer Ritter, der ein riesiges Holzschwert trägt. Meiner kleinen Schwester gefällt das niedliche Einhorn. Wer wohl der beeindruckende Astronaut sein mag? Ich denke, es ist das Kostüm meines besten Freundes. Ich trage eine Clownsmaske.

> Perücke • Pirat • Polizistin • Elefant • Bruder • Freundin • Säbel • Verkleidung

c Ersetzt in jeder Nominalgruppe **den Kern** durch ein **anderes passendes Nomen.** Passt die Artikelwörter und Adjektive an.

> James ist ein majestätischer Löwe mit einer wilden Mähne. Malee ist eine wunderbare Blume. Sie verteilt die leckeren Bonbons, die ihr ihre Oma mitgegeben hat. Danuta hat einen Korb mit den kleinen Kuchen ihrer Mutter, die nicht nur mein kleiner Bruder sehr mag.

d Stellt eure Ergebnisse vor. Erklärt. Was hat sich in der Nominalgruppe noch verändert?

Information ▶▶ **Nominalgruppen und ihr Kasus**

- Nomen / Nominalisierungen erscheinen in Sätzen immer in einem bestimmten **Kasus**.
- Das **Nomen bestimmt** als Kern **innerhalb der Nominalgruppe** das **Genus**, den **Numerus** und den **Kasus der anderen Wörter.**

Kasus	Frage	Beispiele
1. Fall: **Nominativ**	Wer oder was …?	*Der verkleidete Mann* / *Die verkleidete Frau* / *Das verkleidete Kind* sieht sehr gut aus.
2. Fall: **Genitiv**	Wessen …?	*Das Kostüm des fröhlichen Mannes* / *der fröhlichen Frau* / *des fröhlichen Kindes* gefällt mir.
3. Fall: **Dativ**	Wem …?	*Das Musikinstrument gehört dem singenden Mann* / *der singenden Frau* / *dem singenden Kind.*
4. Fall: **Akkusativ**	Wen oder was …?	*Ich sehe den tanzenden Mann* / *die tanzende Frau* / *das tanzende Kind.*

Artikelwörter als Teil der Nominalgruppe untersuchen

> **A** Hast du schon mal einen Faschingsumzug gesehen?

> **B** Ja, ich habe mir den Umzug in Köln angeguckt.

1 Untersucht die Artikelwörter der beiden Sätze A und B.
a Bestimmt die Art der Artikelwörter.
b Begründet, warum in den Aussagen zwei unterschiedliche Artikelwörter verwendet wurden.

Faschingsumzug

A Heute ist es endlich so weit! Die Klasse schaut sich den Faschingsumzug an. Die Eltern haben ihren Kindern geholfen, sich zu schminken. Anna hat jetzt einen gelben Schmetterling auf ihrer Wange und Tim trägt einen lustigen Hut. Später bestaunen wir die geschmückten Umzugswagen. Die Menschen auf den festlichen Wagen winken den Zuschauenden zu und werfen bunte Bonbons in die Menge.

B Ich freue mich, dass ich bei dem Umzug dabei sein kann. Denn Ich hatte in der letzten Woche etwas Fieber. Der Arzt hat mir ein Medikament und viel Ruhe verordnet. Manche Stunden habe ich deshalb geschlafen. Ich sollte auch viel Wasser trinken. Ich hatte aber nichts Schlimmes.

2 Schreibt die Nominalgruppen aus Absatz A ab und unterstreicht die Artikelwörter. Notiert in Klammern dahinter, um welches Artikelwort es sich handelt, z. B.:
Die Klasse (bestimmter Artikel)

3 a Benennt den Kasus der Nominalgruppen „ihren Kindern" und „einen gelben Schmetterling".
b Erklärt, woran ihr den Kasus erkannt habt.
c Notiert die beiden Wortgruppen in allen vier Kasus, z. B.: ihre Kinder (Nominativ), …
d Untersucht die Wortgruppen in den verschiedenen Kasus.
Warum kann man ihren Kasus ohne Artikel nicht eindeutig bestimmen?

4 a Notiert die Nominalgruppen mit bestimmten und unbestimmten Artikel aus Absatz B.
b Im Text tauchen weitere Nominalgruppen auf.
Notiert sie und erklärt, woran ihr sie erkannt habt.
c Bildet mit Hilfe der Artikelwörter im Kasten eigene Nominalgruppen.

> etwas • manch • nichts • viel

C Diese Woche bin ich wieder vollkommen gesund. Umso mehr genieße ich diesen wunderbaren Faschingsumzug mit meinen Freundinnen und Freunden. Auch im nächsten Jahr lassen wir uns dieses Spektakel nicht entgehen. Das Datum haben wir schon in unseren Kalendern markiert.

5 **a** Notiert die Nominalgruppen mit Possessivartikeln aus Absatz C. Markiert die Artikelwörter.
  b Im Text tauchen weitere Nominalgruppen auf. Erklärt, woran ihr sie erkennen könnt.
  c Notiert diese Nominalgruppen und markiert die Artikelwörter, man nennt sie Demonstrativartikel. Erklärt, woran ihr sie erkannt habt.

Von Festen und Süßigkeiten dieser Welt

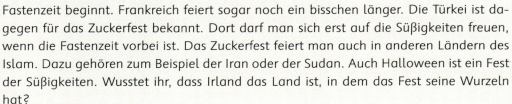

In Ländern wie Deutschland, Belgien oder der Slowakei freut man sich zur Faschingszeit über die vielen Süßigkeiten, bevor die Fastenzeit beginnt. Frankreich feiert sogar noch ein bisschen länger. Die Türkei ist dagegen für das Zuckerfest bekannt. Dort darf man sich erst auf die Süßigkeiten freuen, wenn die Fastenzeit vorbei ist. Das Zuckerfest feiert man auch in anderen Ländern des Islam. Dazu gehören zum Beispiel der Iran oder der Sudan. Auch Halloween ist ein Fest der Süßigkeiten. Wusstet ihr, dass Irland das Land ist, in dem das Fest seine Wurzeln hat?

6 **a** Ordnet die Ländernamen aus dem Text im Nominativ in die Tabelle ein.
  b Markiert die Endungen der Ländernamen. Was stellt ihr fest?

Ländernamen mit Artikelwort	Ländernamen ohne Artikelwort
die Slowakei	Deutschland

7 Ersetzt im folgenden Satz das unterstrichene Land durch die Länder im Wortkasten.
Er kommt aus Italien.

> Österreich • Lettland • Albanien • Mongolei • Griechenland • Oman

Information ▶▶ **Artikelwörter**

Nomen werden häufig von einem **Artikelwort begleitet.** Zu diesen gehören:
- **der bestimmte Artikel,** z.B.: *der Umzug, die Musik, das Kostüm, die Kinder,*
- **der unbestimmte Artikel,** z.B.: *ein Umzug, eine Musik, ein Kostüm,*
- ***etwas, manch, nichts, viel,*** z.B.: *etwas Fieber,*
- der **Demonstrativartikel,** z.B.: *dieser Umzug, diese Musik, dieses Kostüm, diese Kinder.*

Manche **Ländernamen** sind mit einem bestimmten Artikel verbunden.
Andere Ländernamen haben keinen Artikel.

Adjektive und Adjektivgruppen untersuchen

Pommes essen in Brüssel

Die ? Hauptstadt Brüssel hat viele ? Sehenswürdigkeiten.
Aber manche lieben die Stadt vor allem wegen der ? Pommes. Im ? Stadtzentrum
können ? Menschen die ? Kartoffelstäbchen überall an ? Buden kaufen und
mit ? Soßen genießen. Man kann beispielsweise wählen zwischen der ? Currysoße
oder der ? Hawaiisoße.

1 **a** Ergänzt die Nominalgruppen durch die nebenstehenden
Adjektive. Achtet dabei auf die Endungen.

> gut • berühmt • belgisch •
> süß • alt • lecker • hungrig •
> knusprig • klein • scharf
>
> äußerst • sehr • völlig

b Überprüft mit Hilfe der Wörter im unteren Wortkasten,
ob ihr die eingesetzten Adjektive zu Adjektivgruppen
erweitern könnt.

c Lest den Text einmal mit den Adjektiven und Adjektivgruppen
und einmal ohne. Wie wirkt er jeweils?

2 **a** Unterstreicht in eurem Text die Nominalgruppen.
Kreist Adjektive und Adjektivgruppen ein.

b Notiert, wo genau das Adjektiv oder die Adjektivgruppe innerhalb der Nominalgruppe steht.

Was es sonst noch Leckeres gibt …

Belgien ist auch für seine außerordentlich leckeren Pralinen bekannt. Viele sehr
bekannte Sorten kommen von dort. Sie werden oft nach extrem alten Rezepten
hergestellt. Kennt ihr die außergewöhnlich knusprigen Waffeln? Ich mag auch die
total leckeren Kekse.

3 **a** Schreibt den Text ab und unterstreicht die Wörter, die die Adjektive verstärken. Tragt einen Pfeil
ein wie im Beispiel: Belgien ist auch für seine außerordentlich leckeren Pralinen bekannt.

b Untersucht die Endungen dieser Wörter.
Vergleicht sie mit den Endungen der Adjektive.
Was fällt euch auf?

Information ▶▶ **Adjektive und Adjektivgruppen** ▶ Video

- Mit **Adjektiven** kann man etwas genauer **beschreiben,** z. B.:
  Die Pommes frites sind knusprig. Die knusprigen Pommes frites …
- Bei **Adjektivgruppen** vor Nomen verändern die verstärkenden Wörter ihre Endung nicht,
  z. B.: *die sehr scharfe Soße, die ungewöhnlich scharfen Soßen.*

	Bude 1	Bude 2	Bude 3
Größe			
Preis	4,50 €	3,70 €	4,50 €
Geschmack	++	++	+++
Soßen	9 Soßen	7 Soßen	16 Soßen

A Die Pommes frites in Bude 1 sind genau so teuer wie in Bude 3.
B Die Pommes frites in Bude 1 und 3 sind teurer als in Bude 2.

4 a Vergleicht die Adjektive in den Sätzen A und B. Wie unterscheiden sie sich?
   b Untersucht die Sätze A und B. Wann verwendet man *als* und wann *wie*?

5   Vergleicht das Angebot in den drei Buden.
   a Findet Gemeinsamkeiten und notiert dazu zwei Sätze mit *wie*.
   b Findet Unterschiede und notiert drei Sätze mit *als*.
   c Unterstreicht die Vergleiche und markiert die Vergleichswörter
      als und *wie* (Adjunktionen), z. B.:
      Die Pommes frites in Bude 1 sind genau so <u>teuer</u> <mark>wie</mark> in Bude 3.

> groß • klein • teuer •
> günstig • lecker •
> lecker • vielfältig

6   Schreibt die Sätze C–F ab und ergänzt mit Hilfe des Wörterbuchs
   den Komparativ, z. B.: Belgien ist größer als Luxemburg, …
   C Belgien ist **?** als Luxemburg, aber **?** als die Niederlande. *(groß/klein)*
   D In Brüssel gibt es **?** Kirchen als in Berlin. *(alt)*
   E Das Atomium in Brüssel ist **?** als das Brandenburger Tor. *(hoch)*
   F Belgische Kekse sind für uns **?** als Schokolade. *(lecker)*

Information ▶ **Steigerung von Adjektiven (Komparation)**   ▶ 🖐 Video

- **Adjektive** kann man **steigern.** So kann man Dinge miteinander **vergleichen:**

– der **Positiv**	*scharf*	*Meine Soße ist so scharf wie eine Peperoni.*
– der **Komparativ**	*schärfer*	*Deine Soße ist schärfer als eine Peperoni.*
– der **Superlativ**	*am schärfsten*	*Ihre Soße ist am schärfsten.*

- Für den Vergleich im Positiv verwendet man die Adjunktion *wie*.
- Für den Vergleich im Komparativ verwendet man die Adjunktion *als*.
- Zusammen mit einer Nominalgruppe oder einem Pronomen entsteht so eine
  Adjunktorgruppe, z. B.: *als eine Peperoni.*

Pronomen unterscheiden und verwenden

Aprilscherze in Paris erleben

A In Frankreich lieben <u>die Kinder</u> den 1. April. Schon Tage vorher basteln sie kleine Fische aus Papier. Am 1. April versuchen sie dann, die Papierfische Mitschülern unbemerkt an den Rücken zu heften.

B Wenn das geklappt hat, rufen sie auf Französisch: „Aprilfisch!" Manchmal gelingt es ihnen auch bei einem Lehrer. „Letztes Jahr haben <mark>wir</mark> Monsieur Dupont in den April geschickt", erzählt Michel und lacht. „Er war total überrascht. Das Erlebnis war lustig. Es hat <mark>uns</mark> riesigen Spaß gemacht. Die Klasse hat sehr mit ihm gelacht."

C Monsieur Dupont ist ein sehr netter Lehrer. Monsieur Dupont nimmt solche Streiche gelassen. Alle Schüler mögen Monsieur Dupont.

D „Mal sehen, ob <mark>euch</mark> der Aprilscherz auch bei Madame Dubois gelingt", scherzt er. „Sicher bist <mark>du</mark> es, der ihr einen Fisch auf den Rücken kleben wird, Charles."

1 Schreibt Absatz A und B ab. Lasst unter jeder geschriebenen Zeile eine Zeile frei.
a Unterstreicht die Textpronomen.
b Anstelle welcher Nomen oder Nominalgruppen stehen die Textpronomen jeweils? Kennzeichnet dies durch einen Pfeil und unterstreicht die Nomen bzw. Nominalgruppen, z. B.:

In Frankreich lieben <u>die Kinder</u> den 1. April. Schon Tage vorher basteln <u>sie</u>…

2 a Ersetzt in Absatz C die Nominalgruppe, die sich mehrfach wiederholt. Schreibt die Sätze auf.
b Vergleicht Absatz C mit eurer eigenen Fassung. Wie wirken die Sätze jeweils auf euch?

3 Die markierten Wörter in Absatz B und D sind Personalpronomen.
a Prüft, ob sie sich durch Nomen oder Nominalgruppen ersetzen lassen.
b Stellt die Personalpronomen pantomimisch dar.

Information ▷ **Textpronomen und Personalpronomen**

- Nomen und Nominalgruppen kann man durch **Textpronomen** ersetzen, z. B.: *Der Fisch ist sehr hübsch. Ich klebe ihn Marie auf den Rücken.*

- **Textpronomen** stehen wie Nomen bzw. Nominalgruppen in einem bestimmten **Kasus.**
- **Personalpronomen** zeigen auf **Beteiligte einer Sprechsituation.**
- Sie verweisen auf die Sprecherin/den Sprecher (*ich/wir*) oder auf die Hörerin/den Hörer (*du/ihr*).
- Personalpronomen kann man nicht ersetzen. Sie stehen in einem bestimmten Kasus.

Nominativ	ich	du	wir	ihr
Dativ	mir	dir	uns	euch
Akkusativ	mich	dich	uns	euch

> Der Aprilfisch ist ein Brauch, der eine lange Tradition hat. In vielen Geschäften kann man auch Schokoladenfische kaufen, die speziell für diesen Tag hergestellt werden. Die Süßigkeiten, deren Formen und Größen ganz verschieden sein können, werden gerne verschenkt. Es gibt eine große Auswahl, die für jeden Geschmack etwas bietet. Ich kenne kein Kind, das sich nicht darüber freut.

4 **a** Untersucht das markierte Wort im ersten Satz. Worauf bezieht es sich?

b Schreibt den Text ab. Markiert weitere Wörter, die sich auf ein vorausgehendes Nomen oder eine Nominalgruppe beziehen. Tragt einen Pfeil zum Bezugswort ein, z. B.:

Der April-Fisch ist ein Brauch, der eine lange Tradition hat.

A Emil: „Welchen ? magst du? Magst du diesen hier?"

B Adeline: „Nein, ich mag lieber diesen."

C Adeline: „Dieser hat so einzigartige Schuppen: Diese glänzen so schön."

5 Die markierten Pronomen in den Sätzen A–C sind Demonstrativpronomen.

a Untersucht, worauf sich die gelb markierten Demonstrativpronomen beziehen.

b Benennt die Nomen oder Nominalgruppen, auf die sich das grün markierte Demonstrativpronomen bezieht.

> Die Klasse betrachtet die gebastelten Aprilfische. Claire meint: „Mein Fisch ist bunter als deiner." „Das stimmt, aber ? ist nicht so groß", entgegnet Pauline. „Aber schau mal die Fische von Michel und Leo. Diese sind überhaupt nicht mit ? vergleichbar. ? haben gar keine Flossen!"

6 Schreibt den Text ab und setzt die Possessivpronomen aus dem Wortkasten ein. Worauf beziehen sie sich jeweils? Tragt einen Pfeil ein, z. B.:

Mein Fisch ist bunter als deiner.

> deiner • unseren • ihre

Information ▶▶ **Relativ-, Demonstrativ- und Possessivpronomen**

- **Pronomen stehen anstelle eines Nomens oder einer Nominalgruppe,** die zuvor schon einmal genannt wurde.
- **Relativpronomen** *(der, die, das / welcher, welche, welches)* erklären die vorausgehende Nominalgruppe näher und leiten einen Nebensatz ein, z. B.:
  Der Schüler, der den Fisch bastelt, lacht.
- **Demonstrativpronomen** *(dieser, diese, dieses)* verweisen auf etwas, das sich in der Nähe befindet, z. B.: *Fast alle Schüler lachen. Dieser lacht nicht.*
- **Possessivpronomen** *(meiner, deine, seins, …)* zeigen ein **Besitzverhältnis** an, z. B.: *Gehört dir der Fisch? Ja, das ist meiner.*

Artikelwörter und Pronomen unterscheiden

> **A** Der Eiffelturm in Paris ist ein Turm, der sehr hoch ist.
> **B** Dieser Turm wurde von Gustav Eiffel erbaut.
> **C** Dieser entwarf und baute auch viele Brücken.
> **D** Der Eiffelturm verdankt seinem Erbauer seinen Namen.

1 a Untersucht die Sätze. Die gelb markieren Wörter sind Artikelwörter,
die blau markieren Pronomen. Erklärt, woran ihr dies erkennen könnt.

b Bestimmt die Artikelwörter und Pronomen näher, z. B.:
Der Eifellturm in Paris … (bestimmter Artikel)

c Schreibt die Sätze C und D ab und markiert weitere Artikelwörter. Bestimmt diese.

2 Bestimmt in den folgenden Sätzen Artikelwörter und Pronomen.
Wählt a, b oder c. Schreibt zunächst eure Sätze ab.

a Bestimmt die **unterstrichenen Wörter** in den Sätzen **A–D**.

A Der Eiffelturm ist sehr bekannt.

B Dieser Turm ist das Wahrzeichen der Stadt.

C Der Turm, der 1889 fertig gestellt wurde, war bis 1930 das höchste Bauwerk der Welt.

D Dies kann ich mir nur schwer vorstellen.

b Markiert **Artikelwörter und Pronomen** in den Sätzen **E–G** mit verschiedenen Farben.
Bestimmt die Artikelwörter und Pronomen näher.

E Die Kathedrale Notre Dame, die auf einer Insel mitten in der Stadt steht, ist sehr sehenswert.

F Sie wurde von 1163 bis 1345 erbaut. Touristen besuchen häufig diese Kirche.

G Die hohen Türme und die wunderschönen Fenster sind Kennzeichen dieser Kirche.

c Markiert **Artikelwörter und Pronomen** in den Sätzen **H–K** mit verschiedenen Farben.
Bestimmt die Artikelwörter und Pronomen näher.

H Der Louvre ist ein sehr großes und bekanntes Museum.

I Hier kann man die berühmte Mona Lisa bewundern.

J Sie wurde von Leonardo da Vinci gemalt. Bekannt ist ihr geheimnisvolles Lächeln.

K Dies ist einfach unglaublich. Die Besucherinnen und Besucher, die die Mona Lisa anschauen,
sind von der Schönheit des Bildes sehr beeindruckt.

d Stellt eure Ergebnisse vor.

> **Information** ⟩⟩ **Artikelwörter und Pronomen unterscheiden**
>
> - **Artikelwörter** sind **Begleiter** eines Nomens oder einer Nominalgruppe, z. B.:
>   *Dieses Museum hat mir gefallen.*
> - **Pronomen stehen** dagegen **anstelle** eines Nomens oder einer Nominalgruppe, z. B.:
>   *Dieses dagegen fand ich eher langweilig.*

Präpositionen und Präpositionalgruppen untersuchen

Fahrrad fahren in Amsterdam

A Wer sich in der niederländischen Hauptstadt fortbewegen will, nimmt das Rad. Dies ist seit vielen Jahren so. Innerhalb der Stadt gibt es sehr viele Fahrradwege. Aber auch außerhalb der Stadt gibt es viele dieser Wege. Während des ganzen Tages sieht man Radfahrer und -fahrerinnen. Bevor die Stadt erwacht, sind nur wenige auf den Straßen zu sehen. Aber dann wird es voller.

B Schon früh sieht man Schülerinnen und Schüler, die zur Schule fahren. Abends sieht man Radfahrende, die die Stadt erkunden oder auf dem Weg zu Veranstaltungen sind. Bei schönem Wetter sind besonders viele Menschen unterwegs.

1 **a** Die markierten Wörter sind Präpositionen.
Erklärt, worin sich die blau markierten von den gelb markierten Präpositionen unterscheiden.
b Notiert die Präpositionen aus Absatz B und markiert sie in den entsprechenden Farben.

2 Präpositionen geben den Kasus des darauffolgenden Nomens oder der Nominalgruppe vor. Ordnet die Präpositionen mit ihren Nomen oder Nominalgruppen aus dem Text in die Tabelle ein. Unterstreicht die Präposition. **Tipp:** Nehmt ein Wörterbuch zur Hilfe.

Präposition mit Genitiv	Präposition mit Dativ	Präposition mit Akkusativ
...	in Amsterdam	...

3 Vergleicht die markierten Präpositionen in den Sätzen A und B und in den Sätzen C–D.
A **Vor** 8 Uhr sieht man hauptsächlich Schülerinnen und Schüler auf dem Fahrrad.
B Viele Schülerinnen und Schüler treffen sich morgens **vor** dem Schulgebäude.
C **In** der Schule lernen die Kinder alle wichtigen Verkehrsregeln.
D So können sie **in** wenigen Stunden wieder sicher aufs Rad steigen.

> **Information** ▶ **Präpositionen**
>
> - Präpositionen stehen **vor Nomen oder Nominalgruppen** und bestimmen deren **Kasus.**
> - **Temporale Präpositionen** beziehen sich auf einen Zeitpunkt (Wann?) oder eine Zeitspanne (Wie lange?), z. B.: *am (an dem) Morgen / von 5 bis 6 Uhr.*
> - **Lokale Präpositionen** verweisen ja nach Kasus auf einen Ort (Wo?) oder eine Richtung (Wohin?), z. B.: *Ich bin in der Schule. / Ich fahre in die Schule.*
> - Manche Präpositionen kann man **temporal und lokal** verwenden, z. B.: *in ein paar Tagen / in der Schule.*
> - Zusammen mit dem Nomen oder einer Nominalgruppe bildet die Präposition eine **Präpositionalgruppe.**

Mit Junktionen Sätze verknüpfen

A Wenn Elsa Blumen und Blätter aus dem Garten sammelt, binde ich meinen Blumenkranz. Während sie ihren Blumenkranz bastelt, tanze ich um den Mittsommerbaum.

B Elsa sammelt Blumen und Blätter aus dem Garten. Ich binde meinen Blumenkranz. Sie bastelt ihren Blumenkranz. Ich tanze um den Mittsommerbaum.

1 a Erklärt, worin sich die Sätze A und B jeweils unterscheiden.
Achtet neben dem Satzbau und der Verbstellung auch auf die Bedeutung der Sätze.
b Wie wirken sie Sätze jeweils auf euch?

Mittsommer in Stockholm feiern

Annika erzählte mir: „Mittsommer ist ein ganz besonderes Fest in Schweden, aber auch in allen anderen skandinavischen und baltischen Ländern. Man feiert es zwischen dem 20. und 26. Juni. Es ist immer eine ganz besondere Zeit, ==wenn== die Sonne am längsten am Himmel scheint. ==Während== einige um den Mittsommerbaum tanzen, springen andere über ein großes Lagerfeuer." ==Als== ich davon hörte, bekam ich große Lust, dies auch einmal zu erleben.

2 Die ==markierten== Wörter sind Subjunktionen.
Sie verbinden einen Hauptsatz mit einem Nebensatz.
a Schreibt die Sätze mit den Subjunktionen ab und kreist die Subjunktionen ein.
b Unterstreicht die finiten Verben. Markiert anschließend Haupt- und Nebensätze in unterschiedlichen Farben.
c Kreist die Kommas ein, die Haupt- und Nebensätze trennen.
d Überprüft: Stehen die Subjunktionen im Haupt- oder im Nebensatz?

> **Haupt- und Nebensätze erkennen**
> In Hauptsätzen (Aussagesätzen) steht das finite Verb an zweiter Stelle. In Nebensätzen steht das finite Verb am Ende.

A Lasse nimmt am Mittsommerquiz teil. Ole gießt eine Mittsommerkerze.
B Jule liest ihren kleinen Geschwistern Mittsommergeschichten vor. Sie hören aufmerksam zu.
C Elin hat einen Picknickkorb gepackt. Ich hole unsere Blumenkränze.

3 Verbindet die Hauptsätze mit den Subjunktionen *während, als* und *wenn*.
Tipp: Bildet aus jeweils einem Hauptsatz einen Nebensatz und stellt das finite Verb ans Satzende. Achtet auf das Komma zwischen Haupt- und Nebensatz.

4 **a** Nils nimmt diesmal nicht an dem Mittsommerfest teil. Was denkt ihr?
Bildet Sätze. Nutzt dafür die Satzanfänge und Vermutungen aus den Wortkästen.

> Ich glaube, dass … •
> Ich meine, dass … •
> Ich denke, dass … •
> Ich bin der Meinung, dass …

> Er möchte schlafen. • Er hat keine Lust. •
> Er hat eine Pollenallergie. • Er hat keine Zeit. •
> Er besucht Freunde in Deutschland. •
> Er hat eine Sportverletzung und muss sich schonen.

b Markiert die Subjunktion *dass* und das Komma davor.

> Kommt Nils noch?
> Ich frage mich, ob er krank ist.

> Ich weiß nicht, ob er
> noch kommt.

5 Untersucht das Gespräch der beiden Kinder. Notiert, wie die Nebensätze eingeleitet werden.

6 Verbindet Sätze mit Subjunktionen. Wählt a, b oder c.

a Schreibt die **Sätze A–C** ab und **setzt die Subjunktionen *ob, dass*** und ***während*** korrekt **ein.**
Ergänzt die Kommas.
A Ich bin der Meinung ❓ sie wunderbar tanzt.
B ❓ sie tanzt nascht er vom Stockbrot.
C Ich frage mich ❓ er danach noch tanzen will.

b **Verbindet** jeweils die zwei **Sätze D–F** durch Subjunktionen. Ergänzt die Satzzeichen.
D Ich denke. Er wird über das Feuer springen.
E Ich frage mich. Könnte er sich verletzen?
F Das Fest ist zu Ende. Wir gehen fröhlich nach Hause.

c Verbindet jeweils die zwei **Sätze G–J** durch Subjunktionen. Ergänzt die Satzzeichen.
G Ich weiß nicht. Treffe ich meine Freundin auf dem Fest?
H Sie hat mir gestern versprochen. Sie wird kommen.
I Alle tanzen schon. Ich warte auf sie.
J Ich will sie gerade anrufen. Sie kommt.

d Stellt euch eure Ergebnisse gegenseitig vor.

Information ▷ **Junktionen**

- Mit **Junktionen** kann man **Sätze verbinden.** Dabei unterscheidet man zwischen
  Subjunktionen und **Konjunktionen.**
- **Subjunktionen verbinden** einen **Hauptsatz** mit einem **Nebensatz.**
- Mit den **temporalen** (zeitlichen) **Subjunktionen *als, während, wenn*** wird ausgedrückt,
  dass etwas zur selben Zeit geschieht.
- Die Subjunktion ***dass*** leitet nach Verben wie *glauben, wissen, hoffen, mitteilen*
  einen Nebensatz ein. Nach Verben des Fragens steht die Subjunktion ***ob.***

Tempusformen des Verbs: Das Präsens

Menschentürme in Barcelona bauen

A Bei Festen in der spanischen Stadt Barcelona *(geben)* es eine besondere Tradition:

B Die Bewohnerinnen und Bewohner *(bauen)* Menschentürme.

C Jede Gruppe *(wollen bauen)* den höchsten Turm.

D Dabei *(übernehmen)* jedes Gruppenmitglied eine eigene Aufgabe.

E Ganz unten im Turm *(stehen)* kräftige Menschen.

F Nach und nach *(klettern)* einzelne Gruppenmitglieder nach oben.

G Sie *(stellen)* sich auf die Schultern der anderen.

H Zum Schluss *(klettern)* ein Kind bis ganz nach oben.

I Es *(bilden)* die Spitze des Menschenturms.

J Die Zuschauenden *(zujubeln)* den Turmbauenden.

1 **a** Tragt die Sätze A–J ins Feldermodell ein. Setzt dabei die Verben in der Klammer in der richtigen Personalform im Präsens ein.

Vorfeld	linke VK	Mittelfeld	rechte VK
A Bei Festen in der spanischen Stadt Barcelona	gibt	es eine besondere Tradition.	
B Die Bewohnerinnen und Bewohner	bauen	…	…

b Erklärt, wie ihr das Präsens gebildet habt.
Markiert das Wort oder die Wortgruppe, die die Endung des Verbs bestimmt.

c Vergleicht die Verbstellung in den Sätzen A, D, E, F, H und I mit der Verbstellung in den Sätzen B, C, G und J.

Information ▶ **Das Präsens** ► Video

- Das Präsens wird aus dem **Wortstamm** und der **Personalendung** gebildet, z. B.:
  ich trainier-e, du trainier-st, sie trainier-t, wir trainier-en, ihr trainier-t, sie trainier-en.
- Bei **einfachen Verben** steht im Präsens die finite Form in der **linken Verbklammer.**
- Bei **trennbaren Verben** steht der finite Verbteil in der **linken und** der abtrennbare Teil in der **rechten Verbklammer.**

Vorfeld	linke VK	Mittelfeld	rechte VK
Sie	trainiert	für den Bau eines Menschenturms.	
Sie	klettert	bis zur Spitze des Turms	herauf.

Tempusformen des Verbs: Das Futur I und das Präsens

Santo schreibt seinem Freund

A Wie jedes Jahr feiern wir im Sommer unser beliebtes Fest.
B Mehrere Gruppen aus unserer Stadt werden daran teilnehmen.
C Mein älterer Bruder wird mit seinem Team auch einen Menschenturm bauen.
D Ich feuere sie an diesem Tag an.
E Wirst du auch kommen?

1 a Gebt an, über welche Zeit Santo schreibt:
  1 über die Vergangenheit,   **2** über die Gegenwart,   **3** über die Zukunft.
b Überprüft: Welche Sätze stehen im Präsens?
c Alle anderen Verben stehen im Futur I.
  Untersucht und notiert, wie man diese Zeitform richtig bildet:
  Futur I bildet man mit der Personalform von „sein/werden" und
  dem Infinitiv/Partizip II des Verbs.
d Vergleicht die Sätze im Präsens mit den Sätzen im Futur I.
  Erklärt, unter welcher Voraussetzung das Präsens ausreicht, um Zukünftiges auszudrücken.

2 a Übertragt die Sätze im Präsens ins Feldermodell.
b Bildet aus den Sätzen Sätze im Futur I und tragt sie ebenfalls ins Feldermodell ein.
c Beschreibt, wie sich die Verbstellung vom Präsens zum Futur I verändert hat.

A Am Sonntag wird eine dichte Wolkendecke den Himmel überziehen. Sie wird Regenschauer im gesamten Gebiet bringen.

B Am Sonntag überzieht eine dichte Wolkendecke den Himmel. Sie bringt Regenschauer im gesamten Gebiet.

3 a Vergleicht die beiden Texte. Worin unterscheiden sie sich?
b Diskutiert, welcher Text am Tag zuvor wohl in der Zeitung abgedruckt wird.
  Begründet eure Antworten.

Information ❭❭ **Zukunftsformen**   ▶ Video

Zukünftiges Geschehen kann man auf folgende Arten ausdrücken:
- mit einer finiten Form von *werden* + Infinitiv, dem **Futur I,** z. B.:
  Ich werde mir den Menschenturm ansehen.
- mit dem **Präsens** des Verbs **und einer Zeitangabe,** z. B.:
  Ich sehe mir diesen Sommer den Menschenturm an.
- mit dem **Futur I** kann man auch eine **Vermutung oder Vorhersage** ausdrücken.
  Die Wörter *wohl, vielleicht* oder *wahrscheinlich* betonen die Vermutung, z. B.:
  Wahrscheinlich wird es morgen regnen.

Tempusformen des Verbs: Das Präteritum

Bau eines neunstöckigen Menschenturms am Tag des heiligen Georg

Am 23. April, dem Tag des heiligen Georg, feierten die Bewohnerinnen und Bewohner von Barcelona wie jedes Jahr ein großes Stadtfest. Eine Gruppe errichtete vor dem Rathaus einen neunstöckigen Menschenturm. Die Zuschauenden fieberten mit, als zum Schluss ein zehnjähriges Mädchen die Spitze erklomm. Als sie oben ankam, streckte sie den Arm hoch und zeigte damit den Abschluss des Turms an. Während des Turmbaus spielten eine Flöte und eine Trommel traditionelle Melodien. Die Idee zum Bau von Menschentürmen entstand vermutlich aus einem Volkstanz. Schon vor mehr als zweihundert Jahren gründeten Einwohnerinnen und Einwohner verschiedener Städte Turmbaugruppen und führten Wettkämpfe auf Festen durch.

1 a Untersucht die drei markierten Verbformen im Text:
In welcher Zeitform stehen sie? Woran habt ihr das erkannt?

b Schreibt alle Formen des Verbs *feiern* (mit *ich, du, er/sie/es, wir, ihr, sie*) im Präsens und im Präteritum untereinander.

c Markiert, was sich bei der Präteritumbildung verändert.

> Präsens – Präteritum
> ich feiere – ich feierte
> du feierst – du feiertest …

2 a Findet weitere Präteritumformen im Text und schreibt sie untereinander. Notiert neben jeder Präteritumform den Infinitiv in Klammern, z. B.: sie feierten (feiern).

b Markiert in der Liste die starken Verben.
Woran habt ihr sie erkannt?

> Bei **starken Verben** ändert sich der **Vokal (a, e, i, o, u)** im Wortstamm.

3 a Setzt in den Sätzen A–E die Verben im Präteritum ein.

A Beim Bau des dritten Stockwerks *(wackeln)* der Turm gefährlich.

B Alle Turmbauer *(erscheinen)* in der gleichen Kleidung.

C Als das Mädchen zur Spitze *(aufsteigen)*, *(sein)* es ganz still.

D Die Zuschauenden *(beobachten)* die Zehnjährige genau.

E Beim Abbau *(auffangen)* die unteren Turmbauer die oberen.

b Unterstreicht die Verben im Präteritum. Markiert die drei starken Verben.

| **Information** | **Zeitformen der Vergangenheit: Das Präteritum** | ▶ Video |

- Wenn man **schriftlich** von etwas **Vergangenem** erzählt (z. B. in Briefen, Geschichten, Berichten), verwendet man meistens **das Präteritum.**
- **Schwache Verben** haben im Präteritum eine **Endung mit t,** z. B.: *klettern: ich kletterte, du klettertest, er/sie/es kletterte, wir kletterten, ihr klettertet, sie kletterten.*
- Bei **starken Verben** ändert sich der Vokal *(a, e, i, o, u)* im Wortstamm, z. B.: *fangen: ich fing, du fingst, er/sie/es fing, wir fingen, ihr fingt, sie fingen.*

Tempusformen des Verbs: Das Perfekt

> Hast du Angst gehabt, als du hinaufgeklettert bist?

> Wie bist du zum Turmbau gekommen?

Ines:
bildete die Turmspitze

> Nein. Ich habe dafür trainiert. Ich habe mich fit gefühlt.

1 **a** Gebt an, in welcher Zeitstufe das Interview durchgeführt wird:
   1 in der Vergangenheit,   **2** in der Gegenwart,   **3** in der Zukunft.
   b Alle Verben stehen im Perfekt. Untersucht sie und erklärt euch gegenseitig,
   wie man diese Zeit richtig bildet.
   c Tragt Ines' Sätze ins Feldermodell ein.
   d Bildet die Sätze auch im Präsens, Futur I und Präteritum. Tragt sie ins Feldermodell ein.
   Wie verändert sich die Verbstellung jeweils?

Vorfeld	linke VK	Mittelfeld	rechte VK
Ich	habe	dafür	trainiert.

2 **a** Setzt in den Sätzen A–F die Verben im Perfekt ein.
   A Wir *(gehen)* heute zum ersten Mal zum Training.
   B Die Sportlerinnen und Sportler *(üben)* mehrere Male den Aufbau eines Turms.
   C Der Trainer *(erklären)* jedem Mitglied seine Position.
   D Alle Kinder *(tragen)* Schutzhelme aus Schaumstoff.
   E Beim Rückbau des Turms *(fallen)* leider zwei Mitglieder.
   F Die anderen Sportlerinnen und Sportler *(auffangen)* sie.
   b Unterstreicht die Verben im Perfekt und markiert die Perfektformen mit *sein* farbig.

3 **a** Formuliert Antworten auf die letzte Frage im Interview. Verwendet das Perfekt, z. B.:
   Meine Brüder haben das auch gemacht. Deswegen bin ich …
   b Markiert die Verben im Perfekt.

Information ▶ **Zeitformen der Vergangenheit: Das Perfekt** ▶ Video

- Wenn man **mündlich** von etwas **Vergangenem** erzählt, verwendet man **das Perfekt.**
- Bildung: **Präsensform der Hilfsverben *haben* oder *sein* + Partizip II**
  (*ge* + Verbstamm + *t/en*), z. B.: *ich habe gesungen, du hast gelernt, wir sind geflogen.*
  Die **Form von *sein*** verwendet man oft bei **Verben der Bewegung:** *ich bin gelaufen.*
- **Hilfsverb** und **Partizip II** bilden einen **Verbkomplex.** Dabei entsteht eine **Verbklammer**,
  z. B.: *Du hast mir gestern das Buch gebracht.*

Das Partizip I erkennen und verwenden

Triumphierender Auftritt in Barcelona

A Die trainierenden Teams freuen sich schon das ganze Jahr auf ihren Auftritt. Dann ist es endlich so weit. Sie zeigen den jubelnden Menschenmassen, wie hart sie sich vorbereitet haben.

B Die Teams trainieren. Die Teams freuen sich schon das ganze Jahr auf ihren Auftritt. Dann ist es endlich so weit. Sie zeigen den Menschenmassen, wie hart sie sich vorbereitet haben. Die Menschenmassen jubeln.

1 **a** Vergleicht die Texte A und B. Welcher Text gefällt euch besser? Begründet.
b Überprüft: Aus welchen Wörtern in Text B wurden die markierten Wörter in Text A abgeleitet?

2 **a** Die markierten Wörter sind Partizipien.
Tragt sie in eine Tabelle ein und ergänzt weitere Partizipien aus der Überschrift und den folgenden Sätzen.

Partizip I	Infinitiv
trainierenden	trainieren
…	…

C Die Teams bauen einen immer größer werdenden Turm.
D Es ist ein beeindruckendes Schauspiel.
E Das applaudierende Publikum entschädigt die Teams für alle Mühen.
b Schreibt den jeweiligen Infinitiv daneben.
c Vergleicht das Partizip I mit dem Infinitiv. Wie wird das Partizip gebildet?
d Untersucht das Partizip I innerhalb der Nominalgruppen. An welcher Stelle steht es jeweils?

3 Bildet in den folgenden Sätzen Partizipien.
Passt die Endungen an das Nomen der Nominalgruppe an. Schreibt eure Sätze auf.
A Viele *(warten)* Menschen stehen auf dem Platz.
B Die *(singen)* Straßenmusikanten erfreuen die Zuhörer.
C Auf den Fensterbänken stehen *(blühen)* Blumen.
D Den *(jubeln)* Menschen winken wir zu.
E Wir freuen uns sehr über den *(loben)* Zeitungsartikel.
F Für das Team aus dem Nachbarort, das vorzeitig ausscheidet, gibt es *(trösten)* Worte.

Information 〉 **Das Partizip I** ▶ Video

- Das **Partizip I** ist eine Form des Verbs. Es wird verwendet, um Gleichzeitigkeit auszudrücken, z. B.: *Der Zuschauer lacht. Der Zuschauer klatscht. → Der lachende Zuschauer klatscht.*
- **Innerhalb der Nominalgruppe** steht das Verb im Partizip I **wie ein Adjektiv** links von seinem Bezugsnomen.
- Das Partizip I wird aus dem **Infinitiv des Verbs** gebildet, an den ein **-d** und die entsprechende **Adjektivendung** angehängt werden, z. B.: *wackeln → wackelnd: der wackelnde Schrank*

Besondere Verbarten: Die Modalverben

Jeder kann, niemand muss...

Jeder **kann** einen Menschenturm bauen. Man **muss** dafür nur hart genug trainieren. Mein kleiner Bruder **will** beim nächsten Mal auch mitmachen. Er **kann** sehr gut klettern. Deswegen **darf** er in einem Jahr die Spitze des Turms bilden. Dafür **soll** er aber üben.

 1 Untersucht zu zweit die markierten Modalverben in der Aussage. Geht dabei so vor:

a Lest abwechselnd einen Satz mit Modalverb vor. Formuliert ihn dann ohne Modalverb, z. B.:
Jeder kann einen Menschenturm bauen. → Jeder baut einen Menschenturm.

b Vergleicht die Sätze mit und ohne Modalverb und prüft: Wie verändert sich die Bedeutung des Satzes? Wie verändert sich der Satzbau, wenn ihr das Modalverb weglasst?

2 Was bedeuten die Modalverben? Ordnet die Modalverben ihrer passenden Bedeutung zu.

können • müssen • wollen • dürfen • sollen	empfohlen werden • die Erlaubnis haben • die Pflicht haben • die Fähigkeit haben • die Möglichkeit haben • die Absicht/den Wunsch haben

3 Schreibt den Text ab. Setzt die passenden Modalverben in der korrekten Personalform ein.

Ines' Bruder *(müssen/können/wollen)* sich gerne mit seinen Freunden treffen, aber er *(müssen/können/dürfen)* zum Training gehen. „Ihr *(wollen/dürfen/sollen)* mehr üben!", ermahnt der Trainer das Team. „Nur dann *(sollen/können/dürfen)* wir als Team zusammenwachsen und Fortschritte machen. Ihr *(können/sollen/müssen)* nicht kommen? Dann gebt rechtzeitig Bescheid. So *(dürfen/sollen/können)* wir planen."

Information	Die Modalverben

- Modalverben drücken **Absichten, Wünsche, Empfehlungen, Vorschriften, Möglichkeiten, Zwänge** oder **Fähigkeiten** aus.
- Modalverben bilden meistens mit einem weiteren **Verb im Infinitiv** eine Verbklammer.

Modalverb	verdeutlicht ...	Beispiel
können	Möglichkeit, Fähigkeit	*Beim Geocaching kann man neue Orte entdecken.*
sollen	Vorschrift, Empfehlung	*Die Orte für Verstecke sollen interessant sein.*
müssen	Zwang, Pflicht	*Die Dosen müssen wasserdicht sein.*
dürfen	Erlaubnis	*Jeder/Jede darf mitmachen.*
wollen	Absicht, Wunsch	*Manche wollen 100 Caches pro Jahr finden.*

Adverbien erkennen und verwenden

> ### An einer Mehlschlacht in Galaxidi teilnehmen
>
>
>
> **A** Die Kinder von Galaxidi freuen sich immer auf ein besonderes Ereignis im Jahr. Warum ist das so? Sie freuen sich, weil hier immer am ersten Tag nach Karneval eine große Mehlschlacht stattfindet. Wo liegt dieser Ort? Das ist ein Ort in Griechenland. Dort bilden die Einheimischen dann überall Gruppen, die sich draußen mit Mehl bewerfen.
>
> **B** Die Kinder bereiten frühmorgens kleine Säcke mit gefärbtem Mehl vor. Mit Staubmaske, Schutzbrille und Mehlsack gehen sie später zum Treffpunkt oben an der Kirche. Die Kleidung der Kinder ist danach voller Mehl. Manche Erwachsenen mögen diese Tradition nicht. Worüber sind sie wohl nicht erfreut?

1 a Lest Absatz A mit und ohne die blau und grün markierten Adverbien vor. Wie verändert sich die Wirkung?

b Welche Information geben diese Wörter im Text? Übertragt die Tabelle in euer Heft und ordnet die Adverbien ein.

c In Absatz B stehen ebenfalls Adverbien. Ordnet auch sie in die Tabelle ein.

d Die Wörter im Wortkasten sind auch Adverbien. Ordnet sie ebenfalls in die Tabelle ein.

Adverbien des Ortes (Lokaladverbien): Wo?/Wohin?	Adverbien der Zeit (Temporaladverbien): Wann?
hier, ...	immer, ...

> selten • nie • unten • bergauf • mittags • erst • oft • dorthin • weg • heute • abends

2 Schreibt den Text ab und setzt passende Adverbien aus der Tabelle ein.
Die wilde Mehlschlacht beginnt **?** um 12 Uhr. Die Schlacht ist **?** zu Ende, wenn kein Mehl mehr vorhanden ist. Die Einheimischen verbrauchen **?** über 1,5 Tonnen gefärbtes Mehl. Die Kinder benutzen **?** ihre Taucherbrillen als Schutz für die Augen.

3 Das markierte Wort nennt man Interrogativadverb (Frageadverb). Es leitet einen Fragesatz ein. Nennt weitere Interrogativadverbien aus dem Text.

> **Information** 〉〉 **Das Adverb** ▶ Video
>
> **Adverbien** sind unveränderbare Wörter, die genaue Angaben zu einem Sachverhalt machen. Es gibt verschiedene Arten von Adverbien, z. B.:
> - **Lokaladverbien** machen Angaben zu einem Ort oder einer Richtung, z. B.: *hier, dort, hinunter.*
> - **Temporaladverbien** machen Angaben zur Zeit oder Dauer z. B.: *heute, lange, jetzt.*
> - **Interrogativadverbien** sind Frageadverbien. Man kennt sie auch als W-Wörter, die einen Fragesatz einleiten, z. B.: *Wann? Wo? Warum?*

Wörter und Wortfamilien untersuchen und bilden

Den „Saint Patrick's Day" in Dublin feiern

Am 17. März, dem „Saint Patrick's Day", feiern die
Bewohnerinnen und Bewohner der irischen Hauptstadt
Dublin den Bischof Patrick. Er gilt als gefeierter Beschützer
Irlands. Wer an diesem Feiertag nicht frei hat, feiert
Überstunden ab. Alle ziehen sich zu diesem Anlass grün an. Dies ist die Farbe der Iren.
Es findet auch eine gigantische Parade statt. Danach trifft sich die gesamte Familie
zum Essen. Wenn Familie Kelly am feierlich gedeckten Tisch sitzt, geht es sehr lustig
zu. Alle sprechen über diesen besonderen Tag. Dann ist es so weit: Das leckere Essen
ist fertig. Die Kinder finden den grünen Wackelpudding am leckersten.

1 **a** Untersucht die markierten Wörter im Text.
Was haben alle gemeinsam?
b Schreibt die Wörter ab und unterstreicht den Wortstamm, z. B.:
feiern, gefeierter, …

> Der **Wortstamm** ist
> der Teil in Wörtern,
> der immer gleich ist.

2 Wählt zwei der markierten Wörter aus und bildet dazu eine eigene Wortfamilie.
Notiert alle Wörter mit demselben Wortstamm, die euch einfallen, z. B.:
Beschützer, Schutz, Schutzschild, schützen, …
Tipp: Schlagt im Wörterbuch nach.

▶ im Wörterbuch nachschlagen: S. 296

3 **a** Bestimmt die Wortart der markierten Wörter.
b Notiert jeweils Wörter mit gleicher und
gegensätzlicher Bedeutung in einer Tabelle.

	gleiche Bedeutung	gegensätzliche Bedeutung
gigantisch	groß, …	klein, …

4 Bildet aus den Wörtern der beiden Kästen neue Adjektive, z. B.: Stein + hart = steinhart

Knall • Schnee • Feder • Stock • Stein • dunkel • Blitz • Kreide • Kohlraben	hart • rot • bunt • bleich • weich • blank • weiß • schwarz • dunkel

Information ▶ **Wörter und Wortfamilien bilden**

- Wörter mit demselben Wortstamm bilden eine **Wortfamilie,** z. B.:
fahren, mitfahren, befahren, verfahren, das Fahrrad, die Fahrerin.
- Wörter mit gleicher Bedeutung nennt man **Synonyme.**
- Wörter mit gegensätzlicher Bedeutung heißen **Antonyme.**
- Durch die **Zusammensetzung** (Komposition) von Wörtern kann man neue Wörter
bilden. Oft lassen sich so Adjektive steigern, z. B.: *kreidebleich.*

ab- • an- • auf- • aus- • auseinander- • bei- • ein- • los- • mit- • nach- • über- • um- • vor- • weg- • zu- • zurück- • zusammen-	reisen • steigen • ziehen • laufen • greifen • werfen • schreiben • lassen • machen • schlafen • treten • halten • kommen • stehen • kaufen • nehmen • fangen • waschen

 5 **a** Tretet in Vierergruppen gegeneinander an und bildet Verben.
Benennt ein Gruppenmitglied, das die Wörter notiert.
b Bildet in fünf Minuten aus den Wörtern in den Kästen so viele Verben wie möglich.
c Wertet eure Ergebnisse aus.
Gewonnen hat die Gruppe mit den meisten sinnvollen Zusammensetzungen.

6 **a** Vergleicht die Verben der Sätze A und B. An welcher Stelle im Satz stehen sie?
b Bildet Sätze mit den Verben *bekommen*, *entwerfen*, *ernennen*, *vergessen* und *zerbrechen*.
Tragt sie ins Feldermodell ein.

Vorfeld	linke VK	Mittelfeld	rechte VK
A Familie Kelly	kommt	am Saint Patrick's Day	zusammen.
B Sie	verbringt	einen schönen Tag.	

7 **a** Bildet Sätze mit den Verben im Wortkasten.
b Ordnet die Verben in eine Tabelle ein und markiert den Wortstamm.

	trennbare Verben (Partikelverben)	nicht trennbare Verben (Präfixverben)
erfahren • auseinanderlaufen • eingreifen • besprechen • zerbrechen • verspeisen • loslassen • beweisen • entdecken • vorwegnehmen • zurücklaufen • verlaufen	auseinander**laufen**, …	**er**fahren, …

8 Vergleicht die nachfolgenden Sätze A und B. Worin unterscheiden sie sich?
A Ich übersetze den englischen Text.
B Ich setze mit dem Boot zum anderen Ufer über.

Information 〉〉 **Wortbildung bei Verben**

Aus Verben kann man neue Wörter bilden, z. B.:
■ **Partikelverben:** Sie sind **trennbar,** die Betonung liegt dabei auf der Partikel, z. B.:
reisen – abreisen: Ich reise ab.
■ **Präfixverben:** Verben mit einem Präfix (Vorbaustein) sind **nicht trennbar,** z. B.:
reisen – verreisen: Ich verreise.
Es gibt Verben, die je nach Betonung eine andere Bedeutung haben, z. B.:
umfahren (den Pfosten zum Einstürzen bringen) – *umfahren* (um den Pfosten herumfahren).

Wörter ordnen und Wortfelder untersuchen

> Am „Saint Patrick's Day" gehen wir auf jeden Fall nach Dublin, um die Parade anzuschauen. Wenn das Wetter schön ist, gehen viele Menschen dorthin.
> Die Einheimischen gehen morgens schnell los, um sich gute Plätze zu sichern.
> Nach der Parade gehen viele Menschen von einem Veranstaltungsort zum anderen.

1 a Lest den Text. Wie wirkt er auf euch?

b Ersetzt das Verb *gehen* durch treffende Verben aus dem Kasten.

> flitzen • rennen • hetzen • spurten • schleichen • stampfen • trampeln •
> hasten • humpeln • eilen • schlendern • schlurfen • trotten • laufen •
> wandern • sich auf den Weg machen • strömen • sich sputen • …

c Vergleicht eure Ergebnisse. Passen die Verben in den Zusammenhang?

2 a Wie kann man gehen? Ordnet die Verben aus dem Wortkasten in Aufgabe 1b in die Tabelle ein.

schnell	langsam	laut	leise
flitzen, …	…	stampfen, …	…

b Ergänzt die Tabelle um weitere passende Verben.
Tipp: Recherchiert im Internet nach Wörtern mit gleicher Bedeutung (Synonyme).

3 Ordnet die Unterbegriffe im Kasten in sinnvoller Reihenfolge dem passenden Oberbegriff zu.

> warm • dämmrig • kühl • hell •
> dunkel • heiß • eiskalt • grell •
> pechschwarz • kochendheiß

Oberbegriff	Temperatur	Helligkeit
Unterbegriffe	eiskalt, …	pechschwarz, …

 4 Manche Wörter haben verschiedene Bedeutungen. Erklärt euch diese gegenseitig:
die Fliege, der Strauß, der Hahn, die Decke, die Dichtung, das Pflaster.

> **Information** **Wortfelder, Ober- und Unterbegriffe**
>
> - Wörter mit ähnlicher Bedeutung bilden ein **Wortfeld,** z. B.: *klein: winzig, kurz, gering, …*
> - Mit Wörtern aus einem Wortfeld kann man abwechslungsreich und aussagekräftig formulieren.
> - **Oberbegriffe** fassen Gegenstände, Eigenschaften oder Begriffe mit ähnlichen Merkmalen (**Unterbegriffe**) zu einer Gruppe zusammen, z. B.: *Geschirr: Tasse, Teller, Schüssel, …*

Tandembogen: Wortarten kennen

 1 Testet euch gegenseitig in Partnerarbeit.

Geht so vor:
- Partner/-in A deckt die rechte Hälfte des Tandembogens ab, Partner/-in B die linke.
- A liest die Aufgabe 1 vor und löst sie. B vergleicht die Antwort mit der Lösung.
- Danach liest B Aufgabe 2 vor und löst sie. A prüft die Lösung und so weiter.
- Tauscht dann die Rollen A und B und beginnt von vorn.

Partner/-in A	Partner/-in B	Falsch? Übe an ...
1 Bestimme die unterstrichenen Wortarten. *Ich möchte auf den hohen Berggipfel klettern.*	**Lösung zu 1:** *ich* = Personalpronomen; *möchte klettern* = Verb; *auf* = Präposition;	Station 1, ▶ S. 201
Lösung zu 2: *Sie* = Textpronomen; *in* = Präposition; *kühlen* = Adjektiv; *Bergbach* = Nomen	**2** Bestimme die unterstrichenen Wortarten. *Sie haben in dem kühlen Bergbach gebadet.*	Station 1, ▶ S. 201
3 Bestimme die Art der markierten Artikelwörter. *Die Frau trägt zu diesem Fest ihren neuen Hut.*	**Lösung zu 3:** *die* = bestimmter Artikel; *diesem* = Demonstrativartikel; *ihren* = Possessivartikel	Station 2, ▶ S. 201
Lösung zu 4: *Hawaiisoße ist süßer als Currysoße.*	**4** Setze den Komparativ der Adjektive ein. *Hawaiisoße ist (süß) als Currysoße.*	Station 3, ▶ S. 202
5 Bestimme das Tempus der beiden Sätze. *Er hat intensiv gelernt. Jetzt kann er das Elfendiplom ablegen.*	**Lösung zu 5:** *hat ... gelernt* = Perfekt *kann ... ablegen* = Präsens	Station 4, ▶ S. 202
Lösung zu 6: *Alle werden mitsingen.*	**6** Setze das Verb im Futur I ein. *Alle (mitsingen).*	Station 5, ▶ S. 203
7 Bestimme die zwei Adverbien im Satz. *Gestern habe ich meinen Glücksbringer zu Hause vergessen.*	**Lösung zu 7:** *gestern, zu Hause*	Station 6, ▶ S. 203

2 Wertet eure Fehler aus. Bei welchen Aufgaben hattet ihr Probleme?
Übt weiter an den Stationen 1–6 (▶ S. 201–203).

Wortarten an Stationen üben

Station 1: Wortarten bestimmen

> **Abenteuer in der Schweiz erleben**
>
> Mit ihren hohen Bergen und kristallklaren Seen bietet die Schweiz eine Fülle an Freizeitvergnügen für Naturliebhaber und -liebhaberinnen. Ich kann es kaum glauben, dass mehr als die Hälfte der Schweiz aus Bergen besteht. 48 der Gipfel sind höher als 4000 Meter. Mit einer Vielzahl von erstklassigen Skigebieten ist das Land für Wintersportbegeisterte ein Traumziel. Die herrliche Natur der Schweiz kann man auch auf einem ausgedehnten Netz von Wanderwegen entdecken. Wie findest du das?

1 a Ordnet Nomen, Adjektive, Präpositionen, Artikelwörter und Personalpronomen aus dem Text unverändert in die Tabelle ein.

Nomen	Adjektiv	Präposition	Artikelwort	Personalpronomen
Abenteuer, …	hohen, …	in, …	der, …	wir, …

b Schreibt den Text ab und markiert die Verben.

+ 2 Welche der Freizeitaktivitäten würdet ihr selbst gerne ausprobieren? Notiert mindestens drei Sätze. Markiert darin die oben genannten Wortarten in unterschiedlichen Farben.

Station 2: Artikelwörter unterscheiden

> **Feste in Lissabon feiern**
>
> **A** Der Juni ist ein aufregender Monat in Portugals Hauptstadt Lissabon. Die Menschen versammeln sich, um die traditionellen „Festas de Lisboa" zu feiern. Die Bewohnerinnen und Bewohner der Stadt haben sich auf dieses Ereignis vorbereitet. Die Kinder strahlen, während sie sich mit ihren Eltern für dieses Fest fertig machen.
> **B** Pedro trägt einen bunten Hut und seine Fahne. Anschließend schlendert die ganze Familie durch die geschmückten Straßen. Als die Nacht hereinbricht, staunen alle über das spektakuläre Feuerwerk und genießen diesen Moment in vollen Zügen.

1 a Bestimmt die Art der markierten Artikelwörter.
b Notiert weitere Artikelwörter aus Absatz B und bestimmt sie genau.

+ 2 Wie würdet ihr euch an diesem Festtag kleiden? Notiert mindestens drei Sätze. Verwendet Possessiv- und Demonstrativartikel.

Station 3: Adjektive steigern

Ein Pferderennen in Siena anschauen

A In Siena, einer kleinen Stadt in Italien, findet zweimal jährlich mitten im alten Stadtzentrum ein berühmtes Pferderennen statt. Dabei sind die trainierten Pferde ohne Sattel schneller als gewöhnlich. Das Rennen ist kurz. Mit beeindruckender Geschwindigkeit rasen die Pferde über den staubigen Boden des Platzes.

B Die **?** Stallburschen sorgen für eine **?** Pflege der Tiere, bürsten ihre **?** Mähnen und stellen sicher, dass sie in sehr **?** Form sind. Zudem müssen sie die **?** Tiere Tag und Nacht bewachen.

1 a Bildet von den markierten Adjektiven den Komparativ.
 b Notiert das Adjektiv in Absatz A, das bereits gesteigert wurde.
 c Schreibt Absatz B ab und setzt passende Adjektive aus dem Kasten in der richtigen Form ein.

> gründlich • gut • jung • glänzend • wertvoll

⊕ 2 Vergleicht drei Tierarten. Welche Tiere sind beispielsweise größer, kleiner, schwerer, schneller oder langsamer als Pferde?

Station 4: Das Tempus richtig anwenden

Die Elfenschule in Reykjavík besuchen

Island *(sein)* eine wunderschöne Insel. Viele Bewohnerinnen und Bewohner *(glauben)*, dass auf der Insel Naturgeister *(leben)*, zum Beispiel Elfen, Gnome, Feen und Trolle. Ein Isländer *(gründen)* 1995 sogar eine Elfenschule. Zahlreiche Schülerinnen und Schüler *(besuchen)* die Elfenschule und *(ablegen)* das Elfendiplom. Ein Schüler erzählt: „Ich *(erfahren)* an der Elfenschule viel über die isländischen Naturgeister. Ich *(lernen)*, dass es dreizehn Elfenarten, vier Gnomgattungen, drei Feen- arten und zwei Typen von Trollen *(geben)*. Wir *(machen)* Ausflüge zu ihren Orten. Ich *(erhalten)* sogar ein Schulbuch, in dem alles Wichtige über die Naturgeister *(stehen)*."

1 Schreibt den Text ab und setzt die Verben in Klammern in einer passenden Zeitform ein. Verwendet das Präsens, das Präteritum und das Perfekt.

⊕ 2 a Schreibt in drei Sätzen von einem besonderen Ort, den ihr schon einmal besucht habt. Was habt ihr dort gesehen, erlebt, gelernt?
 b Unterstreicht die Verbformen und notiert hinter den Sätzen jeweils die verwendete Zeitform.

Station 5: Mit dem Futur I Aussagen über die Zukunft machen

Eine Hochzeit in Istanbul feiern

Eine Schülerin erzählt:

„In den nächsten Ferien *(fliegen)* wir zur Hochzeit meines Onkels in die Türkei. Es *(geben)* dort eine große Feier. Viele Gäste *(kommen)*. Zuerst *(abholen)* mein Onkel seine Braut mit dem Hochzeitsauto. Die Gäste *(hinterher-fahren)* mit anderen Autos bis zum Ort der Hochzeitsfeier. Dabei *(hupen)* alle laut. Die Feier *(stattfinden)* in einem großen Saal eines Hotels. Während der Feier *(bekommen)* das Brautpaar viele Geschenke. Dann *(beginnen)* das Paar die Feier mit einem Tanz. Zum Essen *(geben)* es bestimmt Hühnchen und Reis. Ich *(essen)* so viel!"

1 Schreibt den Text ab und setzt die Verben im Futur I ein:
In den nächsten Ferien <u>werden</u> wir zur Hochzeit meines Onkels in die Türkei <u>fliegen</u>. Es …

+ 2 Notiert drei Fragen zur Hochzeit, die ihr der Schülerin gern stellen würdet.
Verwendet in den Fragen Verbformen im Futur I.

Station 6: Adverbien verwenden

Einen Glücksbringer in Sofia basteln

In vielen Ländern Osteuropas, so auch in Bulgarien, trägt man im März ein rot-weißes Armband. **?** ist das so? **?** gibt es diesen Brauch schon **?** . Das Armband soll der Person, die es trägt, **?** Gesundheit bringen. Man trägt es auf der linken Seite, **?** , wo das Herz ist. Man zieht es **?** an, bis man ein erstes Frühlingszeichen sieht. Du überlegst, was das sein könnte? Ganz einfach, das kann ein blühender Baum, ein Storch oder eine Schwalbe sein. Die Glücksbändchen werden **?** im Freundeskreis verschenkt. Deshalb bastelt Vera auch einige. **?** braucht sie wohl dafür?

1 a Schreibt den Text ab und setzt die folgenden Adverbien sinnvoll ein.

> solange • dort • jahrhundertelang • warum • stets • dort • oft • wie lange

b Markiert die <mark style="background-color:#cfe2f3">Lokaladverbien</mark>, die <mark style="background-color:#d9ead3">Temporaladverbien</mark> und <mark style="background-color:#fff2cc">Interrogativadverbien</mark> in unterschiedlichen Farben.

+ 2 Schreibt einige Sätze über Glücksbringer, die ihr kennt, z. B. ein vierblättriges Kleeblatt oder ein Hufeisen. Verwendet in den Sätzen die Adverbien *immer* und *überall*. Beginnt mit dem Interrogativpronomen *warum*. Warum gilt … als Glücksbringer?

10.2 Spannende Fälle – Sätze untersuchen

Mit dem Vorfeldtest Satzglieder erkennen

Vorfeld	linke Verbklammer (VK)	Mittelfeld	rechte Verbklammer (VK)
Sherlock Holmes	löste	in England viele Kriminalfälle in kürzester Zeit.	
In England	löste	Sherlock Holmes in kürzester Zeil viele Kriminalfälle.	

1 Übertragt das Feldermodell in euer Heft und untersucht das Beispiel.
a Welche Wortgruppen könnt ihr ins Vorfeld verschieben?
b Zusammenhängende Wortgruppen im Vorfeld bilden ein Satzglied.
Überprüft, wie viele Satzglieder der Beispielsatz hat.
Tipp: Zählt die unterschiedlichen Wortgruppen, die ihr ins Vorfeld schieben könnt.

2 a Tragt die nachfolgenden Sätze ins Feldermodell ein.
b Stellt die Sätze so oft wie möglich um. Benennt Wortgruppen, die im Vorfeld stehen können.
c Lest den Text noch einmal als Ganzes. Wie wirkt er auf euch? Wie könnte man ihn verbessern?

> Viele Menschen kennen Sherlock Holmes aus spannenden Romanen. Die berühmte Romanfigur ist der englischen Polizei ein wichtiger Helfer. Der schlaue Ermittler nimmt sich Tatorte mit seinem Kollegen Watson vor. Der begabte Detektiv hat in der letzten Woche einen neuen Fall gelöst.

Information ▶ **Mit dem Vorfeldtest Satzglieder erkennen** ► Video

- Die **Bausteine** eines Satzes nennt man **Satzglieder.**
- Ein Satzglied kann aus **einem Wort, einer** oder **mehreren Wortgruppen** bestehen.
- Mit dem **Vorfeldtest** kann man herausfinden, welche Wörter und Wortgruppen ein Satzglied bilden. Sie **bleiben** beim Umstellen **zusammen.**
- Im **Vorfeld** eines Aussagesatzes steht **nur ein Satzglied.** Die Wörter und Wortgruppen, die zusammen im Vorfeld stehen können, bilden also ein Satzglied.

Vorfeld	linke VK	Mittelfeld	rechte VK
Der begabte Detektiv	hat	den Täter sehr schnell	gefasst.
Den Täter	hat	der begabte Detektiv sehr schnell	gefasst.
Sehr schnell	hat	der begabte Detektiv den Täter	gefasst.

Das Prädikat

Einbruch bei Herrn Miller?

Miller:

A `?` habe `?` aufgeräumt. (*Du/Ich, der Schrank/die Küche*)

B Plötzlich habe `?` `?` gehört.
(*ich/wir, ein lautes Scheppern/ein greller Schrei*)

C `?` bin sofort in das Wohnzimmer gerannt. (*Ich/Wir*)

D Zum Glück haben `?` nichts gestohlen. (*der Ganove/die Einbrecher*)

E Wahrscheinlich sind `?` aus dem Fenster geflüchtet. (*er/sie*)

1 **a** Schreibt die Sätze A–E ab und setzt die passenden Satzglieder unverändert ein.

  b Markiert die Prädikate rot. Was tut jemand oder was geschieht?

  c Erklärt, woran ihr erkannt habt, welche Satzglieder ihr einsetzen müsst.

2 **a** Was könnte der Detektiv Sherlock Holmes
    Herrn Miller antworten? Bildet mit Hilfe des Feldermodells
    aus den nachfolgenden Satzgliedern Sätze.

> gewesen sind • keine Einbrecher • hier •
> anschauen • die Scherben • ich • schnell •
> etwas anderes • vermutlich • ist geschehen •
> auf dem Baum • ich • eine Katze • sehe

> **Mehrteilige Prädikate:**
> - bei zusammengesetzten Verben, z. B.: *Er ruft den Detektiv an*.
> - bei zusammengesetzten Zeitformen, z. B.: *Die Katze hat etwas gehört*.

  b Erklärt, wie ihr aus den Satzgliedern korrekte Sätze gebildet habt.

3 **a** Schreibt den Dialog zwischen Herrn Miller und Sherlock Holmes weiter.
    Seht euch hierfür das Bild oben rechts genau an. Was ist wohl passiert?

▶ **einen Dialog verfassen: S. 74**

  b Lest euch eure Dialoge gegenseitig vor. Was gefällt euch, was weniger?

  c Tauscht eure Dialoge aus. Unterstreicht in den Texten die Prädikate.

Information ▶▶ **Satzglieder: Das Prädikat** ▶ Video

- Das **Verb oder der Verbkomplex bildet das Prädikat.** Es gibt an, **was jemand tut** oder **was geschieht,** z. B.: *Die Katze hat etwas gehört*.
- Das **Prädikat besetzt** im Aussagesatz immer die **linke (und rechte) Verbklammer.** Es **bestimmt** somit die gesamte **Struktur eines Satzes,** z. B. *Die Katze hat etwas gehört*.
- *Die Katze* steht im Vorfeld, *etwas* steht im Mittelfeld.
- Das Prädikat stimmt in Person und Numerus mit dem **Subjekt** überein.

Das Subjekt und das Objekt

> **A** Maskierte Einbrecher stiegen letztes Wochenende in vier Mannheimer Wohnungen ein.
> **B** Die Polizei verfolgte die maskierten Einbrecher mit Blaulicht.
> **C** Sie befahl den maskierten Einbrechern anzuhalten.

1 Vergleicht die Sätze.
  a Welche Nominalgruppe taucht in allen drei Sätzen auf? Notiert.
  b Überprüft, ob es sich bei dieser Nominalgruppe in allen Sätzen um ein Subjekt handelt.
    Tipp: Fragt nach dem Subjekt mit *Wer oder was …?*

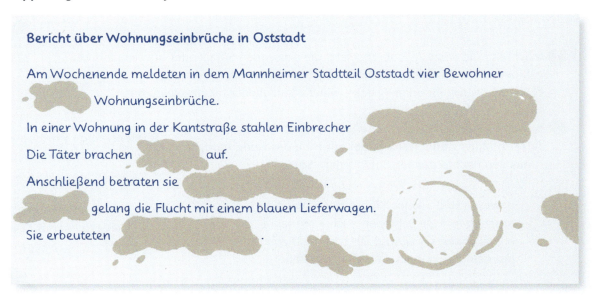

Bericht über Wohnungseinbrüche in Oststadt

Am Wochenende meldeten in dem Mannheimer Stadtteil Oststadt vier Bewohner

      Wohnungseinbrüche.

In einer Wohnung in der Kantstraße stahlen Einbrecher

Die Täter brachen   auf.

Anschließend betraten sie

      gelang die Flucht mit einem blauen Lieferwagen.

Sie erbeuteten

2 Fragt in jedem Satz nach dem Subjekt.
Bildet Fragen mit *Wer oder was …?*, z.B.:
Wer meldete am Wochenende …?

> - **Dativobjekte** erfragt man mit *Wem?*.
> - **Akkusativobjekte** erfragt man mit *Wen oder was?*.

3 a Erfragt die unlesbaren Angaben. Verwendet die Fragewörter
Wem …? oder *Wen oder was …?*.
Wem meldeten am Wochenende …?
  b Schreibt den Bericht ab und setzt die folgenden Objekte richtig ein.

> die Tür • Goldschmuck im Wert von 7000 Euro • den Tätern • der Polizei •
> den Schmuck einer älteren Dame • die Wohnung der Dame

  c Markiert die eingesetzten Akkusativobjekte und die Dativobjekte.

4 Schreibt die Sätze B–C ab und markiert die Subjekte, Akkusativ- und Dativobjekte.

Sherlock Holmes entschlüsselt ein Testament

Der hundertjährige Manfred von Hochheim ist gestorben. Kurz vor seinem Tod hatte er sein Testament geändert. Die Polizei fand das Testament in Schnipseln zerrissen im Papierkorb. Detektiv Holmes soll herausfinden, wer das Vermögen erbt – die Tochter oder der Enkel? Folgendes ist auf den einzelnen Schnipseln zu lesen:

NICHT MEHR   VERTRAUE   ICH   MEINEM ENKEL JAN   STAHL

MEINE SPINNENSAMMLUNG   ICH   ÄNDERE   MEINER TOCHTER

MEIN TESTAMENT   UND   MEIN GANZES VERMÖGEN   VERERBE

SIE   DESHALB

5 Bildet aus den Schnipseln der ersten Reihe mehrere Sätze. Wie viele Möglichkeiten findet ihr?

6 Sherlock Holmes hat versucht, das Testament wiederherzustellen. Aber ein Wort fehlt ihm. Sucht das fehlende Subjekt.

> ICH VERTRAUE MEINEM ENKEL JAN NICHT MEHR.
> **?** STAHL MEINE SPINNENSAMMLUNG.
> DESHALB ÄNDERE ICH MEIN TESTAMENT UND VERERBE MEIN GANZES VERMÖGEN MEINER TOCHTER.

7 Prüft selbst, wie man die Schnipsel zusammensetzen könnte.
Wählt a, b oder c.

a Welche **Objekte** könnten nach dem **Prädikat *vertraue*** stehen?
Findet in den Schnipseln die beiden möglichen Objekte. Achtet auf den Fall.

b Welche **Objekte** könnten nach den **Prädikaten *stahl*** und ***ändere*** stehen?
Findet in den Schnipseln die möglichen Objekte. Achtet auf den Fall.

c Welche **Objekte** könnten nach dem **Prädikat *vererbe*** stehen?
Findet in den Schnipseln die möglichen Objekte.

d Stellt euch eure Ergebnisse gegenseitig vor und löst den Fall:
Wer stahl die Spinnensammlung? Wem vertraute der alte Mann deshalb nicht mehr?
Wem vererbt Manfred von Hochheim jetzt was?

| **Information** | **Satzglieder: Subjekt, Akkusativ- und Dativobjekt** | ▶ 🖵 Video |

- Das **Subjekt** gibt an, **wer oder was etwas tut.** Man kann es mit ***Wer oder was …?*** erfragen, z. B.: *Wer oder was befragte die Bewohner? →* die Polizei
- Manche Prädikate fordern neben dem Subjekt weitere Satzglieder, die **Objekte.**
- Mit ***Wen oder was …?*** erfragt man das **Akkusativobjekt,** z. B.:
  Wen oder was fasst die Polizei? → die Einbrecher
- *Mit Wem …?* erfragt man das **Dativobjekt,** z. B.:
  Wem wurde etwas gestohlen? → der alten Bewohnerin
- **Subjekte** und **Objekte** können aus **Nomen, Nominalgruppen** oder **Pronomen** bestehen.

Das Adverbiale

Detektiv Erdem untersucht einen Diebstahl im Theater

In der Umkleidekabine eines Theaters wurde eine wertvolle Diamantuhr gestohlen. Detektiv Erdem befragt das Opfer, die Tänzerin Olga.

1 **Wo** hatten Sie Ihre Uhr gelassen?
2 **Wann** ist der Diebstahl geschehen?
3 **Wie** verhielten sich Ihre Kolleginnen in der Umkleidekabine?

A Ich hatte meine Uhr in der Umkleidekabine gelassen.
B Wahrscheinlich wurde die Uhr während der Probe gestohlen.
C Alle Kolleginnen verhielten sich unauffällig.

1 **a** Ordnet den Fragen des Detektivs 1–3 die Antworten der Tänzerin A–C zu.
   b Welche Satzglieder in den Sätzen A–C beantworten jeweils die Fragen des Detektivs?
   Gebt sie an, z. B.:
   1 Wo hatten Sie ...? – A in der ...

> Wann • Wo? •
> Wohin? • Wie? •

   D Ich habe die Uhr heute Morgen ohne Nachdenken angelegt.
   E Die Uhr befand sich während der Probe in meiner Jackentasche.
   F Die Jacke hängte ich in der Umkleidekabine auf.
   G Ich ging nach der Probe schnell zur Umkleidekabine.
   H Ich bemerkte beim Anziehen erschrocken die leere Jackentasche.

2 **a** Erfragt die markierten Satzglieder in den Sätzen D–H.
   Verwendet die Fragewörter aus dem Kasten, z. B.:
   Wann habe ich die Uhr angelegt?
   b Die markierten Satzglieder sind Adverbialien.
   Legt folgende Tabelle an und ordnet sie richtig ein.

Adverbiale ...		
des Ortes (Wo? Wohin?)	**der Zeit** (Wann?)	**der Art und Weise** (Wie?)
...	heute Morgen	ohne Nachdenken

   c Notiert die Sätze D und H ohne Adverbialien und prüft:
   Ergeben die Sätze trotzdem einen Sinn?
   Welche Aufgabe erfüllen die Adverbialien in den Ausgangssätzen?

> A Ich habe heute wie immer in der Umkleidekabine meine Schuhe gewechselt.
> B Nach dem zweiten Gong habe ich die Umkleidekabine sehr schnell verlassen.
> C Während der Probe war ich auf der Bühne.

> D Ich blieb noch eine Weile in der Umkleidekabine.
> E Nach der Pause fuhr ich mit dem Aufzug zur Bühne.

3 Detektiv Erdem befragt die Tänzerinnen Ayse und Lea. Findet die Adverbialien in ihren Sätzen. Wählt a, b oder c.

a Notiert die **Sätze A–C.** Markiert die **drei Adverbialien der Zeit, die zwei des Ortes und die zwei der Art und Weise** in unterschiedlichen Farben.

b Notiert die **Sätze A–D.** Markiert die **neun Adverbialien** in unterschiedlichen Farben.

c Notiert **alle Sätze** und markiert die Adverbialien in unterschiedlichen Farben.

d Stellt euch gegenseitig eure Ergebnisse vor und begründet sie mit der Und-das-geschieht-Probe, z. B.: Ich habe heute meine Schuhe gewechselt und das geschah <u>in der Umkleidekabine</u> (Adverbiale des Ortes) und <u>wie immer</u> (Adverbiale der Art und Weise).
Tauscht euch dann über eure Vermutung aus: Wer hat die Uhr gestohlen?

+ 4 Notiert aus den Beispielsätzen B und C eine Präpositionalgruppe und eine Adjektivgruppe.

Information ▸▸ **Satzglieder: Das Adverbiale** ▶ Video

- **Die Adverbialien** (adverbiale Bestimmungen) sind Satzglieder. Sie informieren zum Beispiel über den **Ort,** die **Zeit** oder die **Art und Weise.**
- Oft kann man mit der **Und-das-geschieht-Probe** herausfinden, ob das Satzglied ein Adverbiale ist, z. B.: *Der Detektiv findet die Uhr <u>im Theater</u>. Der Detektiv findet die Uhr und das geschieht im Theater (Adverbiale des Ortes).*
- Adverbialien können aus **Adjektiven, Adverbien, Präpositional- oder Adjektivgruppen** bestehen.
- Mit folgenden **Fragen** könnt ihr herausfinden, welches Adverbiale vorliegt:

Adverbiale der Zeit	Wann? Wie lange? Wie oft?	*Er befragte die Tänzerin in der Pause.* (**Wann** befragte er die Tänzerin?)
Adverbiale des Ortes	Wo? Wohin? Woher?	*Sie versteckte die Uhr in ihrer Tasche.* (**Wo** versteckte sie die Uhr?)
Adverbiale der Art und Weise	Wie? Auf welche Weise?	*Die Diebin verhielt sich unauffällig.* (**Wie** verhielt sich die Diebin?)

Das Attribut

> Ich vermisse meinen braunen Hut. Der Hut hat einen breiten Rand und ein bedrucktes Band. Das Band hat das Muster eines Zebras. Wurde er bei Ihnen abgegeben?

1 Überprüft, ob der Hut abgegeben wurde.
Erklärt, welche Informationen euch bei der Suche geholfen haben.

2 a Übertragt die Sätze ins Feldermodell.
b Bestimmt mit Hilfe des Vorfeldtests die Satzglieder.
Welche Wortgruppen könnt ihr jeweils ins Vorfeld verschieben?
Notiert die verschiedenen Möglichkeiten im Feldermodell.
c Einige Wörter und Wortgruppen ergänzen die Satzglieder. Man nennt sie Attribute.
Erfragt sie mit *Wie …?* oder *Was für ein …?*, z. B.:
Was für einen Hut vermisst der Mann? → seinen <u>braunen</u> Hut

3 Vergleicht die nebenstehende Aussage mit der Aussage in der Sprechblase oben.
a Könnt ihr den Hut trotzdem finden? Begründet.
b Erklärt, welche Aufgabe Attribute im Satz haben.

> Ich vermisse meinen Hut. Der Hut hat einen Rand und ein Band. Das Band hat ein Muster.

4 Beschreibt eurer Partnerin oder eurem Partner einen anderen Hut in der Garderobe.
Verwendet Attribute, die vor und nach dem Bezugswort stehen, z. B.:
Ich vermisse meinen <u>flachen</u> Hut. Er hat die Farbe <u>einer Sonnenblume</u>.

Information ▶ **Attribute**   ▶ Video

Attribute bestimmen ein Nomen näher.
Sie beschreiben besondere Merkmale einer Person oder einer Sache.

- Mit **Was für ein …?** kann man sie erfragen.
  Was für einen Hut vermisst der Mann? → *einen* <u>braunen</u> *Hut*
- Attribute sind **Teil eines Satzgliedes** und bestehen aus einzelnen Wörtern oder Wortgruppen.
- Beim Vorfeldtest bleiben sie mit ihrem Bezugswort verbunden.

Die Satzreihe: Hauptsätze verknüpfen

Detektivin Schlotterbeck sucht Betrüger auf einem Volksfest

A In Stuttgart findet das große Frühlingsfest statt. + Ich bin natürlich dabei.

B Die Leute freuen sich auf mein Riesenrad.
+ Wir bieten einen neuen Looping.

C Normalerweise mache ich gute Geschäfte.
+ Dieses Jahr habe ich ein Problem.

D Ich bin verzweifelt.
+ Jemand hat mit Falschgeld bezahlt.

E Gestern wollte ich die Betrüger erwischen.
+ Es gelang mir nicht.

F Die Detektivin übernimmt den Fall.
+ Die Detektivin beginnt sofort mit der Suche.

1 Welches Problem hat der Besitzer des Riesenrads? Erklärt.

2 a Verbindet die Sätze in A–F mit Konjunktionen aus dem Kasten.
Setzt vor den Konjunktionen ein Komma, wenn nötig, z. B.:
A In Stuttgart findet das große Frühlingsfest statt und ich bin
natürlich dabei.

b Kreist in den Satzreihen A–F die Konjunktionen ein.

> **Konjunktionen:**
> (,) und … • (,) oder … •
> , denn … • , aber … •
> , denn … • , doch

➕ 3 Detektivin Schlotterbeck überlegt, wie sie vorgehen könnte, um den Betrüger zu finden.
Notiert ihre Gedanken. Bildet Satzreihen mit *und, oder, doch, aber, denn.* Achtet auf die Kommas.

Information   **Die Satzreihe**   ▶ 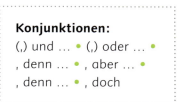 Video

- Einen **Satz,** der aus **zwei oder mehr Hauptsätzen** besteht, nennt man **Satzreihe.**
In Satzreihen trennt man die einzelnen Hauptsätze durch ein **Komma** ab, z. B.:
Herr Busch ist verzweifelt **,** *ein Betrüger bezahlt mit Falschgeld.*

     Hauptsatz 1   Komma   Hauptsatz 2

- Oft verbindet man Hauptsätze durch **Konjunktionen** wie *aber, denn, doch.*
Dann setzt man vor der Konjunktion ein **Komma,** z. B.:
Der Detektiv übernimmt den Fall **,** [*denn*] *er hat eine Idee.*

     Hauptsatz 1   Komma   Hauptsatz 2

- Wenn man Hauptsätze durch die **Konjunktionen *und*** oder ***oder*** verbindet,
muss man **kein Komma** setzen, z. B.:
Der Detektiv verkauft Lose (,) [*und*] *er betreut das Riesenrad.*

     Hauptsatz 1   (Komma)   Hauptsatz 2

Das Satzgefüge: Haupt- und Nebensätze verknüpfen

Detektivin Schlotterbeck löst den Falschgeld-Fall.

Vorfeld	linke VK	Mittelfeld	rechte VK	Nachfeld
A Die Detektivin	sieht	sich die Besucher ganz genau	an.	
B Ihr	entgeht	nichts.		
C Die Detektivin	sieht	sich die Besucher ganz genau	an,	damit ihr nichts entgeht.

1 **a** Untersucht die Sätze im Feldermodell. Welches Feld ist für euch neu?
  b Vergleicht die Sätze A und B mit Satz C. Worin unterscheiden sie sich?

2 Vergleicht den Hauptsatz in Satz C mit dem Nebensatz im Nachfeld.
  a Notiert den Satz und markiert die Verben.
  b Erklärt, an welcher Stelle jeweils das finite Verb steht.

3 **a** Verbindet die Satzpaare D–F wie im Beispiel C und markiert die Verben.
  Wählt jeweils eine passende Subjunktion aus dem mittleren Kasten und setzt die Kommas.
  Tipp: Manchmal gibt es zwei Möglichkeiten.
  b Unterstreicht die Hauptsätze und die Nebensätze in unterschiedlichen Farben.

D Plötzlich fallen ihr zwei junge Männer auf.	, weil , obwohl , als , sodass , wenn , da , während	Sie wirken beim Bezahlen sehr unsicher.
E Sie bezahlen gerade mit zwei falschen Fünf-Euro-Scheinen.		Die Detektivin überführt sie.
F Die anderen Verkäufer fielen auf die falschen Geldscheine herein.		Diese Scheine waren nicht von Profis gemacht.

Information ❯❯ **Das Satzgefüge** ▶ Video

- Ein Satz mit einem **Hauptsatz** und einem **Nebensatz** heißt **Satzgefüge.**
- **Nebensätze** beginnen oft mit einer **Subjunktion,** z. B.: *weil, da, als, während, obwohl.*
  Dann steht das **finite Verb am Ende,** z. B.
  Die Verkäufer waren froh, als die Detektivin die Gauner fasste.
  Hauptsatz   Subjunktion   Nebensatz
- Nebensätze werden mit einem **Komma** vom Hauptsatz getrennt.
- Im Feldermodell steht der Nebensatz des Satzgefüges meist im **Nachfeld.**

Der Relativsatz

Tiere als Spürnase

Hunde, <mark>die</mark> besser riechen und hören können als Menschen, sind der Polizei eine große Hilfe. Ein Polizeihund wird durch einen Hundeführer, der für ihn zuständig ist, sorgfältig ausgebildet. Das Training, das dieser Hund durchläuft, ist sehr intensiv.

1 **a** Untersucht das <mark>markierte</mark> Wort im ersten Satz. Worauf bezieht es sich?

  b Schreibt die Sätze ab und markiert weitere Wörter, die sich auf ein vorausgehendes Nomen bzw. eine Nominalgruppe beziehen. Tragt einen Pfeil zum Bezugswort ein, z. B.:

Oft setzt die Polizei <u>Hunde</u> ein, <mark>die</mark> bei der Suche nach Verbrechern helfen.

▶ **Relativpronomen: S. 185**

  c Unterstreicht die Nebensätze. Erklärt, woran ihr sie erkannt habt.

Vorfeld	linke VK	Mittelfeld	rechte VK	Nachfeld
A Oft	setzt	die Polizei Hunde	ein,	die bei der Suche nach Verbrechern helfen.
B Oft	setzt	die Polizei Hunde, die bei der Suche nach Verbrechern helfen,	ein.	
C Hunde, die bei der Suche nach Verbrechern helfen,	setzt	die Polizei oft	ein.	

2 Relativsätze sind Nebensätze, die ein Bezugswort genauer bestimmen.

  a Übertragt das Feldermodell und die Sätze A–C in euer Heft. Markiert jeweils den Relativsatz.

  b Untersucht die Sätze. In welchen Feldern kann ein Relativsatz stehen?

  c Überprüft, ob ein Relativsatz allein im Vor- oder Mittelfeld stehen kann. Begründet.

Information ▶ **Der Relativsatz**
 Video

- **Relativsätze** sind Nebensätze, die ein **Bezugswort genauer bestimmen**. Meist beziehen sie sich auf ein vorangehendes Nomen, Pronomen oder eine Nominalgruppe.
- Sie werden durch ein **Relativpronomen** eingeleitet *(der, die, das)*.
- Der Relativsatz ist durch **ein Komma/mehrere Kommas** vom Hauptsatz getrennt.
- Relativsätze stehen in der Regel im Vorfeld oder Mittelfeld. Sie können aber auch weiter entfernt im Nachfeld stehen.

> **A** Das Training erfordert viel Geduld.
> Das Training ist sehr anstrengend.
>
> **B** Eine enge Bindung zwischen dem Hundeführer und dem Suchhund ist entscheidend für den Erfolg. Der Erfolg ist Belohnung für die lange Ausbildung.
>
> **C** Die Hunde werden in Flughäfen und Bahnhöfen eingesetzt.
> Die Hunde können Drogen, Waffen oder sogar Sprengstoff erschnüffeln.
>
> **D** Rettungshunde können auch Personen finden.
> Die Personen werden vermisst.

3 Lest die Satzpaare A–D. Wie wirken sie auf euch?

4 Verbindet die Satzpaare A–D mit Hilfe von Relativsätzen. Wählt a, b oder c.

a Bildet Relativsätze aus dem jeweils zweiten Satz. Beachtet dabei die Stellung des Verbs. Setzt die Relativsätze dann **in die Lücken** ein.

A Das Training, …, erfordert viel Geduld.

B Die enge Bindung zwischen dem Hundeführer und Suchhund ist entscheidend für den Erfolg, …

C Die Hunde, …, werden in Flughäfen und Bahnhöfen eingesetzt.

D Rettungshunde können auch Personen, …, finden.

b Bildet Relativsätze aus dem jeweils zweiten Satz. Beachtet dabei die Stellung des Verbs. Verknüpft die Sätze dann zu einem Satzgefüge **wie im Beispiel** und achtet auf Kommas.

Das Training, das sehr anstrengend ist, …

c Verknüpft die Satzpaare mit Relativsätzen zu Satzgefügen. Stellt den Relativsatz in **Satz D einmal ins Mittelfeld** und **einmal ins Nachfeld.**

d Stellt eure Sätze vor und überlegt nach jedem Satz gemeinsam: Steht der eingesetzte Relativsatz im Vor-, Mittel- oder Nachfeld?

Erfolgreiche Jagd nach Falschgeld

Eine Bande, **?** schon lange gesucht wurde, konnte gestern am Stuttgarter Flughafen von dem Suchhund Rocky geschnappt werden. Die Flughafenbehörden erfuhren von verdächtigen Aktivitäten, **?** sich im Frachtbereich abspielten. Rocky und sein Hundeführer gingen in den Frachtraum, **?** sich am anderen Ende des Geländes befand. Sofort nahm Rocky die Fährte auf und leitete seinen Hundeführer zu einem Frachtcontainer, **?** ganz hinten in der Ecke stand. Die Polizei öffnete kurz danach den Container und fand mehrere Taschen, **?** mit gefälschten Banknoten gefüllt waren. Es stellte sich heraus, dass die Banknoten von Bargeldschmugglern stammte, **?** seit Langem gesucht wurden. Die Bandenmitglieder wurden sofort festgenommen.

---

5 a Schreibt den Text ab und setzt die fehlenden Relativpronomen ein. ► Relativpronomen: S. 185

b Unterstreicht die Nomen oder Nominalgruppen, auf die sich die Relativpronomen beziehen.

Proben bei der Textüberarbeitung anwenden

Detektiv Erdem erklärt den Grund für die geheimnisvollen Blutflecken

A Die Polizei fand bei diesem Fall keinen Täter, keine Tatwaffe und kein Opfer. Die verantwortlichen Polizisten waren ratlos. Die Polizisten baten deshalb Detektiv Erdem um Hilfe. Der Detektiv eilte schnell herbei.

B Zwei Polizistinnen suchten **?** nach Spuren. Sie hatten bereits **?** damit begonnen.
5 **?** trugen sie Handschuhe und prüften alles **?** .

C Der Detektiv und die Polizistinnen fanden am Tatort nur Blutflecken. Sie fanden kein Messer, keine Pistole, keine andere Waffe. Und sie fanden auch keinen Verletzten oder Toten. Der Detektiv fand jedoch weitere Blutspuren, die zu einem Toilettenhäuschen führten.

10 **D** In dem Toilettenhäuschen fanden sie einen zwölfjährigen Jungen mit Fußball und blutigem T-Shirt. Er hatte allein ohne seine Freunde Fußball trainiert. Beim Training hatte er plötzlich Nasenbluten bekommen und seine Nase hatte geblutet. Weil er kein Taschentuch hatte, war er schnell zur Toilette gerannt.

1 Schreibt die Abschnitte A–D am Computer ab und überarbeitet sie mit Hilfe der Aufgaben 2–5.
▶ **Methode: Eigene Texte am Computer überarbeiten: S. 216**

2 Überarbeitet Abschnitt A mit Hilfe des **Vorfeldtests:** Stellt verschiedene Satzglieder ins Vorfeld damit sie abwechslungsreicher werden, z. B.: *Bei diesem Fall fand ...*

3 Überarbeitet Abschnitt B mit Hilfe der
Erweiterungsprobe:
Ergänzt in den Lücken Adverbialien aus dem Kasten.

> eine halbe Stunde vorher • sehr gründlich •
> am Tatort • zur Vermeidung von Fingerabdrücken

4 Überarbeitet Abschnitt C mit Hilfe der **Ersatzprobe:** Ersetzt dreimal das Verb *finden*.
Folgende Verben könnt ihr verwenden: *entdecken, sehen, bemerken*.

5 Überarbeitet Abschnitt D mit Hilfe der **Weglassprobe:** Streicht Wiederholungen und unwichtige Wörter oder Aussagen.

Information ▶ **Mit Proben eigene Texte überarbeiten** ▶ Video

- **Vorfeldtest :** Stellt die Satzglieder in einem Satz um, um Wiederholungen zu vermeiden.
- **Erweiterungsprobe:** Erweitert Wortgruppen (mit Attributen) und ergänzt Sätze z. B. durch Adverbialien und Relativsätze.
- **Ersatzprobe:** Tauscht Wörter aus, die sich wiederholen oder nicht gut passen.
- **Weglassprobe:** Streicht Wiederholungen und unwichtige Aussagen.

Eigene Texte am Computer überarbeiten

Am Computer könnt ihr eure Texte gut überarbeiten. So geht ihr dabei vor:

1. Wörter oder Wortgruppen verschieben

– Markiert die Textstelle, die ihr verschieben möchtet. Klickt dafür mit der Maus auf den Beginn der Textstelle, haltet die Maus gedrückt und zieht den Cursor bis zum Ende der Textstelle.

Die Polizei fand bei diesem Fall keinen Täter, keine Tatwaffe und kein Opfer.

– Klickt mit der rechten Maustaste auf die markierte Textstelle und wählt die Funktion Ausschneiden.

Die Polizei fand bei diesem Fall keinen Täter, keine Tatwaffe und kein ✂ Ausschneiden

– Geht mit der Maus an die Stelle, wo die Textstelle eingefügt werden soll. Klickt die Stelle mit der rechten Maustaste an und wählt aus, wie die Textstelle eingefügt werden soll.

|Die Polizei fand keinen Täter, keine Tatwaffe und kein Opfer. Einfügeoptionen:

– Korrigiert anschließend die Groß- und Kleinschreibung in der Textstelle, wenn nötig.

Bei diesem Fall fand die Polizei keinen Täter, keine Tatwaffe und kein Opfer.

2. Wörter ersetzen mit Hilfe des Thesaurus-Wörterbuchs

– Klickt in eurem Schreibprogramm auf den Reiter Überprüfen und sucht die Schaltfläche Thesaurus.

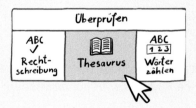

– Markiert das Wort, das ihr ersetzen möchtet, mit Hilfe der rechten Maustaste.

– Wenn ihr dann auf die Schaltfläche Thesaurus klickt, seht ihr am rechten Bildschirmrand Wörter mit gleicher oder ähnlicher Bedeutung.

– Wählt ein passendes Wort aus und ersetzt das Wort in eurem Text.

Tandembogen: Sätze untersuchen

 1 Testet euch gegenseitig in Partnerarbeit. Geht so vor:
- Partner/-in A deckt die rechte Hälfte des Tandembogens ab, Partner/-in B die linke.
- A liest die Aufgabe 1 vor und löst sie. B vergleicht die Antwort mit der Lösung.
- Danach liest B Aufgabe 2 vor und löst sie. A prüft die Lösung usw.

- Tauscht dann die Rollen A und B und beginnt von vorn.

Partner/-in A	Partner/-in B	Falsch? Übe an …
1 Bestimme Subjekt und Prädikat im folgenden Satz: *Letzte Woche hat ein Spürhund die Arbeit der Polizei unterstützt.*	**Lösung zu 1:** Subjekt: *hund* Prädikat: *unterstützt*	Station 1, ▶ S. 218
Lösung zu 2: **A** *ihrem Helfer* = Dativobjekt **B** *ein Leckerli* = Akkusativobjekt	**2** Bestimme die markierten Satzglieder: *Die Polizistin gibt ihrem Helfer ein Leckerli.*	Station 2, ▶ S. 218
3 Bestimme die markierten Satzglieder: *Gestern Abend fand Rex etwas Verbotenes in der Lagerhalle.*	**Lösung zu 3:** *Gestern Abend* = Adverbiale der Zeit *in der Lagerhalle* = Adverbiale des Ortes	Station 3, ▶ S. 219
Lösung zu 4: *gute, wichtige, hilfreiche*	**4** Bestimme alle Attribute: *Gute Hunde leisten wichtige und hilfreiche Arbeit.*	Station 4, ▶ S. 219
5 Bilde aus den Sätzen ein Satzgefüge und eine Satzreihe: *Die Hunde haben etwas Verbotenes im Koffer entdeckt.* *+ Sie zeigen das sofort.*	**Lösung zu 5:** Satzgefüge: *Wenn die Hunde etwas Verbotenes im Koffer entdeckt haben, zeigen sie das sofort.* Satzreihe: *Die Hunde haben etwas Verbotenes im Koffer entdeckt und zeigen das sofort.*	Station 5, ▶ S. 220
Lösung zu 6: *Der Hund, der laut bellt, hat den Täter geschnappt.*	**6** Verbinde die Sätze mit Hilfe eines Relativsatzes. *Der Hund bellt laut. Der Hund hat den Täter geschnappt.*	Station 6, ▶ S. 220

2 Wertet eure Fehler aus. Bei welchen Aufgaben hattet ihr Probleme?
Übt weiter an den Stationen 1–6 (▶ S. 218–220).

Satzglieder und Sätze an Stationen üben

Station 1: Das Subjekt und das Prädikat bestimmen

> **Der misslungene Bankraub**
>
> **A** plante | ein Bankräuber | einen Banküberfall
> **B** konnte beobachten | die Bank | er | von einem Auto aus | gut
> **C** wartete | mehr als zwei Stunden | auf einen ruhigen Moment in der Bank | er
> **D** verließ | die Bank | der letzte Kunde | gegen 12 Uhr mittags | langsam
> **E** zog über | eine Maske | schnell | der Bankräuber
> **F** rannte | zur Eingangstür der Bank | er
> **G** hatte abgeschlossen | die Eingangstür | aber | ein Mitarbeiter

1 **a** Bildet aus den Satzgliedern in A–G Sätze und schreibt sie auf.
   Achtet auf die Großschreibung am Satzanfang, z. B.: A Ein Bankräuber plante …
b Erfragt zu jedem Satz A–G das Subjekt mit *Wer oder was …?* und bestimmt das Prädikat.
   Markiert die beiden Satzglieder in unterschiedlichen Farben.
c Stellt die Sätze A–E so um, dass jeweils ein anderes Satzglied am Satzanfang steht.

+ **2** Für welchen Satz gibt es die meisten Umstellmöglichkeiten? Schreibt vier Möglichkeiten auf.

Station 2: Dativ- und Akkusativobjekte bestimmen

> **Wie arbeitet ein Kaufhausdetektiv?**
>
> **A** Kaufhausdetektive beobachten die Kunden sehr genau.
> **B** Sie nutzen dafür häufig Überwachungskameras.
> **C** Mehrere Kameras übermitteln den Detektiven Aufnahmen
>   von verschiedenen Stellen im Kaufhaus.
> **D** Kaufhausdetektive sprechen verdächtige Kunden an.
> **E** In den meisten Fällen übergeben sie die Täter der Polizei.

1 Bestimmt in den Sätzen A–E die Objekte.
   Erfragt sie mit *Wem …?* (Dativobjekt) oder *Wen oder was …?* (Akkusativobjekt).
   Schreibt die Sätze ab und unterstreicht Dativobjekte blau und Akkusativobjekte grün.

+ **2** Welche Verben (*geben, helfen, vermissen, vertrauen*) fordern im Satz ein Dativobjekt, welche ein
   Akkusativobjekt? Mit welchem Verb können beide Objekte stehen?
   a Bildet mit den Verben vier Sätze und schreibt sie auf.
   b Bestimmt die Objekte in euren Sätzen.

Station 3: Adverbialen erkennen

Ein Privatdetektiv berichtet von seiner Arbeit

A Ich erhalte meine Aufträge häufig von Firmen, Privatpersonen oder von der Polizei.
B Oft sitze ich im Auto und beobachte stundenlang Leute oder Objekte.
C Aus Langeweile höre ich dann Hörbücher, natürlich immer Krimis.
D Manchmal recherchiere ich nach Informationen in Bibliotheken.
E Aus Sicherheitsgründen bleibe ich meistens im Hintergrund.
F Ich darf während meiner Arbeit keine Waffen tragen.
G Meine Untersuchungsergebnisse notiere ich immer sorgfältig.

> Wann? • Wie oft? • Wie lange? • Wo? • Wie?

1 a Erfragt die markierten Satzglieder in den Sätzen A–G.
Verwendet die Fragewörter im Kasten und notiert die Fragen, z. B.:
Wie oft erhalte ich meine Aufträge? → häufig

b Schreibt jeweils dahinter, welches Adverbiale es ist: Adverbiale des Ortes (AO), der Zeit (AZ) oder der Art und Weise (AAW)?

⊕ 2 Stellt die Sätze A, F, G so um, dass sie mit einem Adverbiale beginnen.

Station 4: Attribute bestimmen

Sicher wohnen

A Die Polizei gibt hilfreiche Tipps, um Einbrüche zu verhindern.
B Ein aufmerksamer Wachhund kann mögliche Einbrecher abschrecken.
C Eine beleuchtete Umgebung gibt ein Gefühl von Sicherheit.
D Wenn man längere Zeit abwesend ist, kann man mit Zeitschaltuhren wichtige Lichtquellen automatisch steuern.
E Nachbarinnen und Nachbarn oder Freunde können auf das leere Haus aufpassen.
F Sie können ein wachsames Auge auf das Haus haben und einen vollen Briefkasten leeren.

1 Bestimmt in den Sätzen A–F die Attribute.
Erfragt sie mit *Wie …?* oder *Was für ein …?*

⊕ 2 Ergänzt in den folgenden Sätzen die markierten Nomen durch sinnvolle Attribute.
Schreibt die Sätze auf und markiert die Attribute.
A Gegenstände kann man in einem Safe bei der Bank aufbewahren.
B Eine Alarmanlage kann Einbrecher abschrecken.
C Auf sozialen Medien sollte man keine Informationen über einen Urlaub veröffentlichen.

Station 5: Satzreihen und Satzgefüge bilden

A Manchmal beauftragen Firmen einen Privatdetektiv.

B Privatpersonen bitten manchmal einen Privatdetektiv um Hilfe.

C Detektive beobachten verdächtige Personen.

D In manchen Fällen lohnt sich die Hilfe durch einen Detektiv.

E Auch Kaufhäuser setzen gelegentlich auf einen Detektiv.

…(,) und …
…, aber …

…, weil …
…, wenn …

Ein Mitarbeiter kommt häufig nicht zur Arbeit.

Sie suchen nach Personen wie einem alten Jugendfreund.

Sie sammeln Beweise für das Gericht.

Das kostet viel Geld.

So legen die Geschäfte den Ladendieben das Handwerk.

1 a Verknüpft die Satzpaare A–E zu Satzreihen oder Satzgefügen.
Wählt jeweils eine passende Junktion und setzt, wenn nötig, das Komma.

b Notiert jeweils dahinter:
Handelt es sich um eine Satzreihe (SR) oder um ein Satzgefüge (SG)?

2 Würdet ihr selbst gerne einmal als Detektiv oder Detektivin arbeiten?
Bildet eine Satzreihe mit einer Konjunktion und ein Satzgefüge mit einer Subjunktion.

Station 6: Relativsätze bilden

A Die Detektivin beobachtet die Kunden. Die Detektivin arbeitet im Kaufhaus.
B Sie hat den Zeugen befragt. Der Zeuge hat den Diebstahl beobachtet.
C Die Detektivin geht einem Hinweis nach. Sie hat den Hinweis erhalten.
D Sie verfolgt den Dieb. Der Dieb will mit der gestohlenen Ware fliehen.
E Bei seinem Fluchtversuch lässt der Dieb seine Beute fallen.
Die Beute ist zum Fliehen zu schwer.
F Die Detektivin bearbeitet den Fall. Der Fall ist sehr kompliziert.

1 Verbindet die Satzpaare A–F mit Hilfe von Relativsätzen.

2 Bildet aus den markierten Wortgruppen jeweils einen Relativsatz.

Die Detektivin schnappt den fliehenden Dieb.
Sie hat einen spannenden Beruf.

10.3 Fit in …! – Texte überarbeiten

Wortarten richtig verwenden: Eine Erzählung überarbeiten

Stellt euch vor, ihr bekommt in der nächsten Klassenarbeit die folgende Aufgabe gestellt.

Aufgabe
Überarbeite die folgende Erzählung. Gehe so vor:
a Verbessere in Abschnitt 1 die Stellen, an denen der falsche Kasus verwendet wurde.
b Setze in Abschnitt 2 die Verben ins richtige Tempus.
c Vermeide in Abschnitt 3 Wiederholungen. Ersetze die Nomen und Nominalgruppen durch passende Pronomen.

Verloren in Wien

1 Leider regnete es in Wien, als unsere Lehrkräfte bei die Klassenfahrt einen Rundgang durch der Stadt planten. Meine Freundin Nuria und ich schlenderten hinter die Klasse her. Wir liefen zusammen unter ein Schirm. Nurias Oma und Opa leben in die Nähe von Wien. Sie war schon oft bei sie zu Besuch. Deshalb konnte sie mir von die Sehenswürdigkeiten in die Stadt erzählen. Sie schwärmte beispielsweise von das Riesenrad und redete über der Sachertorte mit ein Schlag Sahne. Die sollte ich in ein Kaffeehaus unbedingt einmal probieren. Ich hörte die Freundin genau zu.

2 Beim Reden vergessen wir die anderen. Dann bemerken wir jedoch, dass unsere Mitschülerinnen und Mitschüler weg sind und wir allein dastehen. Ich kann vor Schreck nicht sprechen. Und Nuria beginnt zu weinen. Was sollen wir nun tun? Wir bleiben hilflos auf dem Fußweg stehen. Plötzlich spricht eine elegante Dame uns von hinten an.

3 Die Dame fragte: „Habt ihr euch verlaufen?" Wir sahen die Dame an und nickten. Wir folgten der Dame einige Meter, bis die Dame vor einem großen Schaufenster stehen blieb. „Da im Kaffeehaus", fragte die Dame, „ist das eure Klasse?" „Oh ja!", riefen Nuria und ich erleichtert. Nuria und ich bedankten uns bei der Dame. Nach dem Schreck genossen Nuria und ich ein großes Stück Sachertorte mit Sahne. Das große Stück Sachertorte mit Sahne schmeckte wunderbar.

Die Aufgabe verstehen

 1 Was verlangt die Aufgabe von euch?
Erklärt euch gegenseitig, was ihr in den Abschnitten 1–3 prüfen und korrigieren müsst.

Planen und schreiben

2 Überarbeitet **Abschnitt 1.** Korrigiert die falschen Wortendungen. Die Tipps 1–3 helfen euch.

> **Tipp 1:**
> - Diese Präpositionen stehen mit **Dativ:** *von, mit, bei.*
> - Diese Präposition steht mit **Akkusativ:** *durch.*
> - Diese Präpositionen stehen mit **Dativ (Wo?) oder Akkusativ (Wohin?):** *in, hinter, unter, über.*

> **Tipp 2:**
> Dieses Verb steht mit einem Dativobjekt: *zuhören.*

> **Tipp 3:**
> So verändern sich die Artikel:
>
> | Nominativ | Dativ | Akkusativ |
> |-----------|-------|-----------|
> | der/ein | dem/einem | den/einen |
> | die/eine | der/einer | die/eine |
> | das/ein | dem/einem | das/ein |

3 a Überarbeitet **Abschnitt 2.** Überlegt zuerst: In welchem Tempus stehen die Verben in den Abschnitten 1 und 3? In welchem Tempus müssen sie in Abschnitt 2 stehen?
b Schreibt Abschnitt 2 ab und setzt die Verben in der richtigen Zeitform ein. Tipp 4 hilft euch.

> **Tipp 4:**
> - Präteritumform von **schwachen Verben:** *wir bemerkten*
> - Präteritumform von **starken Verben:** *wir vergaßen*

4 a Überarbeitet **Abschnitt 3.** Prüft zuerst, welche Wörter ihr ersetzen müsst.
b Schreibt Abschnitt 3 ab. Ersetzt die Wiederholungen durch geeignete Pronomen aus dem Kasten.

> er • sie • es • ihm • ihn • ihr • wir • uns • diese

Überarbeiten

5 Prüft euren Text abschließend mit Hilfe der folgenden Checkliste. Habt ihr alles beachtet?

> **Checkliste** > **Einen Text auf Wortebene überarbeiten**
> - Stehen alle **Artikelwörter, Adjektive, Nomen** und **Pronomen** im richtigen Kasus? Haben sie die richtigen **Endungen?**
> - Stehen alle **Verbformen** im richtigen **Tempus?**
> - Habt ihr **Wiederholungen vermieden?**
> - Habt ihr auf die **Rechtschreibung** geachtet?
> - Habt ihr an den **Satzanfängen großgeschrieben** und alle **Satzschlusszeichen** gesetzt?

Sätze richtig bilden: Einen Text überarbeiten

Stellt euch vor, ihr bekommt in der nächsten Klassenarbeit die folgende Aufgabe gestellt.

Aufgabe

Überarbeite den folgenden Text über einen Kriminalfall. Gehe so vor:

a Überarbeite Abschnitt 1. Verbinde die sechs Sätze zu drei Satzreihen.

b Überarbeite Abschnitt 2. Verbinde die Sätze zu Satzgefügen.

c Ergänze in Abschnitt 3 passende Adverbialien.

  Die Fragewörter in Klammern helfen dir dabei.

<u>Bericht über den Fall der entführten Katze</u>

   1 Die Besitzerin einer teuren Perserkatze meldete sich bei Detektiv Erdem.
     Jemand hatte am Morgen ihre Katze entführt. In ihrem Briefkasten lag ein
     Erpresserbrief. Sie wollte das Lösegeld nicht zahlen. Detektiv Erdem
     untersuchte den Erpresserbrief. Er befragte alle Bewohner des Hauses.
 5 2 Schließlich überführte der Detektiv Frau Schmitt aus dem dritten Stock.
     Ihre Aussagen waren unlogisch.
     Sie konnte dem Detektiv ein frisches Croissant vom Bäcker anbieten. Sie hatte
     die Wohnung an dem Tag angeblich nicht verlassen.
     Der Detektiv entdeckte außerdem Zeitungsschnipsel im Papierkorb. Sie verließ
10   das Wohnzimmer und kochte Tee.
   3 Laut Detektiv Erdem wurde die Perserkatze (Wann?) entführt. Die Täterin
     ging (Wohin?) und schlich (Wie?) (Wohin?). Sie suchte (Wo?) nach der Katze
     und nahm sie mit. Der Detektiv hatte richtig kombiniert. Die Polizei kam,
     durchsuchte (Wie?) die Wohnung von Frau Schmitt und fand die gestohlene
15   Katze in einem Wäschekorb.

Die Aufgabe verstehen

 1 Was verlangt die Aufgabe von euch? Verbindet die richtigen Satzteile.
Tipp: Die Buchstaben in Klammern ergeben rückwärtsgelesen ein Lösungswort.

– In Abschnitt 1 soll ich …   – Nebensätze mit Subjunktionen wie *weil, obwohl, als, wenn*
bilden. **(TT)**
– In Abschnitt 2 soll ich …   – Satzglieder mit genaueren Informationen ergänzen. **(UF)**
– In Abschnitt 3 soll ich …   – immer zwei Sätze mit Konjunktionen wie *und, oder, denn,*
doch oder *aber* verbinden. **(RE)**

Planen und schreiben

2 Überarbeitet **Abschnitt 1.** Wählt passende Konjunktionen aus dem
nebenstehenden Kasten und verbindet die Sätze zu Satzreihen.
Setzt die notwendigen Kommas, z. B.: Die Besitzerin einer teuren
Perserkatze meldete sich bei Detektiv Erdem, denn jemand …

> und • oder • doch • aber • denn

3 Überarbeitet **Abschnitt 2.** Wählt passende Subjunktionen aus dem
nebenstehenden Kasten und verbindet die Sätze zu Satzgefügen.
Setzt die notwendigen Kommas, z. B.: Schließlich überführte der
Detektiv Frau Schmitt aus dem dritten Stock, da ihre Aussage …

> als • damit • da • weil • obwohl • sodass • wenn

4 Überarbeitet **Abschnitt 3.** Ihr könnt
Adverbialien aus dem nebenstehenden
Kasten verwenden.

> in den ersten Stock • im Flur • leise • in die Wohnung ihrer Nachbarin • am Morgen • gründlich

Überarbeiten

 5 a Tauscht eure Texte.
Prüft Punkt für Punkt der Checkliste unten und
notiert Überarbeitungshinweise mit Bleistift in
den Text oder unter dem Text.
  b Korrigiert euren eigenen Text mit Hilfe der
Hinweise eurer Partnerin oder eures Partners.

> **Überarbeitungshinweise formulieren**
> – *Prüfe bitte noch einmal …*
> – *Achte bitte auf …*
> – *Denke bitte daran, dass …*
> – *Vergiss nicht, dass …*

Checkliste   **Einen Text auf Satzebene überarbeiten**

- Habt ihr **Sätze** sinnvoll miteinander **verbunden?**
- Habt ihr in **Satzreihen** und **Satzgefügen** die notwendigen **Kommas** gesetzt?
- Steht das **Verb** in den **Nebensätzen** immer **am Ende?**
- Sind **Grammatik** und **Rechtschreibung** korrekt?
- Habt ihr an den **Satzanfängen großgeschrieben** und alle **Satzschlusszeichen** gesetzt?

1. Worum geht es in dem Rechtschreibgespräch?
   Beantwortet die Fragen und erklärt die
   Schreibung der fettgedruckten Wörter.

2. Seht euch die Bälle auf dem Tisch an.
   Erinnert ihr euch an die Zeichen?
   Ordnet die Zeichen den Strategien in
   der Lampe zu.

In diesem Kapitel ...

- wiederholt ihr wichtige Rechtschreibstrategien,
- erklärt und begründet ihr die Schreibung
  von Wörtern,
- findet ihr neue Strategien und Regeln,
- lernt ihr neue Merkschreibungen.

die Sauerkirschmarmelade

der Schokoladenkuchen

die Banane
die Aprikose
die Kirsche
die Mandarine
die Weintraube
die Pampelmuse

 1 a Welche Früchte gibt es am Obststand?
Ordnet den Früchten ihre Namen zu und schreibt sie auf.

b Schwingt die Wörter: Sprecht sie deutlich in Silben und setzt die Silbenbögen.
Tipp: Jeder Vokal oder Zwielaut ist das Zentrum einer Silbe.
1 die Weintraube, 2 ...

2 a Verlängert die Wörter: Setzt sie dazu mit den Wörtern
aus dem Kasten zusammen, z. B.:
die Banane + die Schale = die Bananenschale

b Wie viele Silben hat das längste Wort, das ihr gebildet
habt?

die Schale • der Saft •
die Kerne • die Farbe •
die Früchte • der Baum •
die Blüten • die Steine

3 Diktiert euch die Wörter aus Aufgabe 2 als Partnerdiktat.
– Sprecht deutlich in Silben.
– Macht eine Pause, wenn die Partnerin / der Partner schreibt.
– Nach der Hälfte der Wörter diktiert die oder der andere.
– Kontrolliert und korrigiert zum Schluss gemeinsam.

die Paprikaschoten
die Mangoscheiben

die Zitronenlimonade

tretenwünschenholenfangendauernwerdenhustenfaltenrufenrutschen

Zitronenlimonade

Halloween

der Tomatensalat

der Nudelsalat

Heute:
Markt

der Pampelmusensaft

4 Lest die Wörter auf den Marktschildern deutlich in Silben.

a Prüft, welche Wörter die meisten, welches Wort die wenigsten Silben hat.
Tipp: Zieht beim Sprechen mit dem Schreibarm Silbenbögen durch die Luft.

b Schreibt die Wörter auf und setzt die Silbenbögen darunter.

5 a Zählt: Wie viele Verben verstecken sich in den Wortschlangen?

b Sprecht jedes Verb deutlich in Silben.
Achtet auf die erste Silbe: Endet sie mit einem Vokal oder Zwielaut? Dann ist sie offen.
Endet sie mit einem Konsonanten? Dann ist sie geschlossen.

c Schreibt die Verben geordnet in eine Tabelle.

Die erste Silbe ist **offen**, sie endet mit einem **Vokal** bzw. **Zwielaut**.	Die erste Silbe ist **geschlossen**, sie endet mit einem **Konsonanten**.
reiten, …	kosten, …

+ 6 Findet Wörter mit sechs Silben und schreibt sie auf.

11.1 Immer mit Köpfchen! – Strategien erforschen

Strategie Schwingen – Besondere Buchstabenfolgen

schwimmen • schreiben •
schlagen • schmelzen •
schlurfen • schreien •
die Schweine • die Schlangen •
die Schwalben

sprechen • stehen •
steigen • springen •
streiten • speisen •
der Spargel • die Stare •
der Sperber

der Sperber

1 a Sprecht die Wörter deutlich in Silben.
   b Prüft, wie man die markierten Buchstaben spricht.
   Beschreibt den Unterschied zwischen dem linken und dem rechten Wortspeicher.
   c Schreibt die Wörter ab und setzt die Silbenbögen, z. B.: schwimmen … sprechen …
   d Ergänzt die Regel:
   Man spricht *scht* und schreibt **?** , man spricht *schp* und schreibt **?** .

2 Überprüft, ob eure Regel immer gilt.
   Legt dazu eine Liste an: Wörter mit **st** – Wörter mit **sp.**
   Findet mit Hilfe des Wörterbuchs für jede Spalte zehn Wörter.   ▶ **Methode: Nachschlagen: S. 296**

die Quelle • quatschen • quer

3 a Sprecht die Wörter deutlich Laut für Laut.
   b Schreibt die Wörter mit **Qu/qu** ab und ergänzt die Regel:
   Man spricht **?** und schreibt **?** .
   c Übt die Schreibbewegungen für **Qu/qu:**
   Zieht mit dem Finger die beiden Buchstabenbilder nach.

4 a Zerlegt die Wortschlangen in Einzelwörter.
   Schreibt die Verben und die Nomen auf.
   b Bildet mit den Wörtern Sätze und markiert **Qu/qu.**

Methode	Wörter mit besonderen Buchstabenfolgen schwingen

Auch Wörter mit besonderen **Buchstabenfolgen wie *st, sp, qu*** könnt ihr **schwingen,**
obwohl man sie anders spricht, als man sie schreibt.
Sprecht die Wörter **deutlich in Silben,** z. B.: *spei-sen, stei-gen, quir-len.*

Strategie Verlängern – Einsilbige Wörter

> der Grund • der Berg • der Wind • der Dieb • das Land • der Bund • der Zwerg •
> das Kind • das Sieb • die Wand

1 **a** Lest die Wörter deutlich: Wie spricht man die markierten Buchstaben?

 b Verlängert die Wörter um eine Silbe, z. B.: der Grund – die Gründe.
  Wie spricht man dann die markierten Buchstaben?

 c Schreibt die Wörter mit den Verlängerungswörtern auf.

Nomen	Verben	Adjektive
der Hund	er saugt	gelb
der Wald	er biegt	grob
das Hemd	es zog	wild
der Zug	er log	klug
der Tag	er bog	fremd

2 **a** Lest die Wörter deutlich in Silben.
  Prüft, welche Buchstaben man nicht so schreibt, wie man sie spricht.

 b Schreibt die Wörter ab und ordnet ihnen diese Verlängerungswörter zu:
  die Hund**e**, die Züge, die Wälder, die Tage, die Hemden
  wir log**en**, wir biegen, wir saugen, wir bogen, wir zogen
  gelb**er als**, klüger als, grober als, fremder als, wilder als
  der Hund – die Hunde, … er saugt – wir saugen, … gelb – gelber als, …

3 Führt ein Rechtschreibgespräch: Was habt ihr über das Verlängern herausgefunden?
 Macht euch Notizen zu folgenden Fragen:
 – Welche Wörter verlängert man? Warum?
 – Wie verlängert man die drei Wortarten? ▶ **Methode: Rechtschreibgespräch: S. 231**

4 Findet zu den Wörtern in Aufgabe 1 weitere Reimwörter. Schreibt sie auf und verlängert sie.

Methode 》 **Einsilber verlängern**	▶ Video

- Am Ende eines **einsilbigen** Wortes **klingen** d oder t, g oder k, b oder p **gleich,** z. B.:
 der Freund, der Weg, der Korb. Deshalb **verlängert** man Einsilber.
- **Verlängert** das Wort um eine Silbe: Bildet dazu bei Nomen den **Plural,**
 bei Verben eine **Form mit *wir,*** bei Adjektiven eine **Vergleichsform.**
- **Schwingt** das Verlängerungswort. So **hört** ihr, wie man es schreibt, z. B.:
 Nomen: *der Freund* – denn: *die Freunde*, Verb: *sie legt* – denn: *wir legen*,
 Adjektiv: *lieb* – denn: *lieber*.

Strategie Verlängern – Mehrsilber mit unklaren Auslauten

A der Regen • der Winter • der Hagel • wegen • sondern • dabei

B der Abend • gesund • der Urlaub • der Bussard • der Leopard • der Betrug

1 a Lest die Wörter deutlich in Silben vor und untersucht ihre Schreibung.
  b Welche Wörter schreibt man, wie man sie spricht – **A** oder **B**?
  Schreibt diese Wörter ab und setzt die Silbenbögen.
  c Schreibt die anderen Wörter ab und findet passende Verlängerungswörter.
  Setzt Silbenbögen.

der Bussard

2 a Lest die folgenden Wörter und prüft, wie ihr **-ig** am Ende sprecht:
  durstig, fertig, häufig, wichtig, wenig, der König, richtig, heftig.
  b Prüft, ob euch das Verlängern helfen kann, die Wörter richtig zu schreiben.
  Schreibt die Wörter mit passenden Verlängerungswörtern auf, z. B.: *durstig – durstiger* als …

Warum sehen die Vögel im Winter so rund aus?

1 Ein kleiner Vogel ist in der Regel sehr leicht und klein.
Ein Rotkehlchen wiegt z. B. sehr wenig: nicht mehr als
ein normaler Brief. Im Winter ist es oft hungrig, wirkt
aber ganz schön kugelig. Woran liegt das?

2 Ein Vogel hat keine Haare, sondern trägt ein Gefieder. Dieser Unterschied ist für
den Vogel sehr wichtig. Er kann die einzelnen Federn aufstellen, und die Luft in den
Zwischenräumen hält die Wärme. Man mag es nicht glauben, aber das Kleid der
Vögel wirkt wie eine Daunenjacke, die ihn vor Wind und Nässe schützt.

3 Findet im Text Wörter, die man verlängern muss. Wählt a, b oder c.
  a Findet **zu den markierten Wörtern** Verlängerungswörter. Schreibt sie zusammen auf, z. B.:
  es wiegt – wir wiegen, …
  b Findet **im zweiten Absatz fünf Wörter,** die verlängert werden müssen.
  Schreibt sie mit dem jeweiligen Verlängerungswort auf.
  c Findet **alle zu verlängernden Wörter** im Text. Ordnet sie nach **einsilbigen und zweisilbigen
  Wörtern** und schreibt sie mit dem jeweiligen Verlängerungswort auf.
  d Führt ein Rechtschreibgespräch: Bei welchen Wörtern hilft das Verlängern?
  Formuliert eine Merkhilfe.
  ▶ Methode: Rechtschreibgespräch: S. 231

Methode	Mehrsilber verlängern und schwingen

- Bei einigen **Mehrsilbern** hört man nicht, mit welchem **Buchstaben** das Wort oder der
  Wortstamm **endet.**
- Dann hilft ebenfalls das **Verlängern,** z. B.: *gesund – gesünder als* …

Ein Rechtschreibgespräch führen

In einem Rechtschreibgespräch klärt ihr Fragen zur **Schreibung** von Wörtern.
Ihr tauscht euch über Strategien und Regeln aus und **löst** so **Rechtschreibprobleme.**

1. Das Rechtschreibgespräch vorbereiten

– Seht euch das Wortmaterial und die Aufgabe an.
– Klärt, welche Wörter ihr durch Schwingen sicher schreiben könnt.
– **Markiert Problemstellen** in den anderen Wörtern.

2. Das Rechtschreibgespräch durchführen

– **Findet euch** mit einer Lernpartnerin, einem Lernpartner oder in der Gruppe **zusammen.**
– Seht euch gemeinsam das Wortmaterial und die Aufgabe an.
– **Benennt** das **Schreibproblem.**

> Bei dem Wort *Tag* hört man bei mir am Ende ein *k*. Mein Onkel sagt *Tach*.
> Schreiben muss man aber *g*. Woher weiß ich das?

– **Vergleicht** die Problemwörter mit Wörtern, die ihr sicher schreiben könnt.
  Nennt Gemeinsamkeiten und Unterschiede.

> Wörter wie *Lager* und *tragen* kann man schwingen. Da gibt es kein Problem
> mit *g*, weil man jedem Laut den richtigen Buchstaben zuordnen kann.

– **Findet** eine passende **Strategie** oder eine **Regel.** Schreibt die Lösung auf.

> Bei *Tage* hört man *g*.

> Einsilbern darf man nicht trauen. Man muss sie verlängern.

– Findet weitere Wörter, bei denen das Problem und die Lösung ähnlich sind.

> *Hund* muss man auch verlängern. Da hört man … und schreibt …

3. Die Ergebnisse präsentieren

Stellt die **Ergebnisse** eures Rechtschreibgesprächs in der Klasse **vor.**

> Wir haben uns mit folgendem Problem beschäftigt: …

> Unsere Lösung ist …

Strategie Zerlegen – Verlängern – Schwingen

A die Schafe • der Boden • die Hasen • die Schweine • das Ufer • die Wölfe • die Geier

B das Bergland • das Windrad • das Loblied • der Zwergpudel • der Blindhai • das Handtuch • der Landweg • der Waldweg • das Strandgut

1 a Lest die Wörter deutlich in Silben vor.

b Vergleicht die Wörter in A und B in einem Rechtschreibgespräch:
- Wie viele Silben haben die Wörter?
- Bei welchen Wörtern können Schwierigkeiten beim Schreiben auftreten – A oder B?
- Welche Stellen in den Wörtern sind schwierig? Warum?
- Welche Wörter bestehen aus je zwei einsilbigen Wörtern – A oder B?

2 a Schreibt die Wörter aus Kasten B ab. Zerlegt sie wie im Beispiel.

b Ordnet den einsilbigen Wörtern passende Verlängerungswörter zu und schreibt sie auf, z. B.:

das Berg|land – die Berge, die Länder

c Vergleicht eure Ergebnisse in Partnerarbeit.

das Waldhotel • der Bergbauer • der Sandkasten • der Geldautomat • die Schublade • die Blindschleiche • die Wegameise • der Korbsessel • der Hemdkragen • das Radwandern • die Landzunge • die Handtasche • der Zugbegleiter

3 a Lest die Wörter deutlich in Silben. Findet schwierige Stellen.

b Schreibt die Wörter ab und zerlegt sie wie in Aufgabe 2. Schreibt die Verlängerungswörter, wo nötig, dazu, z. B.: das Wald|hotel – die Wälder.

c Vergleicht eure Ergebnisse in Partnerarbeit: Lest ein zusammengesetztes Wort vor. Lasst euch jeweils das „versteckte" Verlängerungswort nennen.

d Diktiert euch im Wechsel die Wörter aus dem Kasten.

+ 4 Bildet Zusammensetzungen mit versteckten Verlängerungsstellen, die aus mindestens drei Wörtern bestehen, z. B.: Berg|bauern|hof.

Methode > **Zusammengesetzte Wörter zerlegen, verlängern und schwingen**

In zusammengesetzten Wörtern können sich **schwierige Stellen** verstecken. Man findet sie, indem man die Wörter **zerlegt,** dann **verlängert** und **schwingt,** z. B.: *die Wald|grenze – die Wälder.*

Strategie Zerlegen und Verlängern – Wörter mit Nachsilben

endlos • bildlich • stündlich • randlos • schadhaft • kindlich • freundlich • ländlich •
lebhaft • die Freundschaft • die Blindheit • die Feindschaft • die Taubheit •
die Landschaft • die Fremdheit • die Grobheit • die Kundschaft

 1 **a** Lest die Wörter deutlich in Silben vor:
An welchen Stellen schreibt man jeweils anders, als man spricht?

b Findet eine Lösung für das Problem.

2 Trennt bei den Wörtern aus Aufgabe 1 die Nachsilbe ab und verlängert das einsilbige Wort.
Wählt a, b oder c.

a Schreibt die Wörter ab und markiert den Buchstaben, den ihr nach dem Verlängern deutlich
hört. Notiert wie im Beispiel:

endlos – das Ende, bildlich – das Bild – die Bilder, ...

b Legt eine Tabelle an und ordnet die Wörter ein. Findet für jede Spalte jeweils fünf bis sieben
weitere Nomen und Adjektive. Notiert wie im Beispiel.

Nomen	Adjektive
die Freundschaft – die Freunde	endlos – das Ende

c Zerlegt und verlängert drei Nomen und drei Adjektive. Markiert
den Buchstaben, den ihr nach dem Verlängern deutlich hört.
Bildet aus diesen Einsilbern Wörter mit Nachsilben:
gelb, lieb, klug, fremd, rund, das Bild, der Grund.
Verwendet dazu die Nachsilben -heit, -los, -lich.

d Führt ein Rechtschreibgespräch: Stellt euch eure Ergebnisse vor.
Besprecht und notiert, wie man Wörter zum Zerlegen sicher erkennt
und wie man beim Zerlegen vorgeht.

3 Findet weitere Beispiele für Nomen und Adjektive, die zerlegt und verlängert werden müssen.

 4 Übt die Wörter auf dieser Seite. Hört euch dazu das Wörterdiktat an.

Methode ▶ **Wörter mit Nachsilben zerlegen und verlängern**

- In manchen Wörtern mit Nachsilben (Suffixe) verstecken sich **Verlängerungsstellen.**
- Diese Stellen kann man klären, indem man die Wörter **zuerst zerlegt,** also die
  Nachsilbe abtrennt, z. B.: *end|lich, die Kind|heit.*
- Dann **verlängert** man die **Einsilber,** z. B.: *das Ende, die Kinder.*

Strategie Ableiten – Wörter mit *ä* und *äu*

> der Trecker – der Bäcker • er bellt – er hält • kennen – kämmen • letzter – die Plätze •
> heute – die Häute • die Leute – läuten • die Meute – die Mäuse • feurig – säuerlich

1 a Lest die Wortpaare deutlich in Silben.
Nennt die Buchstaben, die gleich klingen, aber verschieden sind.

b Begründet die Schreibung der Wörter mit *ä* und *äu*, indem ihr sie von
verwandten Wörtern mit *a* und *au* ableitet. Übernehmt dazu die Tabelle.

Wörter mit **ä/äu**	verwandte Wörter mit **a/au**
der Bäcker, …	backen, …

> die Bäume • die Zäune • die Länder • die Läuse • wärmen •
> sich schämen • schwärmen • säubern • zählen • wählen

2 Leitet die Wörter von verwandten Wörtern mit *a* und *äu* ab.
Schreibt sie zusammen auf, z. B.: die Bäume, denn: der Baum, …

3 Alle Wörter einer Wortfamilie sind verwandte Wörter und behalten ihre Schreibung, z. B.:
sauer: die Säure, gesäuert, säuerlich.
Findet verwandte Wörter mit *ä* und *äu* zu den Wörtern *die Wahl* und *das Haus*.
Schreibt sie auf.

4 Entscheidet bei den Wörtern vom
Rand über die Schreibung.
Schreibt die Wörter richtig und
vollständig auf.

> *äu* oder *eu*? – bed **?** ten • r **?** mlich •
> die Z **?** gen • das Geb **?** de • l **?** gnen • r **?** men •
> *ä* oder *e*? – die B **?** tten • die St **?** dte •
> die Schw **?** rme • das Ger **?** nne • die Kr **?** ne

5 Schreibt die Sätze ab. Ergänzt dabei *ä/e* oder *äu/eu*.
Notiert bei Wörtern mit *ä/äu* verwandte Wörter mit *a/au*.

Unser Hund gr **?** bt Löcher im Rasen. Das ver **?** rgert meinen Vater.
Heute l **?** ft ein neuer Film im Kino.
Ich muss mein Fahrrad s **?** bern und die L **?** chten reparieren.

Methode	**Wörter mit *ä* und *äu* ableiten**	▶ Video

Die Vokale *e* und *eu* kann man mit *ä* und *äu* **verwechseln.** Man spricht sie ähnlich aus.
- **Normalerweise** schreibt man *e* oder *eu*, z. B.: *die Welt, die Leute*.
- Wenn es **verwandte Wörter** mit *a* oder *au* gibt, dann kann man die Wörter mit *ä* oder
  äu **ableiten,** z. B.: *er trägt* – denn: *tragen, läuten* – denn: *laut*.

Tandembogen: Rechtschreibstrategien anwenden

1 Testet euch gegenseitig in Partnerarbeit. Geht so vor:
- Partner/-in A deckt die rechte Hälfte des Tandembogens ab, Partner/-in B die linke.
- A liest Aufgabe 1 vor und löst sie. B vergleicht die Antwort mit der Lösung.
- Danach liest B Aufgabe 2 vor und löst sie. A prüft die Lösung usw. bis zum Schluss.
- Tauscht dann A und B und beginnt von vorn.

Tipp: Übt noch einmal, wenn ihr Unsicherheiten festgestellt habt.

Partner/-in A	Partner/-in B
Aufgabe 1: Lies die Wörter in Silben und bestimme die Anzahl der Silben. *Schokoladenosterhasen* *Mobiltelefon*	**Lösung 1:** *Schokoladenosterhasen* (acht Silben) *Mobiltelefon* (fünf Silben)
Lösung 2: *Kartoffelschale* (fünf Silben) *Papageienschnabel* (sechs Silben)	**Aufgabe 2:** Lies die Wörter in Silben und bestimme die Anzahl der Silben. *Kartoffelschale* *Papageienschnabel*
Aufgabe 3: Benenne die Problemstellen in den Wörtern: *er lebt, der Abgrund, gelb*. Begründe die Schreibung durch Verlängern.	**Lösung 3:** *er lebt – wir leben* *der Abgrund – die Abgründe* *gelb – gelber als*
Lösung 4: *es bebt – wir beben* *der Anzug – die Anzüge* *mutig – mutiger als*	**Aufgabe 4:** Benenne die Problemstellen in den Wörtern: *es bebt, der Anzug, mutig*. Begründe die Schreibung durch Verlängern.
Aufgabe 5: Benenne die Problemstellen in den Wörtern: *grundlos, bildlich*. Welche Strategien helfen dir, sie richtig zu schreiben?	**Lösung 5:** *grundlos, bildlich* Strategie: zerlegen und verlängern *der Grund – die Gründe* *das Bild – die Bilder*
Lösung 6: *endlich, lieblos* Strategie: zerlegen und verlängern *das Ende* *die Liebe*	**Aufgabe 6:** Benenne die Problemstellen in den Wörtern: *endlich, lieblos*. Welche Strategien helfen dir, sie richtig zu schreiben?
Aufgabe 7: Warum schreibt man *das Gepäck*, aber *das Versteck*? Erkläre.	**Lösung 7:** *Gepäck* ist verwandt mit *packen*, kann abgeleitet werden. *Versteck* hat kein verwandtes Wort mit *a*.
Lösung 8: *läuten* ist verwandt mit *laut*, kann abgeleitet werden. *Leute* hat kein verwandtes Wort mit *au*.	**Aufgabe 8:** Warum schreibt man *die Leute*, aber *läuten*? Erkläre.

11.2 Genau hinsehen – Regelwissen und Merkschreibung

Nomen erkennen und großschreiben

Nomen haben einen Artikel

> Arbeit • Freude • Sommer • Winter • Polizei • Schnee • Regen • Auto • Fuchs •
> Kaninchen • Kino • Gemüse • Karotte • Wagen • Pflanze • Licht

1 Schreibt die Nomen mit dem Artikel auf. Ordnet sie in eine Tabelle ein.

männlich	sächlich	weiblich
der Sommer	das ...	die Arbeit

Manche Nomen haben eine typische Nachsilbe (Suffix)

> die Heizung • die Eigenschaft • das Zeugnis •
> die Faulheit • die Ewigkeit • das Wachstum

2 a Schreibt die Nomen ab und markiert die typischen Nachsilben (Suffixe).
 b Setzt einen Pfeil von den Nachsilben zu den großgeschriebenen Anfangsbuchstaben und markiert sie ebenfalls, z. B.: die Heizung
 c Findet Adjektive oder Verben, mit denen die Nomen verwandt sind.

> **-keit**   **-heit**   **-ung**   **-nis**   **-nis**   **-tum**   **-tum**
> *heiter, bitter*   *frech, klug, frei*   *befreien, verzeihen*   *geheim, finster*   *reich, eigen*

3 a Bildet aus den Wörtern und der jeweiligen Endung Nomen, z. B.: heiter – die Heiterkeit, ...
 b Bildet von fünf Nomen eurer Wahl den Plural und schreibt ihn auf.
 c Findet weitere Nomen mit den typischen Nachsilben. Nutzt dazu ein Wörterbuch.

▶ **Wörter im Wörterbuch nachschlagen: S. 296**

4 Nomen, die weibliche Personen bezeichnen, enden oft auf **-in.**
 a Bildet die weiblichen Personenbezeichnungen zu den Wörtern im Kasten.

> der Freund • der Busfahrer • der Lehrer • der Schüler •
> der Verkäufer • der Arzt • der Sportler • der Bauer

der Freund → die Freundin

 b Bildet Sätze mit den weiblichen Personenbezeichnungen.
 c Notiert die Pluralformen der weiblichen Personenbezeichnungen.

Nomen haben in Texten verschiedene Begleiter

Viele Tiere hinter dem Haus

Etliche Spatzen finden in unserem Vogelhaus viele leckere Körner für die Spatzenkinder. Die munteren Vögel schaukeln auf den Ästen und pfeifen dabei. Die zwei Eichhörnchen klettern in das warme Nest und überstehen so den kalten Winter. Manche Eichhörnchen wohnen bei uns in einer hohen Tanne. Diese Tiere ernähren sich von den Nüssen, die sie am Boden vergraben haben.

5 Nomen bilden den Kern einer Nominalgruppe.
a Findet die Nominalgruppen im Text. Legt eine Tabelle an und ordnet die Nominalgruppen ein.
b Markiert die Artikelwörter und den jeweiligen Anfangsbuchstaben des Nomens. Setzt einen Pfeil.

Artikelwort + Nomen	Artikelwort + Adjektiv + Nomen
etliche Spatzen, …	viele leckere Körner, …

c Sammelt die Artikelwörter in einer Liste. Ergänzt weitere Artikelwörter, die ihr kennt.

▶ **Artikelwörter: S. 180**

6 Manchmal steht kein Artikelwort vor dem Nomen.
Erweitere die folgenden Sätze mit Hilfe eines Artikelworts,
z. B.: Wir trinken viel Wasser.

Wir trinken Wasser.
Zum Backen braucht man Zucker.
Die Künstlerin verwendet gerne Blau.

> **Information** ▶ **Nomen und Nominalgruppen**
>
> ■ Nomen haben einen **Artikel** (*der, die, das*) und sie haben häufig **typische Nachsilben,** z. B.: *-heit, -keit, -ling, -nis, -sal, - schaft, -tum, -ung.*
> ■ In Texten kann man Nomen an ihrem **Begleiter** erkennen, z. B. dem Artikelwort. Gemeinsam bilden sie eine **Nominalgruppe.** In der Nominalgruppe steht das **Artikelwort** immer am **linken Rand** und das **Nomen** am **rechten Rand.** Das Nomen bildet den **Kern der Nominalgruppe** und wird **großgeschrieben.**
> ■ Manchmal steht vor dem Nomen kein Artikelwort. Das nennt man **Nullartikel.** Dann kann ein Artikelwort ergänzt werden.
> ■ Die Nominalgruppe kann **erweitert** werden. Dabei kann ein Adjektiv zwischen Artikelwort und Nomen stehen.

Nominalisierte Verben und Adjektive erkennen

1 Führt ein Rechtschreibgespräch:
Vergleicht die markierten Wörter.
– Was fällt euch auf?
– Um welche Wortarten handelt es sich?

> Wir schwimmen gerne.
> Vom Schwimmen bekommen wir Muskeln.
> Das Schwimmen gehört zum Schulsport.

2 a Prüft, ob der folgende Satz passt:
Wenn man Verben wie Nomen verwendet, erkennt man das an den Begleitern.
b Benennt die Begleiter von Verben, die man wie Nomen verwendet.
Erklärt die besonderen Begleiter *vom, beim, zum*.

> Das ? des Hundes nervt. Vom ? wird man müde.
> Zum ? kamen sie in die Küche.
> Nach dem ? haben wir lecker gegessen.
> Das laute ? hilft mir beim ? der Aufgabe.

> bellen • laufen •
> essen • kochen •
> rechnen • lösen

3 a Schreibt die Sätze ab. Ergänzt dabei die Verben in richtiger Groß- und Kleinschreibung.
b Aus den Verben sind Nomen geworden. Markiert die Artikelwörter und Nomen.
c Setzt einen Pfeil zum Bezugswort, z. B.:
Das Bellen des Hundes nervt.

4 a Bildet eigene Sätze. Nutzt die Nominalisierungen im Wortkasten.
Achtet auf die richtige Groß- und Kleinschreibung.

> ein Donnern • ihr Singen • das Rufen • unser Klingeln •
> ins Grübeln • beim Wandern • zum Lachen

b Erweitert eure Sätze durch passende Adjektive, z. B.:
Ein lautes Donnern war zu hören.
Tipp: Das Artikelwort kann sich ändern.
c Markiert Artikelwort und Nomen. Setzt den Pfeil zum Bezugswort.
d Tauscht eure Sätze und kontrolliert sie.

5 Ergänzt die folgenden Merksätze.

> Wenn man ? wie ? verwendet, stehen sie
> am ? Rand einer Nominalgruppe und werden ? .
> Am ? Rand der Nominalgruppe steht ein ? .
> Das Artikelwort kann auch eine verschmolzene ?
> sein wie *beim, im, am*.

> Präposition • Nomen •
> Artikelwort • linken •
> großgeschrieben •
> rechten • Verben

Unser Lehrer ist nett. Er sagt uns oft etwas Nettes.
Im Frühling werden die Blätter der Bäume wieder grün. Dieses frische Grün bringt gute Laune.
Das Gefieder der Vögel ist schön. Das Schöne an den Federn ist die bunte Farbe.
Ich habe allerlei Neues gekauft. Das neue Kleid ziehe ich sofort an.

---

6 a Vergleicht die Schreibung der markierten Wörter.

b Erklärt: Woran könnt ihr erkennen, dass Adjektive wie Nomen verwendet werden?

c Notiert die entsprechenden Sätze und markiert die Artikelwörter am linken Rand der Nominalgruppe.

d Markiert den Anfangsbuchstaben des nominalisierten Adjektivs. Setzt den Pfeil zum Artikelwort.

Ich sage etwas ? zu ihr. Mir ist etwas ? passiert.
Ich trage gern etwas ? . Wir haben viel ? gesehen.
Das ? am Clown ist, wie er über seine eigenen Füße fällt.
Der Hund hat etwas ? angestellt.

nett • interessant •
lustig • hilfreich •
bunt • furchtbar

7 Schreibt die Sätze auf. Ergänzt dabei die Adjektive in richtiger Groß- und Kleinschreibung.

 8 a Diktiert euch die Sätze aus Aufgabe 7 oder hört euch das Audio an. Audio

b Überprüft gegenseitig, ob ihr die Sätze richtig geschrieben habt.

9 a Bildet mit Hilfe der Wörter im Kasten nominalisierte Verben und Adjektive.

das •
zum •
beim •
vom

Verben
malen •
musizieren •
üben •
trainieren •
wandern

viel •
etwas •
das •
allerlei •
nichts

Adjektive
schön •
schwierig •
lustig •
gut •
riskant

b Markiert den Anfangsbuchstaben der Nominalisierungen und setzt einen Pfeil zum Artikelwort.

c Bildet Sätze mit je drei nominalisierten Verben und Adjektiven.

Information ❯❯ **Nominalisierte Verben und Adjektive** Video

- **Verben** können in ihrer **Grundform** wie ein Nomen verwendet werden. Das nennt man Nominalisierung. **Nominalisierte Verben** stehen **am rechten Rand einer Nominalgruppe** und werden **großgeschrieben,** z. B.: *das Lachen, zum Lachen, beim Lachen, vom lauten Lachen.*
- **Adjektive** können ebenfalls nominalisiert, das heißt als Nomen verwendet werden, z. B.: *das Schöne, viel Schönes, etwas Schönes, nichts Schönes, wenig Schönes, allerlei Schönes.*

Nomen und Nominalisierungen erkennen

1 Wendet euer Wissen über Nomen und Nominalisierungen an. Wählt a, b oder c.

a **Schreibt die markierten Nomen oder Nominalisierungen mit ihren Begleitern ab,** z. B.:
einer klaren Nacht. Unterstreicht zusätzlich die nominalisierten Verben und Adjektive.

Warum leuchten die Sterne in der Nacht?

Der Sternenhimmel in einer klaren Nacht ist etwas Wunderbares.
Beim Hochschauen in den Himmel sieht man viele Sterne. Man
mag die Augen gar nicht vom Funkeln und vom Glitzern ab-
wenden. Das Sternenlicht legt einen langen Weg bis zu uns
zurück. Beim Durchqueren der verschiedenen Luftschichten bis
zur Erde wird das Licht unruhig und flackert. Das, was wir als
das Funkeln der Sterne sehen, ist das Schwanken des Lichtes.

b **Groß oder klein?** – **Entscheidet,** welche Schreibung **bei den Wörtern in Großbuchstaben**
richtig ist. Schreibt den Text in richtiger Groß- und Kleinschreibung auf.
Markiert die Nomen und Nominalisierungen mit ihren Begleitern, z. B.: die Planeten.

Warum leuchten die Planeten anders als die Sterne?

Die meisten Sterne am HIMMEL haben flackerndes LICHT. Einige Himmelskörper
STRAHLEN aber ganz RUHIG. Dann handelt es sich um PLANETEN. Sie LEUCHTEN
anders, weil sie keine eigenen STRAHLEN in den Weltraum abgeben. Durch ihr gleich-
bleibendes LEUCHTEN und durch ihre geringere HELLIGKEIT kann man sie von Sternen
unterscheiden.

c Schreibt den Text **in richtiger Groß- und Kleinschreibung** auf.
Markiert die Nomen und Nominalisierungen mit ihren Begleitern, z. B.: die Sternschnuppen.

WARUM DIE STERNSCHNUPPEN VERGLÜHEN

AM NÄCHTLICHEN HIMMEL SIEHT MAN NICHT NUR DAS LEUCHTEN VON SONNEN
UND PLANETEN, SONDERN AUCH DAS SCHNELLE AUFBLITZEN VON STERNSCHNUP-
PEN. DABEI HANDELT ES SICH UM STAUBKÖRNER IM ALL. SIE KOMMEN MIT HOHER
GESCHWINDIGKEIT IN DIE ERDATMOSPHÄRE UND VERGLÜHEN DURCH DIE REI-
BUNG. MAN SIEHT BEI STERNSCHNUPPEN KEINEN HIMMELSKÖRPER, SONDERN DIE
SPUR, DIE DAS VERGLÜHENDE STAUBKORN HINTERLÄSST.

d Führt ein Rechtschreibgespräch: Stellt eure Ergebnisse vor.
Benennt die Begleiter, an denen ihr die Nomen und die Nominalisierungen erkennt.

Herkunfts- und Ortsbezeichnungen richtig schreiben

> Entschuldigung, wie komme ich zur Bertha-Benz-Schule in der Marktgasse?

> Du gehst zuerst ein Stück geradeaus die Leipziger Straße entlang. An der nächsten Weggabelung biegst du links in die Rathausgasse ein. Danach bleibst du etwa 70 Meter auf dieser Straße, bis du zum Heinrich-Heine-Platz kommst. Dort biegst du rechts ab und befindest dich auf der Thüringer Straße. Hinter der Brücke links geht dann schon die Marktgasse ab.

1 **a** Lest das Gespräch.

b Legt eine Tabelle an und ordnet die Ortsnamen aus den Sprechblasen zu.

Zusammenschreibung	Endung -er	Bindestrichschreibung
Marktgasse, …	…	Bertha-Benz-Schule, …

2 Wenn Herkunfts- und Ortsbezeichnungen auf **-er** enden, werden sie immer großgeschrieben.

a Unterstreicht in der Tabelle jeweils den Ort bzw. das Land und markiert die Endung **-er,** z. B.: Leipzig**er** Straße.

b Bildet eigene Herkunfts- und Ortsbezeichnungen mit der Endung **-er.**
Nutzt dazu die Wortpaare im Kasten. Ergänzt sie in der Tabelle.

> Berlin – Currywurst • Ulm – Platz • Schwarzwald – Schinken • Allgäu – Alpen

3 Bildet Ortsbezeichnungen mit Bindestrichschreibung. Ergänzt sie in der Tabelle aus Aufgabe 1.

> Robert Schumann
> Friedrich von Keller
> Max Planck
> Willy Brandt
>
> Allee
> Platz
> Straße
> Schule (Realschule, Gymnasium, Grundschule)

+ 4 Notiert weitere Herkunfts- und Ortsbezeichnungen mit **-er** oder Bindestrichschreibung aus eurer Gegend. Tragt sie ebenfalls in die Tabelle ein.

Information ❭❭ **Herkunfts- und Ortsbezeichnungen**

- Herkunfts- und Ortsbezeichnungen auf **-er** werden **getrennt und großgeschrieben,** z. B.: **S**tuttgart**er** Straße, **A**llgäu**er** Alpen, **S**chwarzwäld**er** Schinken.
- **Mehrteilige Eigennamen** werden mit einem **Bindestrich** verbunden, z. B.: *Kurt-Schumacher-Allee, Karl-Maybach-Gymnasium, Eduard-Mörike-Platz.*

Offene und geschlossene Silben unterscheiden

> die Angoraschafe • die Elefantenbeine • die Ameisenhaufen •
> die Feuersalamandernase • der Blütenboden • das Krokodilmaul

das Angoraschaf

1 a Schreibt die Wörter ab und bestimmt die Anzahl der Silben.
Sprecht die Wörter dazu deutlich in Silben und setzt die Silbenbögen.

b Markiert offene Silben. Sie enden mit einem Vokal, z. B.: die Feuersalamandernase, …

2 a Lest die folgenden Wörter deutlich in Silben. Betont die erste Silbe.
*kaufen, halten, leben, bremsen, holen, schlafen, trinken, pflegen,
wanken, die Berge, die Träne, die Sorte, der Morgen, der Regen,
der Hagel*

> offene Silbe:
> langer Vokal oder
> ***ei/eu/au***
> geschlossene Silbe:
> kurzer Vokal

b Schreibt die Wörter geordnet in eine Liste. Setzt die Silbenbögen.

erste Silbe offen	erste Silbe geschlossen
kaufen, …	halten, …

Warum springen Bälle vom Boden ab?

1 Wenn man Bälle auf einen harten Boden wirft, bekommen sie eine Delle. Die Hülle
aus Gummi gibt nach, sodass die Luft im Ball zusammengedrückt wird.

2 Sie dehnt sich aber nach dem Aufprall wieder aus. Dann verschwindet die Delle im
Ball wieder und die Bälle springen in die Höhe. Sie springen umso höher, je fester
man sie auf den Boden wirft. Auch wenn sie prall mit Luft gefüllt sind, springen sie
höher. Damit sie gut springen können, braucht man außerdem einen harten Boden.
Wirft man Bälle dagegen in den Sand, springen sie nicht. Dann bildet sich die Delle
nicht im Ball, sondern im Sand, und der Ball bleibt stecken.

3 Findet im Text zweisilbige Wörter und prüft jeweils die erste Silbe: offen oder geschlossen?
Ordnet die Wörter in eure Liste von Aufgabe 2 ein. Wählt a, b oder c.

a Tragt die **markierten Wörter** ein. Setzt die Silbenbögen.

b Findet im zweiten Absatz **je vier zweisilbige Wörter** pro Spalte und tragt sie ein.

c Findet **einsilbige Nomen, Verben und Adjektive** und **verlängert** sie. Ergänzt die Liste.

d Führt ein Rechtschreibgespräch: Stellt euch gegenseitig eure Ergebnisse vor.
Begründet, warum man für die richtige Schreibung Zweisilber finden muss.

> **Information** **Offene und geschlossene Silben** Video
>
> **Offene** Silben enden mit einem **Vokal**, z. B.: *heben*. **Geschlossene** Silben enden mit einem
> **Konsonanten**, z. B.: *helfen*. Bei **zweisilbigen** Wörtern ist die erste betonte Silbe offen oder
> geschlossen. Dieser Unterschied ist **wichtig** für die **Rechtschreibregeln.**

Wörter mit Doppelkonsonanten richtig schreiben

> beten – die Betten • der Reiter – der Ritter • die Blume – der Bummel •
> die Pfeife – die Pfiffe • die Hüte – die Hütte • der Besen – besser •
> schaffen – die Schafe • die Höfe – hoffen • der Ofen – offen • der Samen – sammeln

1 **a** Lest die Wörter deutlich in Silben. Achtet darauf, wie die erste Silbe endet.

b Schreibt die Wörter geordnet in eine Liste. Setzt die Silbenbögen.

erste Silbe offen   erste Silbe geschlossen
beten, ...   Betten, ...

2 **a** Sprecht die folgenden Wörter deutlich in Silben. Achtet auf die Konsonanten in der Wortmitte.
der Morgen, der Himmel, der Winter, bremsen, die Sterne, die Hummel, die Ente, immer

b Führt ein Rechtschreibgespräch und klärt, welche der Aussagen richtig sind:

A Ist die erste Silbe geschlossen, stehen in der Mitte immer zwei Konsonanten.

B Wenn in der Wortmitte zwei verschiedene Konsonanten stehen, verdoppelt man in der Regel keinen Konsonanten.

C Ist die erste Silbe geschlossen, schreibt man immer einen Doppelkonsonanten.

> der Ball – der Kn **?** • es summt – es br **?** •
> der Hall – der W **?** • schnell – h **?**

3 **a** Schreibt die Wörter auf und ergänzt die Reimwörter.

b Schreibt jeweils ein zweisilbiges Verlängerungswort dazu, z. B.:
der Ball – der Knall, denn: die Bälle, knallen.

> der Brennpunkt • der Brummkreisel • der Schnellläufer • der Klappkasten •
> die Pappnase • die Zellkerne • das Fettgewebe • die Stimmlage

4 Bearbeitet die zusammengesetzten Wörter wie in dem Beispiel: der Ball|umfang – die Bälle

---

Information ❯❯ **Schreibung von Konsonanten in der Wortmitte**

Ob ein Konsonant in einem zweisilbigen Wort verdoppelt wird, entscheidet **die erste Silbe.**

- Ist die erste Silbe **offen,** folgt **nur ein Konsonant,** z. B.: *die Blume, sagen.*
- Ist die erste Silbe **geschlossen,** müssen an der Silbengrenze in der Wortmitte **zwei Konsonanten** stehen. Die sind verschieden oder gleich, z. B.: *das Muster, die Mutter.*
- **Einsilber** muss man **verlängern,** z. B.: *der Schwamm* – denn: *die Schwämme.*
- **Zusammengesetzte Wörter** muss man **zerlegen** und manchmal noch verlängern, z. B.: *die Lammkeule* = *das Lamm* + *die Keule,* denn: *die Lämmer.*

Wörter mit *ck* und Wörter mit *tz* richtig schreiben

1 **a** Lest die Wörter deutlich in Silben.

  b Vergleicht die deutsche und
  die niederländische Schreibung.
  Benennt den Unterschied.

> **deutsch:**   der Bäcker • der Wecker • picken
> **niederländisch:** de Bakker • de Wekker • pikken

> spuken – die Gurke – gucken • der Haken – die Harke – die Hacke
> der Ekel – der Erker – die Ecke • blöken – die Borke – die Böcke

der Erker

2 **a** Sprecht die Wörter deutlich in Silben.

  b Legt folgende Tabelle an und ordnet die Wörter ein.

erste Silbe **offen**	erste Silbe **geschlossen**, zwei gleiche Konsonanten	erste Silbe **geschlossen**, zwei verschiedene Konsonanten
…	gucken, …	…

  c Führt ein Rechtschreibgespräch zu folgenden Fragen:
  – Wann schreiben wir in deutschen Wörtern **ck?**
  – Warum gilt **ck** als besonderer Doppelkonsonant?

> Bei der Silbentrennung am Zeilenende bleibt **ck** zusammen, z. B.: *der Zu-cker.*

> er hetzt – sie p **?** • sie nutzt – er p **?** • er reizt – sie h **?** • sie pflanzt – er t **?** •
> der Blitz – der W **?** • der Geiz – der R **?** • das Herz – der Schm **?**

3 **a** Lest die Wörter deutlich und ergänzt die Reimwörter.

  b Führt ein Rechtschreibgespräch zu folgenden Fragen:
  – Kann man die Schreibung mit **z** oder **tz** am Wortende unterscheiden?
  – Wie kann man das Problem durch Verlängern lösen?

  c Tragt die verlängerten Wörter in die Tabelle aus Aufgabe 2 ein.

4 **a** Führt ein Rechtschreibgespräch: Wann schreibt man **tz** und wann **z?** Formuliert eine Regel.

  b Vergleicht mit den Wörtern mit **ck.** Überlegt, ob dieser Satz stimmt:
  ck und **tz** verwendet man wie Doppelkonsonanten.

> **Information** ▶▶ **Wörter mit *ck* und Wörter mit *tz***
>
> ▪ Statt **kk** schreibt man im Deutschen **ck,** z. B.: *backen.*
> ▪ Bei **Einsilbern** und am **Wortende** kann man das **tz** **nicht** eindeutig **hören.**
> ▪ Wenn man die Wörter **verlängert,** findet man die Lösung. Es gelten die Regeln der Doppelkonsonanten, z. B.: *der Stock* – denn: *die Stöcke; der Sitz* – denn: *sitzen.*

Wörter mit *i*-Laut richtig schreiben: *i* oder *ie?*

singen – siegen • bitten – bieten • die Wiesen – wissen • der Riese – die Risse •
die Biene – die Rinne • die Wiege – die Wirren

1 **a** Schreibt die Wörter geordnet in eine Liste.
Setzt die Silbenbögen.
b Ergänzt in jeder Spalte eine Regel.
Wenn die erste Silbe ❓ ist, schreibt man *ie.*
Wenn die erste Silbe ❓ ist, schreibt man *i.*

Wörter mit *ie* (langer *i*-Laut)	Wörter mit *i* (kurzer *i*-Laut)
siegen	singen
...	...

der Griff • das Spiel • der Brief • das Ziel • das Kind • das Sieb • der Dieb • der Sieg •
es blinkt • es zieht • er spielt • er winkt • sie fliegt • sie bringt • sie sieht • er trieb

2 Verlängert die Einsilber. Übertragt die zweisilbige Form in die Liste aus Aufgabe 1.

3 Zerlegt die zusammengesetzten Wörter.
Verlängert dann die Einsilber mit *ie,*
z. B.: die Ziel|stellung = die Ziele, ...

die Zielstellung • die Briefmarke •
das Mietauto • der Friedhof •
der Tiefschnee • die Schieflage

4 **a** Wer findet im Buchstabengitter die meisten
Verben mit *-ieren?* Schreibt die gefunden
Wörter untereinander auf.
Tipp: Es sind insgesamt neun Verben versteckt.
b Markiert jeweils die Endung *-ieren.*
c Klärt die Bedeutung unbekannter Wörter
mit Hilfe eines Wörterbuchs.
► **Methode: Nachschlagen: S. 296**

P	R	O	B	I	E	R	E	N	O
K	Z	T	B	H	S	F	S	M	R
A	R	A	D	W	E	R	N	U	I
S	A	D	F	N	R	A	I	S	E
S	D	D	I	E	V	N	D	I	N
I	I	I	O	D	I	K	M	Z	T
E	E	E	L	R	E	I	L	I	I
R	R	R	W	T	R	E	Z	E	E
E	E	E	I	U	E	R	J	R	R
N	N	N	S	E	N	E	U	E	E
F	R	I	E	R	E	N	N	N	N

Information > **Wörter mit *i* und Wörter mit *ie*** ► 🔲 Video

- Die meisten *i*-Laute schreibt man mit *i:* Man schreibt immer *i,* wenn die erste Silbe
  geschlossen ist, z. B.: *der Winter.* Das *i* wird kurz gesprochen.
- Man schreibt *ie,* wenn die erste Silbe mit dem *i*-Laut **offen** ist, z. B.: *die Wiese.*
  Der *i*-Laut wird lang gesprochen. Diese Regel gilt nur für zweisilbige deutsche Wörter,
  nicht für Fremdwörter.
- Die Endung *-ieren* schreibt man immer mit *ie*, z. B.: *telefonieren, kopieren.*

Wörter mit *s*-Laut richtig schreiben: *s, ß* oder Doppel-*s*?

> das Gras • das Gleis •
> das Mus • der Kreis

> der Kuss • der Pass •
> der Riss • das Fass

> das Maß • der Gruß •
> der Kloß • der Fuß

1 Lest die Wörter deutlich und prüft, welche Aussage zutrifft.
   A Man spricht die *s*-Laute im Einsilber in allen Wortkästen gleich aus.
   B Man kann die Unterschiede in der *s*-Schreibung deutlich hören.

2 Prüft, ob das Verlängern hilft.
   a Legt eine Tabelle an und ordnet die Wörter aus Aufgabe 1 ein.

Wörter mit *s*	Wörter mit *ß*	Wörter mit Doppel-*s*
das Gras – die Gräser, …	das Maß – die Maße, …	der Kuss – die Küsse , …

   b Lest die zweisilbigen Wörter deutlich und achtet auf Unterschiede beim *s*-Laut.
   Schreibt in jede Spalte eine zutreffende Regel:
   – Beim *s* ist die erste Silbe offen/geschlossen. Man spricht den *s*-Laut zischend/summend.
   – Beim *ß* ist die erste Silbe offen/geschlossen. Man spricht den *s*-Laut zischend/summend.
   – Beim Doppel-*s* ist die erste Silbe offen/geschlossen. Man spricht den *s*-Laut zischend/summend.

> hei ❓ • gro ❓ • na ❓ wei ❓ • das Lo ❓

3 Schreibt die Wörter untereinander auf und ergänzt dabei *s, ß* oder Doppel-*s*.

> heiß • der Schweiß • der Heißhunger • das Schweißband

4 a Ordnet die Wörter im Wortkasten den Wortfamilien *Hitze* und *schwitzen* zu.
   b Vervollständigt den Merksatz: Taucht in der Wortfamilie ein Wort mit ❓ auf, schreibt man den
   s-Laut nach dem langen Vokal mit ❓ .

> **Information** ❯❯ **Wörter mit *s*-Laut** ▶ Video
>
> ■ Man schreibt *ss,* wenn die erste Silbe **geschlossen** ist, z. B.: *der Schlüssel.*
> ■ Man schreibt *s,* wenn die erste Silbe **offen** ist und man den *s*-Laut **summend** spricht,
>   z. B.: *lesen.*
> ■ Man schreibt *ß,* wenn die erste Silbe **offen** ist und man den *s*-Laut **zischend** spricht,
>   z. B.: *die Straße.*
> ■ **Einsilbige** Wörter muss man **verlängern,** z. B.: *das Gras – die Gräser.*

Wörter mit *h* richtig schreiben

> gehen • drehen • stehen • blühen • nähen • ruhen

1 a Sprecht die Wörter deutlich aus oder hört euch das Audio an.
Kann man das *h* hören oder nicht?

 Audio

b Schreibt die Wörter mit Silbenbögen auf.
Tipp: Das *h* gehört zur zweiten Silbe.

> ihr steht • es geht • der Schuh • das Reh • der Floh • früh •
> sie blüht • ihr seht • er weht • der Zeh • froh • es sprüht

2 a Lest die einsilbigen Wörter. Besprecht, ob man das *h* hören kann.

b Macht das *h* hörbar. Verlängert dazu die einsilbigen Wörter, z. B.: *ihr steht – wir stehen*, …

> früh • der Schuh • dreh •
> flieh • das Reh • der Floh

> der Laden • das Stück • der Zirkus •
> die Tür • das Kitz • die Kraft

das Kitz

3 a Bildet zusammengesetzte Wörter aus den beiden Wortspeichern und schreibt sie auf.

b Verlängert die Wörter mit *h*. Schreibt die
zweisilbige Form der Wörter mit *h* auf, z. B.: *das Früh-stück – früher*, …

4 Das *h* bleibt in der Regel in allen verwandten Wörtern
der Wortfamilie erhalten.

a Bildet mit den Wörtern im Kasten neue Verben.

b Setzt die Silbenbögen.

> an •
> aus •
> vor

> ziehen •
> gehen •
> sehen

 5 Welches Wort ist richtig? Schreibt die Sätze richtig ab und begründet eure Entscheidung.

> Er *flet/fleht* seine Mutter an, noch länger Serien zu gucken.
> Der *Gehweg/Geweg* ist ganz neu.
> Die *Dreharbeiten/Drearbeiten* für den Film dauerten lange.

| **Information** | **Wörter mit *h*** | Video |

- Bei einsilbigen Wörtern kann man das *h* nicht hören, z. B.: *das Reh, der Schuh*.
- Bei manchen Wörtern kann man das *h* durch Verlängern hörbar machen, z. B.: *die Rehe*.
  Das *h* öffnet die zweite Silbe.
- Das *h* bleibt in der Regel in allen verwandten Wörtern der Wortfamilie erhalten, z. B.:
  früher, Frühstück, Frühling, Frühwarnung.

Zahlwörter richtig schreiben

> Ich brauche einen viertel Liter von der Milch. Ein Viertel des Weges haben wir geschafft.
> Am Zweiten des Monats fahren wir in den Urlaub. Über den zweiten Platz entscheidet
> nicht das Los.
> Jede Dritte in der Klasse hat lange Haare. Heute startet das dritte Rennen.
> Der Würfel hat sechs Augen. Ich habe eine Sechs gewürfelt.

1 a Schreibt die Sätze ab und markiert die Zahlwörter.
   b Wo stehen die markierten Wörter jeweils innerhalb der Nominalgruppe?
   Tauscht euch aus.

2 Richtig oder falsch? Entscheidet.
   A Ist das Zahlwort Kern einer Nominalgruppe, wird es großgeschrieben.
   B Zahlwörter werden immer kleingeschrieben.
   C Zahlwörter darf man schreiben, wie man will.
   D Bei Zahlwörtern ist der Zusammenhang wichtig.

3 Ergänzt die richtige Schreibung in den folgenden Sätzen. Markiert dabei die Nominalgruppe.

Sie hielten ihn für eine **?** .
Das Ergebnis von fünf minus vier ist **?** .
Der Test dauert eine **?** Stunde.
Ein **?** des Kuchens wurde gegessen.

- Null/null
- Eins/eins
- Halbe/halbe
- Viertel/viertel

drei • dreißig • dreihundert • dreißigtausend • dreihunderttausend • drei Millionen

4 a Schreibt die Zahlen zu den Zahlausdrücken.
   b Schreibt die Zahlausdrücke zu den folgenden Zahlen: 4, 40, 400, 4000, 4000000.
   c Tauscht eure Ergebnisse und kontrolliert sie.

Information ▷ **Zahlwörter**

- Für die Schreibung der Zahlen und Zahlausdrücke muss immer die **Wortgruppe beachtet** werden. Ist das Zahlwort **Kern einer Nominalgruppe,** wird es **großgeschrieben,** ansonsten schreibt man es klein, z.B.:
  Er würfelt eine Sechs, die blaue Drei ist meine Glückskarte, wir treffen uns um sechs Uhr.

- Grundzahlen **unter einer Million** werden immer **klein- und zusammengeschrieben,** z.B.: *achtzehn, dreihundertachtzig, fünftausendeinhundert, zweihunderttausend.*

Adjektive und Adverbien kleinschreiben

mühsam • einfallslos • einfach • fabelhaft • glücklich • ziellos • ordentlich • kindisch • wundersam • verhängnisvoll • seltsam • herzlos • furchtlos • leblos • lesbar • wunderbar

1 Adjektive schreibst du klein. Du erkennst sie häufig an ihren typischen Nachsilben (Suffixen).
a Ordnet die Adjektive mit ihren typischen Nachsilben in der Tabelle zu.
b Markiert die typischen Nachsilben und setzt einen Pfeil zum Anfangsbuchstaben.

-bar	-fach	-haft	-isch	-lich	-los	-sam	-voll
…	…	…	…	…	…	mühsam	…

c Findet Nomen, die mit den Adjektiven verwandt sind. Nutzt dazu ein Wörterbuch.

2 a Findet mit Hilfe des Wörterbuchs passende Adjektive zu den Nomen und ergänzt sie in der Tabelle: *die Logik, das Ende, die Wirkung, der Schmerz, die Würde.*
b Markiert die Endung und setzt einen Pfeil zum Anfangsbuchstaben.

> Der **Morgen** ist sonnig. Meistens bin ich **morgens** noch müde.
> Gehst du **donnerstags** immer zum Training? Ja, aber diesen **Donnerstag** kann ich nicht.
> Der **Himmel** ist hellblau. Die Tauben flogen **himmelwärts,** als sie erschraken.
> Die Lehrerin machte eine **Ausnahme.** Sie durften **ausnahmsweise** früher gehen.

3 a Führt ein Rechtschreibgespräch:
   – Um welche Wortarten handelt es sich bei den fett gedruckten Wörtern jeweils?
   – Woran erkennt ihr das?
b Markiert die Kleinschreibung wie im Beispiel: morgens.

4 Welche Schreibung ist richtig? Schreibt die Sätze korrekt ins Heft.

> Bist du *anfangs/Anfangs* auch immer so aufgeregt?
> Lass uns *mittags/Mittags* zum Bäcker gehen.
> Meistens gucken wir am *abend/Abend* einen Film.

Information	**Kleinschreibung von Adjektiven und Adverbien**

- **Adjektive** werden **kleingeschrieben.** Einige Adjektive haben typische Nachsilben, an denen sie erkannt werden, z. B.: *das Ende + -los = endlos, die Mühe + -sam = mühsam.*
- **Adverbien** werden **kleingeschrieben.** Einige Adverbien erkennst du an ihren Endungen, z. B.: *die Ordnung + -halber = ordnungshalber, der Samstag + -s = samstags.*

Zusammengesetzte Wörter (Komposita) richtig schreiben

> Mir ist kalt.

> Und ich bin müde.

> Mir ist eiskalt.

> Ich auch.
> Ich bin hundemüde.

 1 a Lest den Dialog. Was fällt euch auf? Sprecht über die unterschiedliche Wirkung der Adjektive.

b Bildet zwei passende Aussagen.
  – Aus Verben/Nomen und Adjektiven können neue Adjektive gebildet werden.
  – Durch die Zusammensetzung wird die Wirkung der Adjektive verringert/verstärkt.

> federleicht • kreidebleich • feuerrot • butterweich • pfeilschnell • grasgrün

2 a Zerlegt die zusammengesetzten Adjektive im Wortkasten in ihre Bestandteile. Erklärt ihre
Bedeutung. Notiert wie im Beispiel: die Feder + leicht → federleicht = so leicht wie eine Feder.

> der Bär • der Zucker • der Schnee • der Aal •
> die Butter • der Blitz • der Himmel • die Kugel

> süß • blau • stark • schnell •
> weiß • glatt • weich • rund

b Bildet aus den Nomen und Adjektiven mindestens vier zusammengesetzte Adjektive.
Nutzt dazu das Wörterbuch. Schreibt die Komposita auf und ergänzt ihre Bedeutung.

c Verwendet die neuen Adjektive in einem Satz, z. B.: Heute fühle ich mich bärenstark.

3 In der Regel wird nur der letzte Bestandteil eines zusammengesetzten Wortes flektiert, z. B.:
die Jacke des Spielertrainers, der süßsaure Apfel.
Setzt passende zusammengesetzte Wörter ein. Markiert die Endungen.

> Die Tür des **?** war geschlossen.
> Das **?** Auto rast durch die **?** Gegend im Schwarzwald.

> Klassenraum •
> pfeilschnell •
> kurvenreich

Information ▶ **Zusammengesetzte Wörter (Komposita)**

- In einem **Kompositon** (Pl. Komposita) werden mindestens zwei **verschiedene Wörter zu
  einem neuen Wort zusammengesetzt.** So entstehen zusammengesetzte Adjektive oder
  Nomen, z. B.: der Zucker + süß → zuckersüß, der Strumpf + die Hose → die Strumpfhose.
- Nur der hintere Teil des zusammengesetztes Wortes passt sich dem Artikelwort an und
  wird flektiert, z. B.: die zuckersüße Limonade, die schwarzen Strumpfhosen.

Zeichensetzung üben – Das Komma in Satzreihen

Spielanleitung: Lügendetektor

– Welche Musik hörst du, welche Sprachen sprichst du?
– Alle denken sich drei Fragen aus, sie präsentieren diese der Klasse.
– Die Klasse entscheidet sich für neun Fragen, alle schreiben diese auf ein Blatt.
– Jede Schülerin / Jeder Schüler beantwortet die Fragen, drei Fragen beantwortet sie/er falsch.
– Alle lesen ihre Lösungen vor und die Klasse errät die drei falschen Antworten.

1 Zwei Hauptsätze können durch ein Komma zu einer Satzreihe verbunden werden.
a Schreibt die Spielanleitung ab. Markiert jeweils die Hauptsätze und umkreist das Komma.
b Erklärt, wieso in der letzten Satzreihe kein Komma steht. ▶ **die Satzreihe: S. 211**

2 Vor den Konjunktionen *aber, jedoch, sondern* muss ein Komma stehen.
Schreibt die Sätze ab. Markiert die Hauptsätze und setzt die fehlenden Kommas.

> Am liebsten backe ich Obstkuchen aber auch Torten bereite ich gern zu.
> Zu meinem Geburtstag backe ich keinen Kuchen sondern mache einen Salat.
> Kuchen und Torten schmecken sehr gut jedoch benötigt der Körper auch Vitamine.

Vorsicht Fehler!

 3 Verbindet die Sätze jeweils zu einer Satzreihe.
Setzt das Komma an der richtigen Stelle.

> **1** Ein Rabe erinnert uns an einen Fußballspieler.
> Er tritt immer wieder gegen den Ball. (denn)
> **2** So gut wie Neymar kickt er nicht.
> Nach Fußball sieht es aus. (aber)
> **3** Seehunde schwimmen nicht nur.
> Sie jonglieren auch mit Bällen. (sondern)
> **4** Katzen balgen gerne mit einem Wollknäuel.
> Sie lieben auch andere Spiele. (doch)

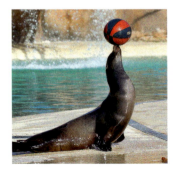

Information ▶ **Das Komma in Satzreihen** ▶ Video

- Eine **Satzreihe** besteht aus **mindestens zwei Hauptsätzen.**
  Die einzelnen Sätze werden mit einem **Komma** voneinander getrennt, z.B.:
  Gestern gab es Kuchen, heute gibt es Salat.
- Das **Komma muss** vor Konjunktionen wie **denn, aber, doch, jedoch, sondern** stehen, z.B.:
  Heute bleibt es trocken, aber morgen soll es regnen.
  Vor den Konjunktionen **und, oder** darf das Komma entfallen.

Zeichensetzung üben – Das Komma in Satzgefügen

Spielanleitung: Städte erkennen

– Jede/Jeder braucht ein Foto vom Wahrzeichen einer Stadt,
  bevor es losgehen kann.
– Außerdem benötigt ihr ein Papier in derselben Größe,
  damit ihr das Foto genau abgedecken könnt.
– Ihr schneidet das Papier in sechs Puzzleteile, weil ihr damit nun das Foto abdeckt.
– Enthüllt euer Foto, indem ihr die Puzzleteile nach und nach herunternehmt.
– Das Spiel ist beendet, wenn eine Spielerin / ein Spieler die Stadt erkennt.

1 Hauptsätze und Nebensätze können durch ein Komma zu einem Satzgefüge verbunden werden.

a Schreibt die Spielanleitung ab. Markiert die Hauptsätze und Nebensätze   ▶ **das Satzgefüge: S. 212**
mit unterschiedlichen Farben und umkreist das Komma.

b Unterstreicht die Subjunktionen, die nach dem Komma stehen.

 2 Findet die Relativsätze und markiert das Relativpronomen.
Kennzeichnet mit einem Pfeil, auf welches Nomen oder welche Nominalgruppe
sich der Relativsatz bezieht, z. B.: Bergziegen, die von Fels zu Fels springen, …

▶ **der Relativsatz: S. 213**

Bergziegen die von Fels zu Fels springen üben fleißig.
Sie proben die schnelle Flucht die ihnen eines Tages das Leben rennten könnte.
Schildkröten die an einem Seil ziehen trainieren ihre Muskeln.

Vorsicht Fehler!

3 Bildet Satzgefüge mit Hilfe der Konjunktionen und Relativpronomen.
Setzt das Komma an der richtigen Stelle.

1 Er freut sich. Sein Hund macht Männchen. (wenn)
2 Sie hat Angst. Die Nachbarskatze kratzt sie oft. (weil)
3 Der Seehund lebt im Zoo. Er jongliert mit Bällen. (der)

Information ▶ **Das Komma in Satzgefügen**   ▶ Video

- Ein **Satzgefüge** besteht aus einem **Hauptsatz** und **mindestens einem Nebensatz.**
- Der Nebensatz wird durch ein **Komma** vom Hauptsatz abgetrennt.
  Die Fußballerin hat eine gute Ausdauer, da sie regelmäßig trainiert.
- Nebensätze werden meist eingeleitet durch **Subjunktionen** (z. B.: *weil, da, bevor, wenn*)
  oder durch **Relativpronomen** (*der, die, das*).
- Der Nebensatz kann **zwischen** oder **nach** dem Hauptsatz stehen.

Zeichensetzung üben – Wörtliche Rede

> „Ich habe eine lustige Spielidee", kichert Anna.
> Ihr kleiner Bruder Felix fragt sie: „Was wollen wir machen?"
> „Wir spielen Verstecken", ruft Anna, „mit unserem Hund!"

1 a Schreibt das Gespräch ab.
  b Was wird gesagt? Markiert die wörtliche Rede und umkreist die Anführungszeichen.
  c Wer spricht? Markiert die Redebegleitsätze in einer anderen Farbe.

 2 Führt ein Rechtschreibgespräch.
  – Erklärt, die Aufgaben des Redebegleitsatzes. Erklärt auch, wo er jeweils steht.
  – Ordnet die drei Beispielsätze aus Aufgabe 1 den folgenden Satzmustern zu:

A „_____", _____.   **B** _____: „_____"   **C** „_____", _____, „_____"

> Da ruft schon Felix dazwischen Ich habe es verstanden!
> Wir verstecken uns und Bruno muss uns finden. Stimmt's?
> Haargenau bestätigt Anna. Vielleicht ergänzt sie fallen uns
> beim Spielen noch ein paar andere Regeln ein.

3 a Schreibt den Text ab. Markiert in den Sätzen die Redebegleitsätze.
  b Setzt die fehlenden Anführungszeichen, Doppelpunkte und Kommas.

4 Schreibt das Gespräch als Text mit wörtlicher Rede auf. Ergänzt passende Redebegleitsätze.
Achtet auf einen abwechslungsreichen Satzbau.

Alex: Ich möchte etwas mit unserem Hund machen.
Marek: Geh doch mit ihm an der frischen Luft spazieren.
Julia: Oder du spielst mit ihm im Garten.

Information ▸▸▸   **Zeichensetzung in der wörtlichen Rede**   ▶ Video

Wörtliche Rede steht in **Anführungszeichen.** Die Zeichensetzung ändert sich je nachdem,
ob der **Redebegleitsatz** vor, nach oder zwischen der wörtlichen Rede steht.
- Steht der Redebegleitsatz **vor** der wörtlichen Rede, folgt ein Doppelpunkt, z. B.:
  Alexa meint: „Wir können Fangen spielen."
- Steht der Redebegleitsatz **nach** der wörtlichen Rede, wird er durch ein Komma
  abgetrennt, z. B.: *„Eine großartige Idee!", meint Yeliz.*
- Steht der Redebegleitsatz **zwischen** der wörtlichen Rede, wird er durch zwei Kommas
  abgetrennt, z. B.: *„Los geht's", jubelt Maxim, „ich bin der Fänger."*

Zeichensetzung üben – Der Apostroph

1 Ordnet den Aussagen zum Apostroph je drei passende Beispiele aus dem Kasten zu.

> Ich hab's! • Felix' Ball • Agnes' Beispiel • Ich glaub's dir. • Heinz' Auto • Ich nehm's mit.

Ein Apostroph steht mit der Genitivform von Namen, die auf s, ss, tz, z oder x enden.	Ein Apostroph darf stehen, wenn man mündliche Abkürzungen schriftlich nachahmt.
Felix' Ball, …	…

2 Schreibt die Sätze ab und entscheidet über die richtige Schreibung.
A *Toni's/Tonis* Meinung teile ich nicht, ich schließe mich *Ines/Ines'* Standpunkt an.
B *Lars'/Lars* Hund muss warten, denn Lars muss in der Küche helfen.
C Die beste Beratung bekommt man in *Müllers/Müller's* Fahrradladen.
D Die besten Spaghetti kocht *Deniz/Deniz'* Mutter.

> Das Eis von Ines schmeckt lecker.
> Der Hund von Felix schwimmt gerne.
> Der Fußball von Max ist verschwunden.
> Die Katze von Martina ist noch jung.
> Das Pferd von Ben ist wild.
> Die Schwester von Moritz hat ein neues Fahrrad.

3 Schreibt die Sätze um, z. B.: Das Eis von Ines schmeckt lecker. → Ines' Eis schmeckt lecker.
Entscheidet, ob ihr ein Genitiv-s anfügt oder ein Apostroph setzt.

> Ich hab' keine Zeit. • Kommst du heut' Abend mit ins Kino? •
> Ich komm' ein paar Minuten zu spät. • Ich glaub', das ist keine gute Idee.

 4 a Tauscht euch aus. Welcher Buchstabe wurde durch ein Apostroph ersetzt?
b Diktiert euch die Sätze im Wechsel.

> **Information** ▶ **Der Apostroph**
>
> - Der Apostroph (') ist ein **Satzzeichen,** mit dem man im Deutschen die **Auslassung** von Buchstaben, Silben oder Wörtern kennzeichnet.
> - Ein Apostroph **muss stehen** bei der Genitivform von Namen, die auf *s, ss, tz, z* oder *x* enden, z. B.: *Lukas' Buch, Moritz' Hose.*
> - Ein Apostroph **darf stehen,** wenn man mündliche Abkürzungen schriftlich nachahmt, z. B.: *Wie war's (war es) in der Schule? Ich hab' (habe) eine Eins in Mathe.*

Zeichensetzung üben

Spielen – der Powerriegel fürs Gehirn

Ole findet Englisch schwer, (1) Sophie muss viel Deutsch lernen, Elif übt oft Mathe. Nicht nur diese Fächer sind schwer, (2) sondern auch Geografie, Gemeinschaftskunde und BNT fordern die Kinder ganz schön. Lernforscher suchen nach Wegen, (3) die das Lernen leichter machen. Ihr Tipp ist sehr einfach: Schülerinnen und Schüler sollten mehr spielen! Häufig sitzen sie im Unterricht nur still da, (4) während die Lehrerinnen oder die Lehrer ihnen den Stoff erklären. Spiele können das Lernen fördern, (5) denn sie halten die Kinder wach. „Ich lerne viel besser, (6) wenn mir etwas Spaß macht", (7) sagt die zwölfjährige Sina. Natürlich gibt es nicht für jede Unterrichtsstunde das passende Spiel, (8) aber viele Lerninhalte lassen sich spielerisch vertiefen und üben.

1 Ordnet die nummerierten Kommas jeweils einer der folgenden drei Regeln zur Kommasetzung zu, z. B.: 1 = A, 2 = …

> **A** Satzreihe: Das Komma trennt zwei Hauptsätze voneinander.
> **B** Satzgefüge: Das Komma trennt einen Nebensatz vom übergeordneten Hauptsatz ab.
> **C** Wörtliche Rede: Das Komma trennt die wörtliche Rede vom Redebegleitsatz.

2 Schreibt die Sätze ab und setzt die fehlenden Kommas. Begründet eure Entscheidung mit der passenden Regel aus Aufgabe 1.

> Wir erledigen manchmal Aufgaben in Partnerarbeit weil das Lernen zu zweit oft leichter ist.
> Das Spielen gefällt mir aber auch die Zusammenarbeit mit anderen macht mir Spaß.
> „Unterricht kann Spaß machen" sagt Nina „wenn Lernspiele zum Einsatz kommen."

Vorsicht Fehler!

3 Apostroph: ja oder nein? Schreibt die Sätze ab und entscheidet über die richtige Schreibung.

> *Niklas'/Niklas* Fahrrad wurde gestohlen.
> *Papas'/Papas* Auto ist kaputt.
> *Max'/Max* Bruder spielt gerne Gitarre.
> *Mannheims'/Mannheims* Parks sind sehr schön.

4 a Vergleicht eure Ergebnisse aus den Aufgaben 1, 2 und 3 in Partnerarbeit.
b Besprecht, was euch bei der Zeichensetzung noch schwerfällt.

Merkschreibungen trainieren

Merkwörter mit *ä*

HCILHÄMLLA

LEUÄNK

NREMMÄD

ESÄK

GIHÄF

GIFÄK

NENHÄG

RETÄPS

ENÄRT

LEBÄS

RÄB

NREGRÄ

1 **a** Lest diese Wörter von hinten nach vorn. Schreibt sie auf.
   b Diese Wörter könnt ihr nicht aus verwandten Wörtern mit **a** ableiten.
   Lernt sie als Merkwörter.

 2 Diktiert euch die Wörter aus Aufgabe 1 als Partnerdiktat. ▶ **Partnerdiktat: S. 295**

Häufige Vorsilben (Präfixe) und Nachsilben (Suffixe)

> entziehen • zerreiben • verzeihen • misstrauen • beeilen •
> das Schicksal • das Eigentum • farblich • farbig • die Häufigkeit •
> ertragen • haftbar • die Kindheit • kindlich

3 **a** Ordnet die Wörter im Kasten in der Tabelle zu.
   b Markiert entsprechend die Vorsilbe oder Nachsilbe.

Vorsilbe	Nachsilbe
entziehen, …	…

4 **a** Erweitert die Verben *ziehen* und *zählen* mit Vorsilben und ergänzt sie in der Tabelle.
   b Ergänzt Nachsilben und bildet neue Wörter: *Glück, acht.*
   Ergänzt sie ebenfalls in der Tabelle.

Großschreibung von festen Wendungen

5 a Schreibt die Sätze ab. Markiert die hervorgehobenen
Wendungen, die immer großgeschrieben werden.

b Bildet mit jeder Wendung einen eigenen Satz.

> *Im Allgemeinen* und
> *im Besonderen,* aber vor allem
> *im Folgenden* schreibt man
> *im Großen und Ganzen* groß.

Ich liebe Ballsportarten **im Allgemeinen.**

Ich schaue gerne Fußball, **im Besonderen** die Spiele meines Vereins.

Im Folgenden zeige ich euch, wie man einen Papierflieger baut.

Ich bin **im Großen und Ganzen** mit meiner Leistung zufrieden.

Ich halte dich über den Punktestand **auf dem Laufenden.**

Die Bedeutung ist **im Wesentlichen** dieselbe.

Großschreibung von Nomen in mehrteiligen Zeitangaben

6 Nomen innerhalb von mehrteiligen Zeitangaben werden großgeschrieben.

a Schreibt die Sätze ab und entscheidet über die richtige Schreibung der Zeitangaben.

b Bildet mit jeder Zeitangabe einen eigenen Satz.

> Ich koche HEUTE ABEND Nudeln mit Tomatensoße.
> Wir treffen uns MORGEN MITTAG an der Schule.
> Meine Cousine war GESTERN MORGEN bei uns zu Besuch.
> Ich musste VORGESTERN NACHMITTAG zum Zahnarzt.

Ich koche heute Abend Nudeln …

Großschreibung von Anredepronomen in der Höflichkeitsform

 7 Die Anredepronomen **Sie, Ihr, Ihnen** in der Höflichkeitsform werden großgeschrieben.
Diktiert euch die Sätze A–D als Partnerdiktat. ▶ **Partnerdiktat: S. 295**

> **A** Hiermit bewerbe ich mich in Ihrem Unternehmen.
> **B** Liebe Frau Müller, könnten Sie mir bitte helfen?
> **C** Ich danke Ihnen für Ihre schnelle Antwort.
> **D** Zeigen Sie mir bitte, was Ihre Tochter in ihrem Rucksack hat.

Kleinschreibung von unbestimmten Angaben

8 Unbestimmte Angaben werden auch nach einem Artikelwort kleingeschrieben.
Schreibt den Text ab und markiert die unbestimmten Angaben.

▶ **richtig abschreiben: S. 295**

> Vorne stehen zwei. **Der eine** ist groß und **der andere** ist klein. **Die beiden** tragen
> einen gelben Hut. **Die vielen,** die in der zweiten Reihe stehen, tragen einen roten Hut.
> **Die meisten** haben kurze Haare, **die wenigen** mit langen Haaren tragen einen Zopf.

Zusammenschreibung bei *irgend-*

9 Verbindungen mit **irgend-** werden immer zusammengeschrieben.
Schreibt die Verbindungen mit **irgend-** aus der Wortschlange auf.

> *Irgendein, irgendwo, irgendetwas, irgendwer schreibst du zusammen, das ist nicht schwer.*

irgendeinirgendwohinirgendwerirgendwieirgendwannirgendwoirgendwasirgendjemand

Getrenntschreibung von Verbindungen mit *sein*

10 Verbindungen mit **sein** werden immer getrennt geschrieben.
Ergänzt in den Sätzen passende Wortgruppen mit **sein.**

> neugierig • beisammen • fertig • da • aufgeregt • überrascht • zufrieden ⊹ sein

Vom Geschenk wird sie , damit rechnet sie nicht.
Heute werde ich zu dem Termin pünktlich ❓ .
In zehn Minuten muss ich ❓ .
Vor dem Wettkampf wird die Mannschaft ❓ .
Mit ihrer Leistung wird sie ❓ .
Zum Geburtstag wird die ganze Familie ❓ .
Das Kind stellt viele Fragen. Es muss sehr ❓ .
Vom Geschenk wird sie überrascht sein, damit …

Schreibungen mit *Mal/-mal*

11 **Mal** wird getrennt und großgeschrieben, wenn es ein Nomen ist.
Ansonsten schreibt man **-mal** klein und zusammen.
a Lest euch die Sätze aufmerksam durch.
b Diktiert euch die Sätze abwechselnd ins Heft.

> *Einmal ist keinmal und dieses Mal ist das erste Mal.*

▶ **ein Partnerdiktat schreiben: S. 295**

Ich habe noch **keinmal** einen Elfmeter verschossen.
Dieses Mal werde ich früher anfangen zu lernen.
Einmal muss es mir doch gelingen.
Nächstes Mal erledige ich meine Hausaufgaben.
Manchmal muss doch eine Ausnahme möglich sein.
Das erste Mal ist es immer am schwierigsten.
Du sollst das Wort **dreimal** abschreiben.
Ich habe es bisher erst **ein einziges Mal** versucht.

12 Sammelt eure Fehlerwörter aus den Aufgaben 1–11 in einer Rechtschreibkartei und übt sie.

▶ **Fehlerwörter in der Rechtschreibkartei sammeln: S. 296**

Gleich klingende Wörter unterscheiden

(M)

> Die **Wahl** zum Klassensprecher war erfolgreich. – Der **Wal** ist das größte Säugetier der Welt.
> Ich **leere** meinen Rucksack aus. – Ich **lehre** die Kinder lesen.
> Der **Bote** bringt einen Brief. – Die **Boote** liegen im Hafen.
> Kannst du mir bitte die **Uhrzeit** sagen? – Die Menschheitsgeschichte beginnt in der **Urzeit.**

 1 a Lest die Sätze genau und sprecht die hervorgehobenen Wörter laut aus.
   b Was fällt euch auf? Führt ein Rechtschreibgespräch. ▶ **Methode: Rechtschreibgespräch: S. 231**
   c Ergänzt den folgenden Merksatz mit den Wörtern im Kasten. Schreibt ihn richtig in euer Heft.

> Bedeutung • anders • gleich • Schreibweise

Einige Wörter hören sich **?** an, werden aber **?** geschrieben. Ihre **?** ist
sehr unterschiedlich. Am besten lernt ihr ihre **?** mit ihrer Bedeutung zusammen.

2 a Ordnet den Wörtern in der linken Spalte der Tabelle jeweils die passenden Erklärungen zu.
   b Schreibt die Wörter zusammen mit ihren Erklärungen in euer Heft.
   c Bildet mit jedem Wort einen Satz. Markiert jeweils die gleich klingenden Buchstaben.

die Seite – die Saite	der dünne Strang zum Beispiel bei einer Gitarre oder Geige das einzelne Blatt in einem Buch
der Leib – der Laib	der Körper das rund oder oval geformte Brot
die Miene – die Mine	das Teil im Inneren eines Bleistifts oder Kugelschreibers der Gesichtsausdruck
die Lerche – die Lärche	ein besonderer Baum ein besonderer Vogel
das Lied – das Lid	der Augendeckel das Musikstück
der Stiel – der Stil	der lange, schmale Teil einer Pflanze die besondere Art, wie etwas gemacht ist

3 Findet die fehlerhaften Sätze und schreibt sie richtig auf.

> **A** Der Postboote klingelt an der Haustür.
> **B** Meine Bleistiftmine bricht immer ab.
> **C** Ich kaufe mir neue Seiten für meine Gitarre.
> **D** Der neue Stil der Schulband gefällt mir gut.

Vorsicht Fehler!

Das oder *dass*? Proben anwenden

> Wann schreibe ich *das* und wann *dass*?

> Wende zum Beispiel die Ersatzprobe an. Kannst du *das* durch *dieses* oder *welches* ersetzen, wird es mit einem *s* geschrieben. Kann es nicht ersetzt werden, wird *dass* mit Doppel-*s* geschrieben.

1 Lest das Rechtschreibgespräch. Worum geht es? Tauscht euch aus.

2 a Schreibt die folgenden Sätze ab und entscheidet, ob ihr **das** oder **dass** einsetzen müsst.
Tipp: Prüft gemeinsam, ob **das** durch **dieses** oder **welches** ersetzt werden kann.
b Das Relativpronomen **das** bezieht sich immer auf eine Nominalgruppe im Hauptsatz. Zeichnet bei diesen Sätzen einen Pfeil zur Nominalgruppe wie im Beispiel.

> Das Buch, **?** ich gerade lese, habe ich zum Geburtstag geschenkt bekommen.
> Ich denke, **?** du recht hast.
> Das Auto, **?** gerade in die Straße einbiegt, gehört unserer Nachbarin.
> Ich hoffe, **?** es morgen sonnig wird.
> Meine Mutter sagt, **?** wir heute zusammen Eis essen.
> Das Eis, **?** ich mir gekauft habe, habe ich noch nicht probiert.
> Frau Meier kündigt an, **?** wir nächste Woche einen Test schreiben.

Das Buch, das ich gerade lese, habe ich zum Geburtstag geschenkt bekommen.

3 Nach bestimmten Verben folgt häufig die Konjunktion **dass**. Erstellt eine Merkliste mit diesen Verben.
a Schreibt die Verben vom Rand untereinander auf.
b Notiert weitere Verben aus den Sätzen von Aufgabe 2.
c Fallen euch noch mehr Verben mit **dass** ein? Ergänzt sie.

> Nach bestimmten Verben folgt häufig die Konjunktion **dass**, z. B.: *Ich glaube/meine/ weiß/hoffe/verspreche/ erkläre, dass …*

4 a **Das** oder **dass**? Findet im Text die fünf Fehler und schreibt den Text richtig auf.
b Zeichnet Pfeile vom Relativpronomen **das** zur Nominalgruppe, auf die es sich bezieht.
c Unterstreicht die Verben, nach denen die Konjunktion **dass** folgt.

Lisa ist heute schon früh wach. Durch das Fenster, dass sich direkt neben ihrem Bett befindet, sieht sie die Sonnenstrahlen. Sie weiß, das heute ein besonderer Tag wird, denn ihre Eltern versprachen ihr, das sie in den Zoo gehen würden. Aufgeregt springt Lisa daher aus dem Bett. Sie bereitet das Picknick vor, dass sie mit in den Zoo nehmen will. „Ich hoffe, das wir auch die neuen Jungtiere sehen können", ruft sie ihrer Mutter zu.

Im Wörterbuch nachschlagen

Kopfwort   **verschiedene Schreibungen**

erfolgsverwöhnt

er|folgs|ver|wöhnt
Er|folgs|zif|fer; Er|folgs|zwang
Er|folg ver|spre|chend, er|folg|ver-
spre|chend; Erfolg verspre-
chende *od.* erfolgversprechende
Maßnahmen; *aber nur* großen
Erfolg versprechende Maßnahmen, höchst erfolgversprechende Maßnahmen; diese
Maßnahme ist noch erfolgver-
sprechender, am erfolgverspre-
chendsten ↑D 58
er|for|der|lich
er|for|der|li|chen|falls *(Amtsspr.)*
er|for|dern; Er|for|der|nis, das; -ses,
-se
er|forsch|bar; er|for|schen
Er|for|scher; Er|for|sche|rin; Er|for-
schung
er|fra|gen; Er|fra|gung
er|fre|chen, sich *(veraltend)*
er|freu|en, sich erfreuen; er|freu-
lich; manches Erfreuliche ↑D 72;
er|freu|li|cher|wei|se
er|frie|ren; Er|frie|rung; Er|frie-
rungs|tod
er|fri|schen, sich erfrischen; er|fri-
schend; erfrischender Humor
Er|fri|schung; Er|fri|schungs|ge-
tränk; Er|fri|schungs|raum; Er|fri-
schungs|stand; Er|fri|schungs-
tuch *Plur.* ...tücher

E
erfo

Er|gän|zungs|satz (Objektsatz)
Er|gän|zungs|strich
er|gat|tern *(ugs. für* sich verschaf-
fen); ich ergattere
er|gau|nern *(ugs. für* sich durch
Betrug verschaffen); ich ergau-
nere
Erg.-Bd. = Ergänzungsband
¹er|ge|ben; die Zählung hat erge-
ben, dass ...; sich ins Unver-
meidliche ergeben
²er|ge|ben; ergebener Diener;
jmdm. treu ergeben sein; Er|ge-
ben|heit, die; -; Er|ge|ben|heits-
ad|res|se *(geh. für* schriftl. Wil-
lenskundgebung); er|ge|benst
Er|geb|nis, das; -ses, -se; Er|geb-
nis|kor|rek|tur
er|geb|nis|los; Er|geb|nis|lo|sig|keit,
die; -
er|geb|nis|of|fen; ergebnisoffen
diskutieren
er|geb|nis|ori|en|tiert
er|geb|nis|reich
Er|ge|bung *(geh.);* er|ge|bungs|voll
er|ge|hen; wie ist es dir ergangen?;
sich im Park ergehen *(geh. für*
spazieren gehen); sie erging sich
in Vermutungen; er hat es über
sich ergehen lassen; Er|ge|hen,
das; -s (Befinden)
er|gie|big; Er|gie|big|keit, die; -
er|gie|ßen; sich ergießen; Er|gie-

er|gra|ben *(fachspr. für* ausgra-
ben)
er|grau|en; ergraut
er|grei|fen; er|grei|fend; Er|grei-
fung *Plur. selten*
er|grif|fen; er war sehr ergriffen;
Er|grif|fen|heit, die; -; Er|grif|fen-
sein, das; -s
er|grim|men *(geh.)*
er|gründ|bar; er|grün|den; Er|grün-
dung *Plur. selten*
er|grü|nen *(geh.);* die Natur
ergrünt
Er|guss; Er|guss|ge|stein *(für* Effu-
sivgestein)
er|ha|ben; erhabene (erhöhte)
Stellen einer Druckplatte; über
allen Zweifel erhaben; Er|ha|ben-
heit
Er|halt, der; -[e]s *(Amtsspr.* Emp-
fang; Erhaltung, Bewahrung)
er|hal|ten; erhalten bleiben
er|hal|tens|wert
er|hält|lich
Er|hal|tung, die; -; Er|hal|tungs-
trieb
er|hal|tungs|wür|dig
Er|hal|tungs|zu|stand
er|han|deln
er|hän|gen; sich erhängen; *vgl.*
²hängen; Er|häng|te, der *u.* die;
-n, -n
¹Er|he...

ein Wort – zwei Bedeutungen   **das Wort, der Artikel, die Bedeutung**

1   Seht euch den Ausschnitt aus der Wörterbuchseite an:
Das **Kopfwort** gibt das erste Wort auf der Seite an. So hilft es bei der Orientierung im
Wörterbuch. Das letzte Wort auf dieser Doppelseite heißt *Erlebnisurlaub.*

2   Schreibt auf, welche der folgenden Wörter man auf dieser Seite nachschlagen kann.
*Erdumrundung, Erinnerungslücke, erfolgreich, Erkennungszeichen, Erzieherin,
Ermittlungsergebnis, Erholungsurlaub, ernähren*

3   Manchmal gibt es für ein Wort **zwei Schreibungen**. Die empfohlene Schreibung ist
gelb markiert. Schreibt das Wort auf, für das es zwei Schreibungen gibt.

4   Manchmal hat ein Wort zwei **verschiedene Bedeutungen**.
Schreibt auf, welche Bedeutungen das Wort *ergeben* hat.   ▶ **Wörter nachschlagen: S. 296**

Die Rechtschreibprüfung am Computer nutzen

Gespielt wird auf einem Feld, in dessen Ecken Sportmatten Liegen. Zwei Manschaften verteilen sich: eine im Feld, eine außen am Rant. Ein Spieler von außen wirft einen Volleyball ins Feld und rennt Los. Er läuft über die Matten und erhelt dann einen Punkt, wenn er die Zielmate erreicht, bevor die Gegner den Ball wieder zum Start befördert haben.

1 a Lest den Text genau, in dem ein Rechtschreibprogramm Fehler markiert hat.

b Prüft, was an den Wörtern falsch ist, die rot unterschlängelt sind.

Tipp: Wendet die Strategien Schwingen, Verlängern, Ableiten an und beachtet die Regel zur Schreibung von Doppelkonsonanten.

2 Das Rechtschreibprogramm findet jedoch nicht alle Fehler: Zwei Wörter sind fälschlicherweise großgeschrieben und wurden nicht markiert. Findet die Wörter und stellt Vermutungen an, warum das Programm hier versagt hat.

3 a Überlegt: Von welchem Spiel ist im Text oben die Rede?

b Schreibt eine vollständige Beschreibung dieses Spiels am Computer.

c Probiert die automatische Rechtschreibprüfung aus. Der Merkkasten unten hilft euch.

Beim Baseball werfen die Verteidiger den Baseball ins Spiel.
Ein Angreifer muss den Ball mit dem Baseballschläger treffen.
Die Angreifer können durch das Ablaufen der vier Bases
Punkte machen. Unterdessen versuchen die Verteidiger,
den Lauf zu stoppen, indem sie den Baseball
zum Start zurückwerfen.

4 Schreibt den Text mit dem Computer ab und kontrolliert die Rechtschreibung genau.

> **Methode** 〉〉 **Die Rechtschreibprüfung am Computer nutzen**
>
> - Die Rechtschreibprüfung hilft euch, in einem Text falsch geschriebene Wörter zu finden.
> - So könnt ihr das **Rechtschreibprogramm** aktivieren: in der **Menüleiste** Überprüfen anklicken, dann Rechtschreibung und Grammatik auswählen. Das Programm markiert nun mögliche **Rechtschreibfehler rot** und mögliche **Grammatikfehler grün.**
> - **Achtung:** Das Programm ist nicht ganz zuverlässig. Wendet in Zweifelsfällen die euch bekannten Rechtschreibstrategien und Regeln an oder nutzt das Wörterbuch.

Tandembogen: Rechtschreibregeln anwenden

 1 Testet euch gegenseitig in Partnerarbeit. Geht so vor:
- Partner/-in A deckt die rechte Hälfte des Tandembogens ab, Partner/-in B die linke.
- A liest Aufgabe 1 vor und löst sie. B vergleicht die Antwort mit der Lösung.
- Danach liest B Aufgabe 2 vor und löst sie. A prüft die Lösung usw. bis zum Schluss.
- Tauscht dann A und B und beginnt von vorn.

Tipp: Übt noch einmal, wenn ihr Unsicherheiten festgestellt habt.

Partner/-in A	Partner/-in B
Aufgabe 1: Erkläre die Großschreibung von *beim Lesen* und *etwas Schönes*.	**Lösung 1:** Aus dem Verb *lesen* und dem Adjektiv *schön* werden Nomen. An den Begleitern *beim* (*bei dem*) und *etwas* erkennt man die Nomen.
Lösung 2: Aus dem Verb *arbeiten* und dem Adjektiv *freundlich* werden Nomen. An den Begleitern *zum* (*zu dem*) und *viel* erkennt man die Nomen.	**Aufgabe 2:** Erkläre die Großschreibung von *zum Arbeiten* und *viel Freundliches*.
Aufgabe 3: Prüfe, ob die Wörter in der Mitte mit einfachem oder Doppelkonsonanten geschrieben werden: *bitten, die Rinde, die Tafel.*	**Lösung 3:** *bitten* = mit Doppelkonsonant *die Rinde* = mit zwei einfachen Konsonanten *die Tafel* = mit einfachem Konsonanten
Lösung 4: *warten* = mit zwei einfachen Konsonanten *die Seife* = mit einfachem Konsonanten *das Wetter* = mit Doppelkonsonant	**Aufgabe 4:** Prüfe, ob die Wörter in der Mitte mit einfachem oder Doppelkonsonanten geschrieben werden: *warten, die Seife, das Wetter.*
Aufgabe 5: *s* oder *ss* oder *ß?* Wie schreibt man? Begründe. *pa ? en, der Be ? en, drau ? en*	**Lösung 5:** *passen:* erste Silbe geschlossen *der Besen:* erste Silbe offen, summend *draußen:* erste Silbe offen, zischend
Lösung 6: *rasen:* erste Silbe offen, summend *außen:* erste Silbe offen, zischend *wissen:* erste Silbe geschlossen	**Aufgabe 6:** *s* oder *ss* oder *ß?* Wie schreibt man? Begründe. *ra ? en, au ? en, wi ? en*
Aufgabe 7: *i* oder *ie?* Wie schreibt man? Begründe. *w ? nken, l ? ber*	**Lösung 7:** *winken:* erste Silbe geschlossen i-laut kurz *lieber:* erste Silbe offen, i-Laut lang
Lösung 8: *das Sieb* – verlängern: *die Siebe* *telefonieren* – Nachsilbe *-ieren*	**Aufgabe 8:** *i* oder *ie?* Wie schreibt man? Begründe. *das S ? b, telefon ? ren*

11.3 Fit in ...! Texte richtig schreiben

Auf den folgenden Seiten könnt ihr
– ein Diktat schreiben und selbstständig korrigieren,
– die Fehler zu Fehlerschwerpunkten zusammenfassen,
– selbstständig an den entsprechenden Stationen üben.

Warum haben Zebras Streifen?

Zebras sehen mit ihrem Fellmuster sehr nett aus. Sie bringen Forscher zum Grübeln, warum sich die Natur so ein auffälliges Muster für das Tier ausgedacht hat und warum es damit überleben kann. Das lockt doch die Feinde geradezu an. Unglaublich ist, dass das Muster den Zebras sogar hilft, sich vor Feinden zu schützen.
Zebras stehen in der Regel in einer Herde. In der Gemeinschaft sind sie in Sicherheit. Die vielen Streifen der verschiedenen Zebras verwirren die Augen der Feinde, sodass sie das einzelne Zebra nicht
10 mehr so genau erkennen können. Sie nehmen nur einen Streifenhaufen wahr. Außerdem sollen die Streifen vor Insektenstichen schützen. Die gefährliche Tsetsefliege setzt sich nicht gern auf Streifenmuster.

Wie tarnen sich Tiere?

Viele Tiere sind Meister der Tarnung.
Einige passen sich ihrer Umgebung an und sind so fast unsichtbar. Der Blattschwanzgecko zum Beispiel sieht aus wie ein Ast, die Stabheuschrecke ähnelt einem dünnen Zweig.
5 Und der Tintenfisch kann innerhalb von wenigen Sekunden seine Farbe wechseln und geht so in Deckung.
Andere Tiere werden nicht unsichtbar, sondern ahmen giftige oder gefährliche Tiere nach. Schwebfliegen werden häufig mit Wespen verwechselt, weil sie ihnen sehr ähnlich sehen.
10 Der Kuckuck, der ein bisschen wie ein Sperber aussieht, wird deshalb von einigen Vogelarten für einen gefährlichen Greifvogel gehalten.

1 Schreibt die Texte als Partnerdiktat. Diktiert im zweiten Text die Kommas nicht mit.
Tipp: Diktiert schwierige Wörter deutlich in Silben. ▶ Partnerdiktat: S. 295

2 a Korrigiert eure Diktattexte gemeinsam.
b Wertet eure Fehler mit Hilfe des Fehlerbogens auf Seite 265 aus.
c Arbeitet an den Stationen zu den Strategien und Regeln, die noch schwierig für euch waren.

Eine Fehleranalyse durchführen

1 **a** Vorbereitung: Lasst euch den folgenden Fehlerbogen als Kopie geben.

b Fehleranalyse: Ordnet eure Fehler aus dem Diktat dem jeweils richtigen Bereich im Fehlerbogen zu.

c Auswertung: Welche Strategien und Regeln bereiten euch noch Probleme? Bearbeitet die entsprechenden Stationen.

Strategie	Fehlerart	Beispiele	Fehler-anzahl	Übungen
	Buchstaben im Wort vergessen oder verwechselt	*bringen*		Station 1, S. 266
	Fehler bei *b/p, d/t, g/k*: bei Einsilbern und am Wortende	*nett – netter*		Station 2, S. 266
	bei Zusammensetzungen	*Stab|heuschrecke*, denn: die *Stäbe*		Station 2, S. 266
Regeln	Fehler bei Großschreibung von Nomen und Nominalisierungen (Aa)	*die Gemeinschaft, zum Grübeln, viele Tiere*		Station 3, S. 267
	Fehler bei Doppelkonsonanten	*kann,* denn: *können*		Station 4, S. 268
	Fehler bei *s*-Laut (*s/ss/ß*)	*außerdem, das Insekt, passen*		Station 5, S. 268
	Fehler bei *i*-Laut (*i/ie*) (ohne Fremdwörter)	*vielen, giftig*		Station 6, S. 269
	Fehler bei *h*	*sieht,* denn: *sehen*		Station 7, S. 269
	Fehler bei Kommasetzung: Satzreihe	*… wie ein Ast, die Stabheuschrecke ähnelt …*		Station 8, S. 270
	Fehler bei Kommasetzung: Satzgefüge	*… mit Wespen verwechselt, weil sie ihnen …*		Station 8, S. 270

An Stationen üben

Station 1: Schwingen und verlängern

> der Zwerg • traurig • die Sage • eifrig • die Taten • die Hand • die Tanten •
> das Band • die Zecken • gelb • die Papageien • die Quallen • der Hund •
> der Schnabel • das Auge • die Burg • der Zug

1 a Schreibt die Wörter zum Schwingen und die Wörter zum Verlängern geordnet in eine Liste.
b Fügt in der zweiten Spalte jeweils ein Verlängerungswort hinzu. Setzt die Silbenbögen.

<u>Wörter zum Schwingen</u>   <u>Wörter zum Verlängern</u>
die Sage ...   der Zwerg – die Zwerge ...

> Vor langer Zeit lebten **Wasserbüffel** noch wild in einigen Teilen Afrikas und Asiens. Heutzutage sind Wasserbüffel nach wie vor weit verbreitet. Man hält sie aber vorwiegend als Haustiere. Wenn man einem Wasserbüffel in der Wildnis begegnet, handelt es sich oft um ein weggelaufenes Tier, nicht um ein wildes Rind. Ein männlicher Wasserbüffel wiegt bis zu 500 Kilogramm, ein Weibchen weniger. In der Landwirtschaft war er für seinen Besitzer schon immer eine wertvolle Hilfe. Er zog zum Beispiel den Pflug über das Feld.

2 Findet im Text jeweils fünf Wörter zum Schwingen und fünf Wörter zum Verlängern.
Tragt die Wörter in die Liste aus Aufgabe 1 ein.

Station 2: Zerlegen und verlängern

> die Bergspitze • das Königreich • das Lammfell • der Mundschutz • der Wildbach •
> die Wundsalbe • die Gesundheit • die Waldblume • der Handstaubsauger

1 In den Wörtern gibt es unklare Stellen, bei denen das Verlängern hilft.
a Schreibt die Wörter zum Zerlegen und Verlängern in eine Liste.
b Ordnet diese Verlängerungswörter zu: *stauben, wilder, die Könige, die Felle, die Münder, die Berge, die Wunde, die Wälder, die Hände, die Lämmer, gesünder.*
<u>Wörter zum Zerlegen und Verlängern</u>
die Bergspitze – ...

2 Welche Verlängerungswörter verstecken sich in den Tierbezeichnungen?
Schreibe die Wörter auf und ergänze die Verlängerungswörter, z. B.:
die Erd|kröte – die Erde.

> die Erdkröte • der Berggorilla •
> die Goldbrasse • die Blindschleiche •
> die Stabheuschrecke • der Zwergfalke •
> die Wildschweine • der Strandläufer

Station 3: Nomen und Nominalisierungen großschreiben

Warum verschenkt die Stadt Colmar Hühner? – Teil 1

Die Stadt Colmar hat, wie viele große Städte auch, ein Müllproblem. Tag für Tag fallen neben dem Restmüll auch eine große Menge Biomüll an, der von der Stadt entsorgt werden muss. Colmar hatte die gute Idee, den riesigen Biomüllberg zu verkleinern.

1 a Legt im Heft eine Tabelle zu den Nominalgruppen an.
   b Ordnet die Nominalgruppen richtig ein.
   c Markiert die Artikelwörter und den jeweiligen Anfangsbuchstaben des Nomens.
   Setzt einen Pfeil zum Bezugswort.

Artikelwort + Nomen	Artikelwort + Adjektiv + Nomen
die Stadt	viel große …
…	…

Warum verschenkt die Stadt Colmar Hühner? – Teil 2

Colmar setzt auf eine etwas andere LÖSUNG für mehr SAUBER-KEIT: Um den ABFALL für die BIOTONNE zu verkleinern, VER-SCHENKT die STADT zwei weibliche HÜHNER an LEUTE, die einen GARTEN HABEN und NACHWEISEN können, dass sich auch im URLAUB jemand um die TIERE KÜMMERT.
Hühner fressen so ziemlich alles an biologischen ABFÄLLEN, und sie LASSEN nach dem SCHARREN nicht MEHR viel FRESSBARES zu-rück, nur das, was sie nicht MÖGEN. Der MÜLLBERG wird kleiner, und die Hühner liefern SOGAR auch noch frische EIER. Kein WUN-DER, dass in Colmar immer mehr HÜHNER gehalten werden.

2 a Prüft die Wörter in Großbuchstaben: Sind sie Nomen oder nicht?
   b Tragt die Nomen mit ihrem Artikelwort in die Tabelle aus Aufgabe 1 ein.
   Markiert jeweils den Anfangsbuchstaben des Nomens und setzt einen Pfeil zum Bezugswort.

3 a Notiert die zwei Nomen aus dem Text, die eine typische Nomenendung haben.
   b Schreibt zu einem der Nomen weitere Wörter aus der gleichen Wortfamilie auf.
   Tipp: Ihr könnt in einem Wörterbuch nachschlagen.   ▶ **Wörter nachschlagen: S. 296**

➕ 4 Notiert die zwei Nominalgruppen, deren Kern ein nominalisiertes Verb bzw. Adjektiv ist.

Station 4: Wörter mit Doppelkonsonanten

halten • stimmen • stellen • bieten • der Schwamm • bremsen • bitten • danken •
der Pfiff • fallen • die Pappe • ihr hofft • sollen • die Pfeife • trinken • treffen • sie kommt

1 **a** Schwingt die Wörter und untersucht sie an der Silbengrenze.
Tipp: Einsilbige Wörter müsst ihr verlängern.

b Schreibt die Wörter geordnet in eine Tabelle mit drei Spalten:

erste Silbe offen	erste Silbe geschlossen, Wörter mit zwei gleichen Konsonanten	erste Silbe geschlossen, Wörter mit zwei verschiedenen Konsonanten
bieten	stimmen	halten
…	…	…

m oder mm? die La **?** pe – die P… • su **?** en – br…
n oder nn? ne **?** en – br… • die Ka **?** te – die T…
p oder pp? rem **?** eln – kr… • die Pu **?** e – die S…

2 **a** Setzt in die Lücken einfache oder doppelte Konsonanten ein.
b Schreibt die Wörter und die Reimwörter auf.

➕ **3** Notiert die Regel, die beschreibt, wann man sicher Doppelkonsonanten schreibt.

Station 5: Wörter mit s-Laut

außen • der Rasen • die Rassel • draußen • die Weisen • wissen • gossen •
heißen • reisen • hissen • die Rose • schossen • die Straße • die Soße • spaßen

1 **a** Lest die Wörter mit **s**-Laut.
b Schreibt die Wörter mit **ß** ab.
c Schreibt die folgende Regel auf und ergänzt dabei die Wörter *zischend, offen, zweisilbigen.*
*Man schreibt **ß** in* **?** *Wörtern, wenn die erste Silbe* **?** *ist. Man spricht das **ß*** **?** *.*

der Fußball • die Grußkarte • der Blumenstrauß • das Schließfach • das Fließband

2 **a** Welche einsilbigen Wörter mit **ß** findet man in diesen Wortzusammensetzungen?
b Schreibt sie auf und ordnet die zweisilbige Form zu, z.B.: der Fußball – der Fuß – die Füße, …

Station 6: Wörter mit *i*-Laut

die Kiefer • die Kinder • die Kisten • die Kriege • die Ziele • binden •
die Listen • der Diener • winseln • die Ziege • die Zwiebel • diese •
hinten • bieten • biegen • die Rinde • kriegen

1 **a** Schreibt die Wörter mit **ie** und **i** geordnet in eine Tabelle.

b Markiert die Silbenbögen.

c Schreibt unter jede Spalte die richtige Regel.
– Die erste Silbe ist offen.
– Die erste Silbe ist geschlossen.

Wörter mit *ie*	Wörter mit *i*
die Kiefer	die Kinder
Regel: Die erste …	…

es bl **?** nkt – es w… • er l **?** gt – er w… • sie s **?** gt – sie kr… • es sp **?** lt – es z… •
sie schl **?** βt – sie sch… • es bl **?** ckt – es kl… • er l **?** bt – er s…

2 **a** Verlängert die Wörter und ergänzt **ie** oder **i.**

b Findet die Reimwörter.

c Schreibt die Wörter mit ihren Verlängerungswörtern in die Tabelle aus Aufgabe 1.

+ **3** Schreibt mit den Reimwörtern ein kleines Gedicht mit zwei oder vier Zeilen.

Station 7: Wörter mit *h*

er dreht • das Reh • sie geht • der Zeh • die Kuh • er ruht • sie näht • früh • es steht

1 **a** Lest die einsilbigen Wörter.

b Macht das **h** hörbar. Verlängert dazu die einsilbigen Wörter.

c Schreibt die Wörter mit den Verlängerungswörtern auf.
Setzt die Silbenbögen und markiert das **h,** z. B.:
er dreht – drehen.

2 **a** Bildet mit den Vorsilben und den Verben aus den beiden Wortspeichern neue Verben und schreibt sie auf.

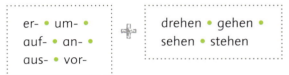

er- • um- •
auf- • an- •
aus- • vor-

⊹

drehen • gehen •
sehen • stehen

b Setzt die Silbenbögen und markiert das **h.**

c Bildet mit fünf Verben Sätze. Schreibt die Sätze auf und markiert jeweils in den Verbformen das **h.**

Station 8: Das Komma in Satzreihen und Satzgefügen

- Schon immer gab es rätselhafte Orte die die Menschen faszinierten.
- Viele Wissenschaftlerinnen und Wissenschaftler forschten nach ihnen viele Abenteuerlustige begaben sich auf wagemutige Entdeckungsreisen.
- Manche dieser Orte waren auffindbar denn es gab sie auch in der Wirklichkeit.
- Andere entstammten der Fantasie der Menschen die damit ihre Träume verbanden.

Vorsicht Fehler!

1 a Schreibt die Sätze ab.
b Markiert die gebeugten Verbformen und die einleitenden Wörter. Setzt die Kommas.
Schon immer **gab** es rätselhafte Orte, ⟨die⟩ … **faszinierten**. …
c Der Text enthält zwei Relativsätze. Findet sie und kennzeichnet mit einem Pfeil, auf welches Nomen oder welche Nominalgruppe sich der Relativsatz bezieht.

- Atlantis ist ein sagenhaftes Inselreich, das vor 12 000 Jahren existiert haben soll.
- Eine Naturkatastrophe zerstörte die Insel, ihr Untergang dauerte einen Tag und eine Nacht.
- Über die Lage von Atlantis streiten sich die Forschenden, da es nie gefunden wurde.
- Weil es keine Beweise gibt, können wir unserer Fantasie freien Lauf lassen.

2 a Lest die Sätze aufmerksam.
b Prüft, ob die Aussagen A bis D richtig oder falsch sind. Begründet.
A Satz 1 enthält eine Konjunktion und besteht aus zwei Hauptsätzen.
B Satz 2 ist eine Satzreihe, die aus zwei Hauptsätzen besteht.
C Satz 3 enthält einen Relativsatz, der mit dem Relativpronomen „da" eingeleitet wird.
D Satz 4 besteht awus einem Hauptsatz und einem Nebensatz und ist daher ein Satzgefüge.
Aussage A ist falsch, denn Satz 1 besteht aus einem Hauptsatz und einem Relativsatz, der mit dem Relativpronomen „das" eingeleitet wird.

- Auch an der Ostseeküste soll es eine versunkene Stadt geben. Dort hat vor über 1 000 Jahren die Stadt Vineta existiert.
- Vineta war prächtig. Sie war die größte und reichste Handelsstadt in Europa.
- Drei Monate, drei Wochen und drei Tage vor ihrem Untergang kündigte eine Erscheinung die drohende Zerstörung Vinetas an. Die Einwohnerinnen und Einwohner verließen ihre Stadt nicht.
- Der Sage nach ging Vineta bei einer mächtigen Sturmflut unter. Die Bewohnerinnen und Bewohner waren hochmütig und verschwenderisch.

3 Verbindet die Satzpaare mit Hilfe von Junktionen zu Satzreihen oder Satzgefügen.

Sprechen und Zuhören

Gesprächsregeln festlegen und einhalten

Gesprächsregeln helfen euch, **fair und freundlich** miteinander zu sprechen.

Gesprächsförderer:

Ich fördere das Gespräch, wenn …

- ich ruhig und sachlich bleibe.
- ich die anderen ausreden lasse.
- ich höflich bin.
- ich den anderen zeige, dass ich zuhöre.
- ich positiv formuliere, z. B.: *Vergiss dein Heft nicht! → besser: Denke an dein Heft!*

Gesprächsstörer:

Ich störe das Gespräch, wenn …

- ich die anderen unterbreche.
- ich nicht auf die anderen eingehe.
- ich die Redebeiträge der anderen abwerte.
- ich die anderen beleidige.
- ich nur Du-Botschaften formuliere, z. B.: *Du störst mich! → besser: Ich möchte mich konzentrieren.*

Informationen für eine Präsentation auswerten und ordnen ▶ S. 152

- Bestimmt das **Thema** für eure Kurzpräsentation. Warum interessiert es euch?
- Notiert **Fragen zu dem Thema,** die ihr in eurer Kurzpräsentation beantworten wollt.

Überlegt:

- – Welche Informationen gehören zu dem Thema?
- – Was interessiert eure Zuhörerinnen und Zuhörer vermutlich an dem Thema?
- **Recherchiert** nach **Informationen** zu den Fragen im Internet. Notiert sie stichwortartig.
- **Ordnet** die **Informationen,** zum Beispiel in einer Mindmap.

Ein Plakat präsentieren ▶ S. 154

- Zeigt euer **Plakat** und erklärt, was man darauf sehen kann.
- Tragt möglichst **frei** vor. Schaut nur auf Karteikarten, wenn ihr unsicher seid. Lest nicht von den Karteikarten ab.
- Haltet **Blickkontakt** zu den Zuhörerinnen und Zuhörern.
- **Sprecht laut, deutlich** und **langsam,** damit euch alle verstehen.
- Gebt den Zuhörerinnen und Zuhörern die Möglichkeit, **Fragen zu stellen.**
- **Bedankt** euch zum Schluss bei den Zuhörerinnen und Zuhörern für ihre Aufmerksamkeit.

Aktiv zuhören

Wenn ihr miteinander sprecht, ist es wichtig, dass ihr **euch gegenseitig gut zuhört.**
Nur dann könnt ihr **auf** die **Äußerungen der anderen eingehen** und **daran anknüpfen.**

- **Wiederholt** wichtige Aussagen eures Gegenübers, bevor ihr eure eigenen Gedanken äußert, z. B.: *Du sagst, dass … Aber ich denke, dass …*
- Haltet während des Gesprächs **Blickkontakt** mit eurer Partnerin oder eurem Partner.
- Zeigt euer Interesse durch **Nachfragen** oder **Nicken.**
- Wendet euch eurer Gesprächspartnerin oder eurem Gesprächspartner durch eure **Körperhaltung** zu.

Einen Standpunkt mit Argumenten vertreten ▶ S. 16–17

- Wenn ihr andere von eurem **Standpunkt** zu einem Thema überzeugen möchtet, benötigt ihr in der Regel mehrere **starke Argumente.**
- Stützt euren Standpunkt mit einem Argument, das aus **Behauptung, Begründung** und **Beispiel** aufgebaut ist.
- Leitet eure **Begründung** mit den **Signalwörtern** *denn, weil* oder *da* ein.
- Macht euer **Beispiel** durch **Signalwörter** wie *zum Beispiel* oder *beispielsweise* deutlich.

Mündlich erzählen

Beim Erzählen gebt ihr ein wirkliches oder ein ausgedachtes Erlebnis wieder.
Die Zuhörerinnen und Zuhörer hören besonders gern zu, wenn ihr **lebendig** und **spannend** erzählt.

- Gebt in eurer Erzählung **direkt** wieder, **wer was sagt,** z. B.:
  Nach dem Essen hat die Lehrerin plötzlich gesagt: „Wir treffen uns um 20 Uhr auf dem Hof."
  Max hat gleich gerufen: „Aber dann ist es doch schon dunkel!"
- Baut unterschiedliche **Satzanfänge** ein, z. B.:
  Plötzlich … / Auf einmal … / Ganz unerwartet …
- Macht beim Erzählen **Pausen,** um die Spannung zu steigern.
  Flüstert bei gruseligen Abschnitten.
  Sprecht langsamer, wenn es spannend wird.
- Wenn ihr **mündlich** über **etwas Vergangenes erzählt,** verwendet ihr das **Perfekt,** z. B.:
  Die Kinder sind allein gelaufen. Plötzlich haben sie helle Lichter gesehen.

Eine Sage mündlich nacherzählen ▶ S. 94–95

Notiert die wichtigen **Handlungsschritte** der Sage auf Karteikarten und nummeriert sie.
- Erzählt die Sage mit Hilfe der Karteikarten **mit eigenen Worten** nach.
- Haltet die **Reihenfolge der Handlungsschritte** ein.
- Verwendet **wörtliche Rede,** um wichtige Gedanken und Gefühle der Figuren mitzuteilen,
  z. B.: *Als der König die Frauen sah, sagte er: „Was wollt ihr hier?"*
- Erzählt **lebendig.** Überlegt, wo ihr lauter, leiser, schneller oder langsamer sprechen solltet.

Schreiben

Eine E-Mail verfassen ▶ S. 23

Achtet beim Schreiben einer **E-Mail** auf die folgenden Bestandteile:

- **Betreffzeile:** Benennt knapp das Thema der E-Mail in der Betreffzeile.
- **Anrede:** Sprecht die Empfängerin oder den Empfänger zu Beginn höflich mit Namen an.
- **Einleitungssatz:** Bezieht euch auf vergangene Ereignisse (z. B. Telefonat).
- **Hauptteil:** Erklärt im Hauptteil euer Anliegen. Konzentriert euch auf das Wesentliche.
- **Schlusssatz:** Rundet die E-Mail mit einem Schlusssatz ab (Wie geht es weiter?).
- **Grußformel:** Verabschiedet euch höflich, z. B.: *Mit freundlichen/besten Grüßen.*
- **Absenderin/Absender:** Denkt daran, am Ende euren Namen anzugeben.

Erzählen

Erlebnisse lebendig erzählen ▶ S. 33–34

- Wählt eine **Erzählform.**
  - **Ich-Erzähler** oder **Ich-Erzählerin:** *Ich kletterte die Leiter hoch.*
  - **Er-Erzähler** oder **Sie-Erzählerin:** *Tobi kletterte die Leiter hinauf.*
- Verwendet **wörtliche Rede,** um die Geschichte lebendig zu machen. Setzt am Anfang und am Ende **Anführungszeichen** und beachtet die besondere **Zeichensetzung,** z. B.: *„Hilfe!"*
- Wählt für den **Redebegleitsatz** abwechslungsreiche Verben aus, z. B.: *meinen, erwidern.* Steht der Redebegleitsatz **vor** der wörtlichen Rede, folgt ein **Doppelpunkt,** z. B.: *Joana rief: „Achtung, der Ast knackt!"* **Nach** der wörtlichen Rede wird er durch ein **Komma** abgetrennt, z. B.: *„Wie habe ich das gemacht?", fragte Tobi.*

Eine Reizwortgeschichte erzählen ▶ S. 31

Reizwörter sollen euch **reizen,** besonders **fantasievolle** Geschichten zu erzählen.

- **Verwendet alle Reizwörter** in der Geschichte. Die Reihenfolge könnt ihr selbst festlegen.
- Gebt eurer Geschichte eine **Einleitung,** einen **Hauptteil,** einen **Schluss** und am Ende auch eine **Überschrift.**
- Erzählt im **Präteritum.**

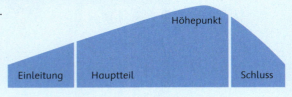

Die Erzählkurve einer spannenden Geschichte

Eine Sage schriftlich nacherzählen ▶ S. 97–99

- Teilt die Sage in sinnvolle **Abschnitte** ein. Legt zu jedem Abschnitt eine **Karteikarte** an.
- Notiert die wichtigen **Handlungsschritte** auf die Karteikarten. **Nummeriert** die Karten.
- Formuliert mit **eigenen Worten.** Nur wichtige Kernteile dürft ihr wörtlich wiedergeben.
- Verwendet **wörtliche Rede.** So könnt ihr Gedanken und Gefühle der Figuren mitteilen und eure Erzählung wirkt lebendig.
- Achtet auf **abwechslungsreiche Satzanfänge** und erzählt im **Präteritum.**

Beschreiben

Einen Gegenstand beschreiben

▶ S. 48, 50, 51

In einer gelungenen Gegenstandsbeschreibung beschreibt ihr einen Gegenstand so genau, dass andere ihn sich vorstellen können, ohne ihn zu sehen.

Aufbau

- Beginnt mit der **Art** des Gegenstands, der **Größe,** der **Form,** dem **Hauptmaterial** und der **Hauptfarbe.**
- Benennt dann die **einzelnen Bestandteile** und beschreibt Form, Farbe und Material.
- Beschreibt und erklärt zum Schluss die **Besonderheiten** des Gegenstands.

Sprache

- Verwendet **anschauliche Adjektive,** z. B.: *oval, rund, hellgrün, tiefschwarz.*
- Verwendet auch **abwechslungsreiche Verben,** z. B.: *bestehen, aufweisen, besitzen.*
- Formuliert **sachlich** und schreibt im **Präsens**.

Einen Vorgang beschreiben

▶ S. 56–60

Beschreibt einen Vorgang so, dass ihn eine andere Person nachvollziehen kann.

- Formuliert eine passende **Überschrift.**
- Nennt in der **Einleitung** das **Ziel** und die benötigten **Materialien.**
- Beschreibt im **Hauptteil** Schritt für Schritt den Ablauf des Vorgangs. Verdeutlicht die Reihenfolge der Schritte mit Wörtern wie *zuerst, nun, anschließend, schließlich …*
- Formuliert einen passenden **Schluss.** Bei einer Spielanleitung könnt ihr zum Beispiel beschreiben, wann das Spiel endet und wie es ausgewertet wird. Oder ihr gebt Tipps oder Hinweise, worauf noch geachtet werden sollte.
- Formuliert **sachlich** und **genau** im **Präsens**.
- Verwendet eine **einheitliche** Form der **Ansprache,** z. B.: *Man/Ihr legt … / Legt*

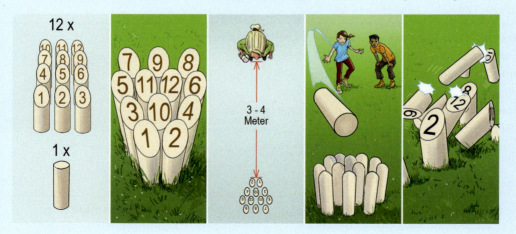

Lesen – Umgang mit Texten und Medien

Einen literarischen Text verstehen ▶ S. 70

Vor dem Lesen

Betrachtet die **Bilder** zum Text, lest die **Überschrift** und den **Einführungstext.** Überlegt:

- Worum könnte es im Text gehen?
- Was macht euch neugierig?
- Was kommt euch bekannt vor?
- Was fällt euch auf den ersten Blick auf?

Beim Lesen

Lest nun den Text **einmal ans Ganzes.** Überlegt:

- Waren eure Vermutungen richtig?
- Was hat euch überrascht?
- Was habt ihr bereits verstanden?

Lest den Text **gründlich Absatz für Absatz. Stellt Fragen** an den Text und **findet Antworten:**

- Welche Figuren kommen vor?
- Wie handeln die Figuren? Warum?
- In welcher Situation befinden sie sich?

Schreibt **Stichworte** auf oder **markiert** wichtige Textstellen.

Klärt **unbekannte Wörter** und schwierige Textstellen.

Nach dem Lesen: Gibt es **Aufgaben zum Text?** Dann bearbeitet sie nun.

Die Erzählung

Erzählungen sind meist **frei erfundene** Geschichten, in denen von Begebenheiten erzählt wird.

Die Figuren

- Die **Personen, Tiere** oder **magischen Wesen** in einer Erzählung nennt man **Figuren.**
- Die Figuren, die besonders wichtig für die Erzählung sind, sind die **Hauptfiguren.** Alle anderen Figuren nennt man **Nebenfiguren.**
- Wenn ihr eine Erzählung gut verstehen möchtet, solltet ihr folgende Fragen beantworten:
  - **Wer** sind die wichtigen Figuren in der Erzählung?
  - **Wie** sind diese Figuren, z. B.: *klug, mutig* oder *ängstlich*?
  - Um zu verstehen, **warum** die Figuren auf eine bestimmte Weise handeln, könnt ihr zum Beispiel einen **Tagebucheintrag** oder einen **Dialog** verfassen.

Der Schauplatz und die Zeit

- Der Ort, an dem die Erzählung spielt, ist der **Schauplatz.** Schauplätze verraten häufig etwas über die Figuren und die Stimmung in der Erzählung.
- Erzählungen können in der Gegenwart, Vergangenheit oder Zukunft spielen.
- Wenn ihr eine Erzählung gut verstehen möchtet, solltet ihr folgende Fragen beantworten:
  - **Wo** spielt die Erzählung: in der wirklichen Welt oder in einer Fantasiewelt?
  - **Wie** wirkt der Ort auf euch, z. B.: *freundlich* oder *gruselig*?
  - In welcher **Zeit** spielt die Erzählung?
- In Erzähltexten unterscheidet man zwischen Erzählzeit und erzählter Zeit:
  - Die **Erzählzeit** ist die Zeit, die die Leserin oder der Leser zum Lesen braucht.
  - Die **erzählte Zeit** beschreibt die Dauer einer Handlung.

Die Erzählerin oder der Erzähler

- Die Person, die erzählt, ist nicht die Autorin oder der Autor der Erzählung, sondern eine ausgedachte **Figur.**
- Wenn eine Figur ihre eigene Geschichte in der **Ich-Form** erzählt, hat die Erzählung eine **Ich-Erzählerin** oder einen **Ich-Erzähler.** Bei einer Ich-Erzählerin oder einem Ich-Erzähler erfährt man sehr genau, was die Hauptfigur denkt und fühlt.
- Oft werden Geschichten aber von einer **unbekannten Person** in der **Er-Form** oder in der **Sie-Form** erzählt. Diese Person hat scheinbar alles beobachtet. Manchmal weiß sie sogar, was die einzelnen Figuren denken. Man nennt sie **Sie-Erzählerin** oder **Er-Erzähler.**
- Wenn ihr eine Erzählung gut verstehen möchtet, solltet ihr fragen: **Wer** erzählt die Erzählung?

Zu Erzählungen gestaltend schreiben

Eine Geschichte weiterschreiben ▶ S. 41–43

Inhalt
- Knüpft beim Weiterschreiben einer Geschichte an die **Vorgeschichte** an.
- Macht deutlich, was die **Figuren sehen, hören, fühlen.**
- Verwendet **wörtliche Rede** und beschreibt, was die **Figuren denken.**

Aufbau
- Gliedert die Geschichte in **verständliche Erzählschritte.**
- **Steigert** eure Geschichte bis zum **Höhepunkt.**
- Denkt an einen überzeugenden **Schluss.**

Sprache
- Verwendet **wörtliche Rede.**
- Prüft **Rechtschreibung, Grammatik** und **Zeichensetzung.**

Aus der Sicht einer anderen Figur erzählen ▶ S. 39–40

- **Versetzt euch** in die andere Figur **hinein** und überlegt:
  Was weiß die Figur? Was sieht und hört sie? Was denkt und fühlt sie? Was sagt sie?
- **Behaltet** den **Kern** der Geschichte bei.
- **Ergänzt Einzelheiten,** z. B. etwas, das nur diese Figur wissen oder tun kann.

Der Tagebucheintrag

In einem **Tagebucheintrag** schreibt eine Person (oder eine Figur) ihre **Gedanken, Gefühle** und **Erlebnisse** auf. Sie darf auch **Fragen** an sich selbst stellen und beantworten.
Der Tagebucheintrag beginnt oft mit einer Anrede (z.B.: *Liebes Tagebuch*) und steht in der **Ich-Form.**

Einen Dialog verfassen ▶ S. 74

Möchtet ihr die Beziehung zwischen den Figuren einer Geschichte oder das Verhalten einzelner Figuren besser verstehen, könnt ihr einen Dialog verfassen. Geht dabei so vor:

- Prüft am Text, wie sich die **Figuren fühlen,** z. B.: *traurig, nervös, fröhlich, mutig*.
- Untersucht den Text auf direkte Rede und notiert, **wie** die jeweiligen **Figuren sprechen:** Verwenden sie Umgangssprache? Ist ihr Redeanteil eher groß oder klein? Sprechen sie in kurzen oder langen Sätzen?
- Achtet darauf, dass alle Figuren im Dialog zu Wort kommen und aufeinander eingehen.

Die Sage ▶ S. 88–93

- Sagen sind **Erzählungen** mit einem **wahren Kern.**
  In Sagen kommen **Orte, Personen** oder **Begebenheiten** (wie Kriege oder Naturkatastrophen) vor, die es wirklich gab.
- Sagen wurden früher **mündlich weitererzählt** und erst später aufgeschrieben.
  Deshalb gibt es manchmal verschiedene Fassungen einer Sage.
- Die **Sagen aus dem antiken Griechenland** handeln von Göttinnen und Göttern, Heldinnen und Helden, Fantasiewesen und Menschen und ihren Taten. Diese müssen gegeneinander kämpfen oder Aufgaben lösen. Dabei finden sie oft kluge Lösungen.
  Das Ende hängt meist davon ab, wie die Göttinnen/Götter in die Handlung eingreifen.
- Sagen, die zu einem bestimmten Ort erzählt werden, nennt man **Ortssagen.**
- Ortssagen handeln oft von **geschichtlichen Ereignissen** oder **Naturphänomenen.**
  Oft wird erzählt, wie ein **Ort entstanden** ist oder wie er **seinen Namen erhalten** hat.

Die Fabel ▶ S. 106–113

Eine Fabel ist eine **kurze, lehrhafte Erzählung** mit diesen **Merkmalen:**
- Die Figuren in der Fabel sind meist zwei Tiere, z. B.: *der Fuchs, der Rabe, die Maus.*
- Die Tiere handeln und sprechen wie Menschen.
  Sie haben menschliche Eigenschaften, oft gegensätzliche.
- Fabeln haben meist folgenden Aufbau:
  - **Ausgangssituation:** Die Tiere werden vorgestellt und die Situation wird beschrieben.
  - **Konflikt:** Ein Tier fordert das andere Tier heraus oder versucht, es zu überlisten bzw. zu besiegen. Das andere Tier antwortet oder reagiert darauf.
  - **Lösung / Überraschende Wende:** Der Konflikt wird (oft durch eine überraschende Wendung) gelöst.
- Aus einer Fabel soll man **eine Lehre** für das eigene Verhalten ziehen.
  Oft wird die Lehre am Schluss der Fabel formuliert.

Das Gedicht ▶ S. 123–126

- Gedichte sind **kürzere Texte** in einer besonderen **Form.**
- Eine Zeile im Gedicht nennt man **Vers.** Mehrere Verse bilden zusammen eine **Strophe.**
- Gedichte haben häufig **Reimwörter.**
- Manche Gedichte haben eine besondere Sprechmelodie: den **Rhythmus.**

Der Reim ▶ S. 126

Es gibt verschiedene **Reimformen,** z. B.:

der Paarreim:		**der Kreuzreim:**		**der umarmende Reim:**	
blau	a ⌐	*Sonne*	a ⌐	*Rose*	a ⌐
grau	a ⌐	*sein*	b	*Hand*	b
Wind	b ⌐	*Tonne*	a	*Wand*	b
Kind	b ⌐	*fein*	b	*Hose*	a

Sprachliche Bilder entdecken ▶ S. 127–128

Der Vergleich

- In **Vergleichen** beschreibt man Dinge, die **ähnlich** sind.
- Vergleiche erkennt man oft an dem Wort *wie,* z. B.:
  Bäume stehen am Weg wie alte Riesen. Das bedeutet: *Die Bäume sind so groß wie Riesen.*
- Mit Vergleichen kann man Eigenschaften von Menschen oder Dingen **anschaulich** beschreiben. So können die Leserinnen und Leser sie sich gut vorstellen.

Die Metapher

- Bei einer **Metapher** wird ein Wort nicht wörtlich, sondern in einer **übertragenen (bildlichen) Bedeutung** gebraucht, z. B.: *der Himmel brennt* für *Sonnenuntergang.*
- Man verwendet Metaphern, weil sich zwei Dinge in einer Eigenschaft **ähnlich** sind, z. B. im Aussehen oder in der Funktionsweise. So macht man die Eigenschaft **anschaulicher.**
- Im Unterschied zum Vergleich fehlt bei der Metapher das Vergleichswort *wie.*

Der Zeitungsbericht ▶ S. 147

- Der Zeitungsbericht ist ein **kurzer Sachtext,** der über ein Ereignis informiert.
- Zeitungsberichte beantworten meistens die **W-Fragen:**
  Was? Wann? Wo? Wer? Warum? Wie?
- Zeitungsberichte werden **sachlich** geschrieben.
  Sie sollen aber auch das **Interesse der Leserinnen und Leser** wecken.
  Deshalb können sie Aussagen von beteiligten Personen (auch wörtliche Rede)
  oder Bewertungen enthalten.
- Meistens stehen Zeitungsberichte im **Präteritum.**

Der Sachtext ▶ S. 137–145

Sachtexte haben das Ziel, die Leserinnen und Leser über etwas zu **informieren.**
Es gibt unterschiedliche **Arten von Sachtexten,** z. B.: Zeitungsberichte, Lexikonartikel und
Gebrauchsanweisungen. Ihr findet Sachtexte in Sachbüchern, Zeitungen, Zeitschriften, Lexika
und im Internet.

Einen Sachtext verstehen

▶ S. 140–143

Die folgenden fünf Schritte helfen euch, Sachtexte zu verstehen.

Vor dem Lesen

- Betrachtet die **Bilder** zum Text und lest die **Überschrift.** Überlegt:
  - Worum könnte es in dem Text gehen?
  - Was wisst ihr bereits über das Thema?
  - Welche Fragen habt ihr zu diesem Thema?

Beim Lesen

- **Überfliegt** den Text und verschafft euch einen **Überblick** über den **Inhalt.** Überlegt:
  - Waren eure Vermutungen richtig?
  - Was habt ihr bereits verstanden?
  - Was hat euch überrascht?
- **Lest** den Text noch einmal **gründlich Absatz für Absatz.**
  - Markiert oder notiert **Textstellen,** die besonders **wichtig** sind.
  - Unterstreicht oder notiert **Wörter, die ihr nicht versteht.**

Denkt über ihre mögliche Bedeutung nach oder schlagt sie nach.

- Formuliert zu jedem Absatz eine **Zwischenüberschrift.** Überlegt:
  - Welche Informationen sind wichtig?
  - Was habt ihr Neues erfahren?

Nach dem Lesen

- Gibt es **Aufgaben zum Text?** Dann bearbeitet sie nun:
  - Beantwortet Fragen zum Text.
  - Fasst den Inhalt mit eigenen Worten zusammen.
  - Erstellt einen Stichwortzettel.
  - **Lest** noch einmal **nach,** wenn ihr euch nicht sicher seid.

Grafiken auswerten

▶ S. 148–149

Grafiken stellen Informationen **bildlich** und **übersichtlich** dar.
Sie können zum Beispiel **Karten** oder **Diagramme** sein.

- In Diagrammen kann man **Zahlen** oft gut miteinander vergleichen.

das **Säulen**diagramm   das **Balken**diagramm   das **Kreis**diagramm

- So könnt ihr bei der Auswertung von Diagrammen vorgehen:
  - Lest die **Überschrift.** Worüber informiert das Diagramm?
  - Lest alle **Angaben** und überlegt: Wofür stehen die **Säulen, Balken, Farben** oder **Zahlen?**
  - Prüft die Einheit: Worauf beziehen sich die Zahlen, z. B. auf Personen, Stunden?

Vergleicht die **Werte:** Welcher Wert ist **am höchsten,** welcher **am niedrigsten?**

Einen Kurzfilm untersuchen ▶ S. 162–165

Die Kamera: Einstellungsgrößen unterscheiden ▶ S. 163

Je nachdem wie eine **Kamera eingestellt** wird, sieht man Figuren und Dinge im Bild ganz nah oder weit entfernt.

- **Totale:** Eine **größere Umgebung** wird gezeigt, oft mit Figuren darin.
- **Halbnah: Figuren** werden **von der Hüfte an aufwärts** gezeigt. Beziehungen können gut dargestellt werden.
- **Nah:** Man sieht **Kopf und Schultern von Figuren.** Die Mimik ist gut erkennbar, man kann leicht auf Gefühle schließen.
- **Detail:** Ein **kleiner Ausschnitt** wird groß dargestellt, z. B. Augen oder ein Teil eines Gegenstands. Dadurch wird auf das Detail aufmerksam gemacht, es wird wichtig.

Die Kamera: Kameraperspektiven unterscheiden ▶ S. 164

Die Kamera kann ein Geschehen aus verschiedenen **Blickwinkeln** zeigen.
- **die Normalperspektive:** Das Geschehen wird **auf Augenhöhe** gezeigt.
- **die Froschperspektive:** Die Kamera schaut **von unten** auf das Geschehen. So kann man beispielsweise Unterlegenheit ausdrücken.
- **die Vogelperspektive:** Die Kamera schaut **von oben** auf das Geschehen. So kann man beispielsweise Überlegenheit ausdrücken.

Die Licht- und Tongestaltung untersuchen ▶ S. 165

- Zur Bildgestaltung eines Films gehört auch **die Beleuchtung und die Farbgestaltung. Helles** Licht und helle Farben wirken oft **fröhlich und freundlich. Dunkles** Licht und dunkle Farben wirken häufig **traurig, düster** oder sogar **bedrohlich.**
- **Geräusche und Hintergrundmusik** machen einen Film **lebendig,** lassen Stimmungen entstehen und liefern viele Informationen über die **Gefühlslage der Figuren.** Insbesondere Musik kann **Stimmungen verstärken** und den Inhalt so unterstützen.

Das Internet nutzen

▶ S. 167–172

Sich in sozialen Netzwerken richtig verhalten

▶ S. 169

- Gebt nie den **Nachnamen,** das **Geburtsdatum,** die **Adresse** oder **Telefonnummer** an.
- Wählt **Nutzernamen,** die **nicht zu viel** über euch verraten.
- Stellt keine **Fotos oder Videos von euch selbst** ein, die später peinlich sein könnten.
- Veröffentlicht keine Fotos oder Videos **von eurem Zuhause.**
- Teilt Profilseiten nur mit Menschen, die ihr kennt. Nehmt **keine Fremden** als Freunde an.
- Brecht den Kontakt ab bei **komischen oder unangenehmen Nachrichten.**
- Zeigt diese Nachrichten euren Eltern oder einer anderen erwachsenen Vertrauensperson.
- Macht bei **Lästereien nicht mit.** Fordert andere auf, mit den Beleidigungen aufzuhören.

Im Internet höflich kommunizieren

▶ S. 170

- Im Internet gelten dieselben **Regeln für gutes Benehmen** wie auch im direkten Umgang mit Menschen. Man sollte sich gegenüber anderen immer respektvoll verhalten.
- **Beleidigungen, Beschimpfungen und Bedrohungen** im Internet gelten als **Straftaten.**
- In Internetforen gibt es häufig **Administratorinnen oder Administratoren.** Sie prüfen Posts und können Nachrichten löschen oder Accounts sperren.
- Soziale Netzwerke bieten oft **Meldefunktionen** an, über die man die Betreiber zum Löschen von Posts und zum Ausschließen von Personen auffordern kann.

Informationen recherchieren

▶ S. 151

1. Bücher und Medien in einer Bücherei suchen
- Sucht in der Bücherei im Onlinekatalog und in den Regalen nach Büchern (Lexika, Sach- oder Fachbücher) und anderen Medien.

2. Im Internet recherchieren
- Verwendet Suchmaschinen, wenn ihr im Internet nach Informationen sucht.
- Gebt eindeutige Suchbegriffe in das Suchfeld ein.
- Prüft eure Suchergebnisse und ruft nur passende Internetseiten auf.

3. Quellen angeben
- Beachtet das Urheberrecht und notiert zu allen Materialien die Quellen für die genutzten Informationen oder Bilder, z. B.: *www.einfach-genial.example.com.*

Nachdenken über Sprache

Die Wortarten

Das Nomen

- Die meisten Wörter im Deutschen sind **Nomen** (auch: Hauptwörter, Substantive).
- Nomen bezeichnen:
  - **Lebewesen** wie *Freund, Freundin, Mücke,*
  - **Gegenstände** wie *Tisch, Straße,*
  - **Gedanken, Gefühle, Zustände** wie *Freude, Sauberkeit.*
- Deutsche Nomen haben ein festes **Genus.** Man unterscheidet:
  - **Maskulinum** (männlich), z. B.: *der Hund, der Mond, der Ärger,*
  - **Femininum** (weiblich), z. B.: *die Katze, die Sonne, die Hitze,*
  - **Neutrum** (sächlich), z. B.: *das Meerschweinchen, das Weltall, das Wetter.*
- Nomen schreibt man im Deutschen am Wortanfang immer **groß.**

Der Numerus von Nomen

- Jedes Nomen hat einen **Numerus** (eine grammatische Zahl).
- Die meisten Nomen können im **Singular** (Einzahl) oder im **Plural** (Mehrzahl) stehen, z. B.: *der Plan – die Pläne, die Sprache – die Sprachen, das Kind – die Kinder.*

Nomen und ihr Kasus

- Nomen erscheinen in Sätzen immer in einem bestimmten **Kasus** (grammatischen Fall).
- Nach dem Kasus richten sich die **Form des Artikelwortes** und die **Endung des Nomens.**
- Im Deutschen gibt es **vier Fälle.** Die Bildung der vier Fälle nennt man **Deklination** (Beugung; Verb: deklinieren).
- Man kann den Kasus eines Nomens durch **Fragen** ermitteln:

Kasus	Frage	Beispiele
1. Fall: **Nominativ**	*Wer oder was …?*	Der Hund schläft. Die Katze schläft. Das Kaninchen schläft.
2. Fall: **Genitiv**	*Wessen …?*	Der Napf des Hundes ist leer. Der Napf der Katze ist leer. Der Napf des Kaninchens ist leer.
3. Fall: **Dativ**	*Wem …?*	Das Spielzeug gehört dem Hund. Das Spielzeug gehört der Katze. Das Spielzeug gehört dem Kaninchen.
4. Fall: **Akkusativ**	*Wen oder was …?*	Mia streichelt den Hund. Mia streichelt die Katze. Mia streichelt das Kaninchen.

Das Adjektiv ► S. 182

- Mit **Adjektiven** kann man etwas genauer **beschreiben,** z. B.:
  Die Pommes frites sind knusprig. Die knusprigen Pommes frites …
- Bei **Adjektivgruppen** vor Nomen verändern die verstärkenden Wörter ihre Endung nicht,
  z. B.: *die sehr scharfe Soße, die ungewöhnlich scharfen Soßen.*

Adjektive verändern ihre Endung

- Oft begleiten Adjektive Nomen. In diesen Wortgruppen passen sie sich dem Nomen an und verändern ihre Endung:

Singular:	*Ein/Der Baum ist schön. – der schöne Baum – ein schöner Baum*
	Eine/Die Katze ist schön. – die schöne Katze – eine schöne Katze
	Ein/Das Haus ist schön. – das schöne Haus – ein schönes Haus
Plural:	*–/Die Bäume sind schön. – die schönen Bäume – schöne Bäume*
	–/Die Katzen sind schön. – die schönen Katzen – schöne Katzen
	–/Die Häuser sind schön. – die schönen Häuser – schöne Häuser

- Adjektive stehen wie die Nomen in einem bestimmten **Kasus:**

Nominativ:	*der grüne Griff – die grüne Klingel – das grüne Rad – die grünen Rollen*
Genitiv:	*des grünen Griffes – der grünen Klingel – des grünen Rades – der grünen Rollen*
Dativ:	*dem grünen Griff – der grünen Klingel – dem grünen Rad – den grünen Rollen*
Akkusativ:	*den grünen Griff – die grüne Klingel – das grüne Rad – die grünen Rollen*

Steigerung von Adjektiven (Komparation) ► S. 183

- **Adjektive** kann man **steigern.** So kann man Dinge miteinander **vergleichen:**

– der **Positiv**	*scharf*	*Meine Soße ist so scharf wie eine Peperoni.*
– der **Komparativ**	*schärfer*	*Deine Soße ist schärfer als eine Peperoni.*
– der **Superlativ**	*am schärfsten*	*Ihre Soße ist am schärfsten.*

- Für den Vergleich im Positiv verwendet man die Adjunktion *wie.*
- Für den Vergleich im Komparativ verwendet man die Adjunktion *als.*
- Zusammen mit einer Nominalgruppe oder einem Pronomen entsteht so eine **Adjunktorgruppe,** z. B.: *als eine Peperoni.*

Artikelwörter ► S. 180–181

Nomen werden häufig von einem **Artikelwort begleitet.** Zu diesen gehören:
- **der bestimmte Artikel,** z. B.: *der Umzug, die Musik, das Kostüm, die Kinder,*
- **der unbestimmte Artikel,** z. B.: *ein Umzug, eine Musik, ein Kostüm,*
- ***etwas, manch, nichts, viel,*** z. B.: *etwas Fieber,*
- der **Demonstrativartikel,** z. B.: *dieser Umzug, diese Musik, dieses Kostüm, diese Kinder.*

Manche **Ländernamen** sind mit einem bestimmten Artikel verbunden.
Andere Ländernamen haben keinen Artikel.

Pronomen ► S. 184–186

Textpronomen und Personalpronomen ► S. 184

- Nomen und Nominalgruppen kann man durch **Textpronomen** ersetzen, z. B.:
  Der Fisch ist sehr hübsch. Ich klebe ihn Marie auf den Rücken.
- **Textpronomen** stehen wie Nomen bzw. Nominalgruppen in einem bestimmten **Kasus.**
- **Personalpronomen** zeigen auf **Beteiligte einer Sprechsituation.**
- Sie verweisen auf den Sprecher (*ich/wir*) oder auf den Hörer (*du/ihr*).
- Personalpronomen kann man nicht ersetzen. Sie stehen in einem bestimmten Kasus.

Nominativ	ich	du	wir	ihr
Dativ	mir	dir	uns	euch
Akkusativ	mich	dich	uns	euch

Relativ-, Demonstrativ- und Possessivpronomen ► S. 185

- **Pronomen stehen anstelle eines Nomens oder einer Nominalgruppe,** das/die zuvor schon einmal genannt wurde.
- **Relativpronomen** *(der, die, das / welcher, welche, welches)* erklären die vorausgehende Nominalgruppe näher und leiten einen Nebensatz ein, z. B.:
  Der Schüler, der den Fisch bastelt, lacht.
- **Demonstrativpronomen** *(dieser, diese, dieses)* verweisen auf etwas, das sich in der Nähe befindet, z. B.: *Fast alle Schüler lachen. Dieser lacht nicht.*
- **Possessivpronomen** *(meiner, deine, seins, …)* zeigen ein **Besitzverhältnis** an, z. B.:
  Gehört dir der Fisch? Ja, das ist meiner.

Artikelwörter und Pronomen unterscheiden ► S. 186

- **Artikelwörter** sind **Begleiter** eines Nomens oder einer Nominalgruppe, z. B.:
  Dieses Museum hat mir gefallen.
- **Pronomen stehen** dagegen **anstelle** eines Nomens oder einer Nominalgruppe, z. B.:
  Dieses dagegen fand ich eher langweilig.

Präpositionen ► S. 187

Präpositionen stehen **vor Nomen oder Nominalgruppen** und bestimmen deren **Kasus.**
- **Temporale Präpositionen** beziehen sich auf einen Zeitpunkt (Wann?) oder eine Zeitspanne (Wie lange?), z. B.: *am (an dem) Morgen / von 5 bis 6 Uhr.*
- **Lokale Präpositionen** verweisen ja nach Kasus auf einen Ort (Wo?) oder eine Richtung (Wohin?), z. B.: *Ich bin in der Schule. / Ich fahre in die Schule.*
- Manche Präpositionen kann man **temporal und lokal** verwenden, z. B.:
  in ein paar Tagen / in der Schule.
- Zusammen mit dem Nomen oder einer Nominalgruppe bildet die Präposition eine **Präpositionalgruppe.**

Junktionen

▶ S. 188–189

- Mit **Junktionen** kann man **Sätze verbinden.** Zu ihnen zählen **Subjunktionen.**
- **Subjunktionen verbinden** einen **Hauptsatz** mit einem **Nebensatz.**
- Mit den **temporalen** (zeitlichen) **Subjunktionen** *als*, *während*, *wenn* wird ausgedrückt, dass etwas zur selben Zeit geschieht.
- Die Subjunktion *dass* leitet nach Verben wie *glauben, wissen, hoffen, mitteilen* einen Nebensatz ein. Nach Verben des Fragens steht die Subjunktion *ob*.

Das Verb

- Verben geben an, **was jemand tut** (z. B.: *reden*) oder **was geschieht** (z. B.: *regnen*).
- Die Grundform des Verbs nennt man **Infinitiv.** Sie endet oft auf *-en* oder *-n*: *sprechen*.
- In Sätzen **verändert (konjugiert)** man das Verb. Man spricht dann im Gegensatz zum Infinitiv auch von **finiten** Verben. Das Subjekt bestimmt die Form des Verbs in Bezug auf **Personalendung** (Person) und **Numerus.** Die konjugierte Form nennt man **Personalform.**

Das Präsens

▶ S. 190

- Das Präsens wird aus dem **Wortstamm** und der **Personalendung** gebildet, z. B.: *ich trainier-e, du trainier-st, sie trainier-t, wir trainier-en, ihr trainier-t, sie trainier-en.*
- Bei **einfachen Verben** steht im Präsens die finite Form in der **linken Verbklammer.**
- Bei **trennbaren Verben** steht der finite Verbteil in der **linken und** der abtrennbare Teil in der **rechten Verbklammer.**

Vorfeld	linke VK	Mittelfeld	rechte VK
Sie	*klettert*	*bis zur Spitze des Turms*	*(herauf).*

Die Imperativformen der Verben

▶ S. 61

- Wenn man jemanden zu etwas **auffordert,** verwendet man den **Imperativ.**
- Der **Imperativ Singular** besteht aus dem Verbstamm, z. B.: *fliegen → Flieg!*
  Bei starken Verben verändert sich außerdem oft der Stammvokal: *geben → Gib!*
- Der **Imperativ Plural** besteht aus dem Verbstamm + *-t*, z. B.: *fliegen → Fliegt!, geben, → Gebt!*
- Das Verb im Imperativ steht am **Satzanfang,** z. B.: *Gib dem Drachen genug Schnur!*

Zukunftsformen

▶ S. 191

Zukünftiges Geschehen kann man auf folgende Arten ausdrücken:
- mit einer finiten Form von *werden* + Infinitiv, dem **Futur I,** z. B.:
  Ich werde mir den Menschenturm ansehen.
- mit dem **Präsens** des Verbs **und einer Zeitangabe,** z. B.:
  Ich sehe mir diesen Sommer den Menschenturm an.
- Mit dem **Futur I** kann man auch eine **Vermutung oder Vorhersage** ausdrücken.
  Die Wörter *wohl, vielleicht* oder *wahrscheinlich* betonen die Vermutung, z. B.:
  Wahrscheinlich wird es morgen regnen.

Zeitformen der Vergangenheit: Das Präteritum ▶ S. 192

- Wenn man **schriftlich** von etwas **Vergangenem** erzählt (z. B. in Briefen, Geschichten, Berichten), verwendet man meistens **das Präteritum.**
- **Schwache Verben** haben im Präteritum eine **Endung mit t,** z. B.: *klettern: ich kletterte, du klettertest, er/sie/es kletterte, wir kletterten, ihr klettertet, sie kletterten.*
- Bei **starken Verben** ändert sich der Vokal (*a, e, i, o, u*) im Wortstamm, z. B.: *fangen: ich fing, du fingst, er/sie/es fing, wir fingen, ihr fingt, sie fingen.*

Zeitformen der Vergangenheit: Das Perfekt ▶ S. 193

- Wenn man **mündlich** von etwas **Vergangenem** erzählt, verwendet man **das Perfekt.**
- Bildung: **Präsensform der Hilfsverben *haben* oder *sein* + Partizip II** (*ge* + Verbstamm + *t/en*), z. B.: *ich habe gesungen, du hast gelernt, wir sind geflogen.* Die **Form von *sein*** verwendet man oft bei **Verben der Bewegung:** *ich bin gelaufen.*
- **Hilfsverb** und **Partizip II** bilden einen **Verbkomplex.** Dabei entsteht eine **Verbklammer,** z. B.: *Du hast mir gestern das Buch gebracht.*

Das Partizip I ▶ S. 194

- Das **Partizip I** ist eine Form des Verbs. Es wird verwendet, um Gleichzeitigkeit auszudrücken, z. B.: *Der Zuschauer lacht. Der Zuschauer klatscht. → Der lachende Zuschauer klatscht.*
- **Innerhalb der Nominalgruppe** steht das Verb im Partizip I links von seinem Bezugsnomen.
- Das Partizip I wird aus dem **Infinitiv des Verbs** gebildet, an den ein -d und die **Adjektivendung** angehängt werden, z. B.: *wackeln → wackelnd: der wackelnde Schrank.*

Die Modalverben ▶ S. 195

- Modalverben drücken **Absichten, Wünsche, Empfehlungen, Vorschriften, Möglichkeiten, Zwänge** oder **Fähigkeiten** aus.
- Modalverben bilden meistens mit einem weiteren **Verb im Infinitiv** eine Verbklammer.

Modalverb	verdeutlicht …	Beispiel
können	Möglichkeit, Fähigkeit	*Beim Geocaching kann man neue Orte entdecken.*
sollen	Vorschrift, Empfehlung	*Die Orte für Verstecke sollen interessant sein.*
müssen	Zwang, Pflicht	*Die Dosen müssen Wasserdicht sein.*
dürfen	Erlaubnis	*Jeder darf mitmachen.*
wollen	Absicht, Wunsch	*Manche wollen 100 Caches pro Jahr finden.*

Das Adverb ▶ S. 196

Adverbien sind unveränderbare Wörter, die genaue Angaben zu einem Sachverhalt machen.
- **Lokaladverbien** machen Angaben zu einem Ort oder einer Richtung, z. B.: *hier, dort, hinunter.*
- **Temporaladverbien** machen Angaben zur Zeit oder Dauer, z. B.: *heute, lange, jetzt.*
- **Interrogativadverbien** sind Frageadverbien. Man kennt sie auch als W-Wörter, z. B.: *Wann?*

Die Nominalgruppe ▶ S. 178, 179

- Wörter schließen sich zu Wortgruppen zusammen. Nominalgruppen sind Wortgruppen, in denen **das Nomen den Kern bildet.**
- Das **Nomen** steht immer **am rechten Rand** der Nominalgruppe, **am linken Rand** steht ein **Artikelwort.** Zwischen Artikelwort und Nomen kann ein Adjektiv stehen, z. B.: *das Faschingsfest, ihr interessantes Kostüm.*
- Das Nomen bestimmt Genus, Numerus und Kasus der anderen Wörter in der Gruppe, z. B.: *der lustige Clown, meine verkleidete Freundin, ein fröhliches Fest.*
- **Nominalisierungen** können auch den Kern einer Nominalgruppe bilden, z. B.: *Das Nähen der Kostüme hat großen Spaß gemacht.*

Wörter, Wortfamilien und Wortfelder untersuchen, ordnen und bilden

Zusammengesetzte Nomen bilden

- Zwei oder mehrere Nomen können ein zusammengesetztes Nomen bilden, z. B.: *die Butter + der Kuchen = der Butterkuchen.*
- Manchmal wird ein weiterer Buchstabe, ein sogenanntes **Fugenelement,** eingefügt, z. B.: *die Schokolade + das Eis = das Schokoladeneis.*
- Die Teile einer Zusammensetzung heißen Grundwort und Bestimmungswort. Das **Grundwort** steht immer an letzter Stelle. Das **Bestimmungswort** steht vorn und beschreibt das Grundwort genauer, z. B.: *Eine Sonnenbrille ist eine Brille* (Grundwort), *die vor der Sonne* (Bestimmungswort) *schützt.*
- Das **Grundwort** gibt das **Genus** und somit das **Artikelwort** vor.

Wörter und Wortfamilien bilden ▶ S. 197

- Wörter mit demselben Wortstamm bilden eine **Wortfamilie,** z. B.: *fahren, mitfahren, befahren, verfahren, das Fahrrad, die Fahrerin.*
- Wörter mit gleicher Bedeutung nennt man **Synonyme.**
- Wörter mit gegensätzlicher Bedeutung heißen **Antonyme.**
- Durch die **Zusammensetzung** (Komposition) von Wörtern kann man neue Wörter bilden. Oft lassen sich so Adjektive steigern, z. B.: *kreidebleich.*

Wortbildung bei Verben ▶ S. 198

Aus Verben kann man neue Wörter bilden, z. B.:
- **Partikelverben:** Sie sind **trennbar,** die Betonung liegt dabei auf der Partikel, z. B.: *reisen – abreisen: Ich reise ab.*
- **Präfixverben:** Verben mit einem Präfix (Vorbaustein) sind **nicht trennbar,** z. B.: *reisen – verreisen: Ich verreise.*

Es gibt Verben, die je nach Betonung eine andere Bedeutung haben, z. B.: *umfahren* (den Pfosten zum Einstürzen bringen) – *umfahren* (um den Pfosten herumfahren).

Wortfelder, Ober- und Unterbegriffe ► S. 199

- Wörter mit ähnlicher Bedeutung bilden ein **Wortfeld,** z. B.: *klein: winzig, kurz, gering, …*
- Mit Wörtern aus einem Wortfeld kann man abwechslungsreich formulieren.
- **Oberbegriffe** fassen Gegenstände, Eigenschaften oder Begriffe mit ähnlichen Merkmalen (**Unterbegriffe**) zu einer Gruppe zusammen, z. B.: *Geschirr: Tasse, Teller, Schüssel, …*

Das Feldermodell

Sätze mit dem Feldermodell strukturieren

Häufig (z. B. beim Perfekt oder trennbaren Verben) wird der Großteil eines Satzes von zwei Verbteilen umklammert. Man spricht dann von einer **Verbklammer** (VK).

- Das **Verb** bestimmt die Reihenfolge verschiedener Wortgruppen im Satz.
- Den Teil des Satzes, der von der linken und rechten VK umschlossen wird, bezeichnet man deswegen als **Mittelfeld.** Vor der linken VK befindet sich das **Vorfeld** eines Satzes.
- In der **linken Verbklammer** eines Aussagesatzes steht immer das **finite Verb.**
- Steht ein Aussagesatz im **Perfekt,** besetzt damit das Hilfsverb *haben* oder *sein* die linke Verbklammer. In der rechten Verbklammer steht das Partizip II.
- Bei **trennbaren Verben** (Partikelverben) steht der finite Verbteil in der linken und der abtrennbare Teil in der rechten Verbklammer.
- Manche Verben bilden in bestimmten Zeitformen **keine Verbklammer.**

Vorfeld	linke VK	Mittelfeld	rechte VK
Gestern	hat	uns die Lehrkraft für ein Projekt in Lernpaare	aufgeteilt.
Die Klasse	stellte	viele Fragen zum Projekt.	

Die Satzglieder

Mit dem Vorfeldtest Satzglieder erkennen ► S. 204

- Die **Bausteine** eines Satzes nennt man **Satzglieder.**
- Ein Satzglied kann aus **einem Wort, einer** oder **mehreren Wortgruppen** bestehen.
- Mit dem **Vorfeldtest** kann man herausfinden, welche Wörter und Wortgruppen ein Satzglied bilden. Sie **bleiben** beim Umstellen **zusammen.**
- Wörter und Wortgruppen, die zusammen im **Vorfeld** stehen können, bilden ein **Satzglied.**

Vorfeld	linke VK	Mittelfeld	rechte VK
Der begabte Detektiv	hat	den Täter sehr schnell	gefasst.
Den Täter	hat	der begabte Detektiv sehr schnell	gefasst.
Sehr schnell	hat	der begabte Detektiv den Täter	gefasst.

Satzglieder: Das Prädikat ► S. 205

- Das **Verb oder der Verbkomplex bildet das Prädikat.** Es gibt an, **was jemand tut** oder **was geschieht,** z. B.: *Die Katze* hat *etwas* gehört.
- Das **Prädikat besetzt** im Aussagesatz immer die **linke (und rechte) Verbklammer.** Es **bestimmt** somit die gesamte **Struktur eines Satzes,** z. B. *Die Katze* hat *etwas* gehört.
- *Die Katze* steht im Vorfeld, *etwas* steht im Mittelfeld.
- Das Prädikat stimmt in Person und Numerus mit dem **Subjekt** überein.

Satzglieder: Subjekt, Akkusativ- und Dativobjekt ► S. 206–207

- Das **Subjekt** gibt an, **wer oder was etwas tut.** Man kann es mit **Wer oder was …?** erfragen, z. B.: *Wer oder was befragte die Bewohner?* → *die Polizei*
- Manche Prädikate fordern neben dem Subjekt weitere Satzglieder, die **Objekte.**
- Mit **Wen oder was…?** erfragt man das **Akkusativobjekt,** z. B.: *Wen oder was fasst die Polizei?* → *die Einbrecher*
- *Mit **Wem…?*** erfragt man das **Dativobjekt,** z. B.: *Wem wurde etwas gestohlen?* → *der alten Bewohnerin*
- **Subjekte** und **Objekte** können aus **Nomen, Nominalgruppen** oder **Pronomen** bestehen.

Satzglieder: Das Adverbiale ► S. 209

- **Die Adverbialien** (adverbiale Bestimmungen) sind Satzglieder. Sie informieren zum Beispiel über den **Ort,** die **Zeit** oder die **Art und Weise.**
- Oft kann man mit der **Und-das-geschieht-Probe** herausfinden, ob das Satzglied ein Adverbiale ist, z. B.: *Der Detektiv findet die Uhr im Theater. Der Detektiv findet die Uhr und das geschieht im Theater* (Adverbiale des Ortes).
- Adverbialien bestehen aus **Adjektiven, Adverbien, Präpositional- oder Adjektivgruppen.**
- Mit folgenden **Fragen** könnt ihr herausfinden, welches Adverbiale vorliegt:

Adverbiale der Zeit	Wann? Wie lange? Wie oft?	*Er befragte die Tänzerin in der Pause.* (**Wann** *befragte er die Tänzerin?*)
Adverbiale des Ortes	Wo? Wohin? Woher?	*Sie versteckte die Uhr in ihrer Tasche.* (**Wo** *versteckte sie die Uhr?*)
Adverbiale der Art und Weise	Wie? Auf welche Weise?	*Die Diebin verhielt sich unauffällig.* (**Wie** *verhielt sich die Diebin?*)

Attribute ► S. 210

Attribute bestimmen ein Nomen näher.
Sie beschreiben besondere Merkmale einer Person oder einer Sache.

- Mit **Wie …?** oder **Was für ein …?** kann man sie erfragen.
  Was für einen Hut vermisst der Mann? → *einen braunen Hut*
- Attribute sind **Teil eines Satzgliedes** und bestehen aus einzelnen Wörtern oder Wortgruppen.
- Beim Vorfeldtest bleiben sie mit ihrem Bezugswort verbunden.

Die Sätze

Die Satzreihe
▶ S. 211

- Einen **Satz,** der aus **zwei oder mehr Hauptsätzen** besteht, nennt man **Satzreihe.**
  In Satzreihen trennt man die einzelnen Hauptsätze durch **Komma** ab, z. B.:
  Herr Busch ist verzweifelt **,** *ein Betrüger bezahlt mit Falschgeld.*

  Hauptsatz 1   Komma   Hauptsatz 2

- Oft verbindet man Hauptsätze durch **Konjunktionen** wie *aber, denn, doch.*
  Dann setzt man vor der Konjunktion ein **Komma,** z. B.:
  Der Detektiv übernimmt den Fall **,** *denn er hat eine Idee.*

  Hauptsatz 1   Komma   Hauptsatz 2

- Wenn man Hauptsätze durch die **Konjunktionen *und*** oder ***oder*** verbindet,
  muss man **kein Komma** setzen.

Das Satzgefüge
▶ S. 212

- Ein Satz mit einem **Hauptsatz** und einem **Nebensatz** heißt **Satzgefüge.**
- **Nebensätze** beginnen oft mit einer **Subjunktion,** z. B.: *weil, da, als, während, obwohl.*
  Dann steht das **finite Verb am Ende,** z. B.
  Die Verkäufer waren froh, als die Detektivin die Gauner fasste.
  Hauptsatz   Subjunktion   Nebensatz
- Nebensätze werden mit einem **Komma** vom Hauptsatz getrennt.
- Im Feldermodell steht der Nebensatz des Satzgefüges meist im **Nachfeld.**

Der Relativsatz
▶ S. 213–214

- **Relativsätze** sind Nebensätze, die ein **Bezugswort genauer bestimmen.** Meist beziehen
  sie sich auf ein vorangehendes Nomen, Pronomen oder eine Nominalgruppe.
- Sie werden durch ein **Relativpronomen** eingeleitet *(der, die, das).*
- Der Relativsatz ist durch **ein Komma / mehrere Kommas** vom Hauptsatz getrennt.
- Relativsätze stehen in der Regel im Vorfeld oder Mittelfeld. Sie können aber auch weiter
  entfernt im Nachfeld stehen.

Die Zeichensetzung

Die Kommasetzung in Sätzen mit *denn, da* und *weil*

- Eine **Meinung** und die passende **Begründung** könnt ihr mit den **Verknüpfungswörtern** *denn,*
  weil oder *da* verbinden. Achtet dabei auf die **Kommasetzung:**
  Wir wünschen uns eine Lesestunde, denn Lesen ist uns wichtig.
  Wir wünschen uns eine Lesestunde, weil Lesen uns wichtig ist.
  Wir wünschen uns eine Lesestunde, da Lesen uns wichtig ist.
  Achtung: Bei Begründungen mit *weil* und *da* steht das finite Verb am Satzende.

Das Komma in Satzreihen ▶ S. 251

- Eine **Satzreihe** besteht aus **mindestens zwei Hauptsätzen.**
  Die einzelnen Sätze werden mit einem **Komma** voneinander getrennt, z. B.:
  Gestern gab es Kuchen, heute gibt es Salat.
- Das **Komma muss** vor Konjunktionen wie ***denn, aber, doch, jedoch, sondern*** stehen, z. B.:
  Heute bleibt es trocken, aber morgen soll es regnen.
  Vor den Konjunktionen ***und, oder*** darf das Komma entfallen.

Das Komma im Satzgefüge (Hauptsatz + Nebensatz) ▶ S. 252

- Ein **Satzgefüge** besteht aus einem **Hauptsatz** und **mindestens einem Nebensatz.**
- Der Nebensatz wird durch ein **Komma** vom Hauptsatz abgetrennt.
  Die Fußballerin hat eine gute Ausdauer, da sie regelmäßig trainiert.
- Nebensätze werden meist eingeleitet durch **Subjunktionen** (z. B.: *weil, da, bevor, wenn*)
  oder durch **Relativpronomen** (*der, die, das*).
- Der Nebensatz kann **zwischen** oder **nach** dem Hauptsatz stehen.

Zeichensetzung in der wörtlichen Rede ▶ S. 253

Wörtliche Rede steht in **Anführungszeichen.** Die Zeichensetzung ändert sich je nachdem, ob der
Redebegleitsatz vor, nach oder zwischen der wörtlichen Rede steht.

- Steht der Redebegleitsatz **vor** der wörtlichen Rede, folgt ein Doppelpunkt,
  z. B.: *Alexa meint: „Wir können Fangen spielen."*
- Steht der Redebegleitsatz **nach** der wörtlichen Rede, wird er durch ein Komma abgetrennt,
  z. B.: *„Eine großartige Idee!", meint Yeliz.*
- Steht der Redebegleitsatz **zwischen** der wörtlichen Rede, wird er durch zwei Kommas
  abgetrennt, z. B.: *„Los geht's" , jubelt Maxim, „ich bin der Fänger."*

Sprachformen

Umgangs- und Standardsprache ▶ S. 21

Die Situation, wo und mit wem wir zusammen sind, bestimmt, wie wir sprechen.

- Die **Standardsprache** verwendet man beim öffentlichen Sprechen mit Fremden oder
  Respektspersonen.
- Die **Alltags- bzw. Umgangssprache** verwendet man beim privaten Sprechen mit
  Familienmitgliedern, Bekannten, Freundinnen und Freunden.

Dialekt ▶ S. 24

Der **Dialekt** ist eine Sprachform, die **nur in einer bestimmten Region gesprochen** wird.
In Baden-Württemberg verwendet man zum Beispiel Schwäbisch oder Fränkisch.

Die Rechtschreibstrategien

Schwingen ▶ S. 228

Beim Schwingen könnt ihr die einzelnen Laute besser hören und ihnen die richtigen Buchstaben zuordnen.

- **Vor dem Schreiben:** Sprecht die Wörter deutlich in Silben. Zeichnet Silbenbögen in die Luft.
- **Beim Schreiben:** Sprecht die Silben leise mit. Sprecht nicht schneller, als ihr schreibt.
- **Nach dem Schreiben:** Prüft, ob ihr richtig geschrieben habt: Zeichnet dazu Silbenbögen unter jede Silbe und sprecht dabei leise mit.
- Auch Wörter mit besonderen **Buchstabenfolgen wie st, sp, qu** könnt ihr **schwingen,** obwohl man sie anders spricht, als man sie schreibt.

Sprecht die Wörter **deutlich in Silben,** z. B.: *spei-sen, stei-gen, quir-len.*

Verlängern

Einsilber verlängern und schwingen ▶ S. 229

- Am Ende eines **einsilbigen** Wortes **klingen** *d* oder *t, g* oder *k, b* oder *p* **gleich,** z. B.: *der Freund, der Weg, der Korb.* Deshalb **verlängert** man Einsilber.
- **Verlängert** das Wort um eine Silbe: Bildet dazu bei Nomen den **Plural,** bei Verben eine **Form mit wir,** bei Adjektiven eine **Vergleichsform.**
- **Schwingt** das Verlängerungswort. So **hört** ihr, wie man es schreibt, z. B.: Nomen: *der Freund – die Freunde,* Verb: *sie legt – wir legen,* Adjektiv: *lieb – lieber.*

Mehrsilber verlängern und schwingen ▶ S. 230

- Bei einigen **Mehrsilbern** hört man nicht, mit welchem **Buchstaben** das Wort oder der Wortstamm **endet.** Dann hilft ebenfalls das **Verlängern,** z. B.: *gesund – gesünder als …*

Zusammengesetzte Wörter zerlegen, verlängern und schwingen ▶ S. 232–233

- Zusammengesetzte Wörter bestehen aus mehreren **Einzelwörtern.**
- Wenn man zusammengesetzte Wörter **schwingt,** kann man sie richtig schreiben.
- Wenn man sie in ihre Einzelwörter zerlegt, kann man ihre Bedeutung **von hinten** erschließen, z. B.: *Junikäfer = ein Käfer, der im Juni in Massen auftritt.*
- In zusammengesetzten Wörtern können sich **schwierige Stellen** verstecken. Man findet sie, wenn man die Wörter **zerlegt,** dann **verlängert** und **schwingt,** z. B.: *die Wald|grenze – die Wälder.*

Wörter mit Nachsilben zerlegen und verlängern ▶ S. 233

- In manchen Wörtern mit Nachsilben (Suffixe) verstecken sich **Verlängerungsstellen.**
- Diese Stellen kann man klären, indem man die Wörter **zuerst zerlegt,** also die **Nachsilbe abtrennt,** z. B.: *end|lich, die Kind|heit.*
- Dann **verlängert** man die **Einsilber,** z. B.: *das Ende, die Kinder.*

Wörter mit ä und äu ableiten   ► S. 234

Die Vokale e und *eu* kann man mit *ä* und *äu* **verwechseln.** Man spricht sie ähnlich aus.
- **Normalerweise** schreibt man e oder *eu*, z. B.: *die Welt, die Leute.*
- Wenn es **verwandte Wörter** mit *a* oder *au* gibt, dann kann man die Wörter mit *ä* oder *äu* **ableiten,** z. B.: *er trägt* – denn: *tragen, läuten* – denn: *laut.*

Die Rechtschreibregeln

Nomen und Nominalgruppen   ► S. 237

- Nomen haben einen **Artikel** (*der, die, das*) und sie haben häufig **typische Nachsilben,** z. B.: *-heit, -keit, -ling, -nis, -sal, - schaft, -tum, -ung.*
- In Texten kann man Nomen an ihrem **Begleiter** erkennen, z. B. dem Artikelwort. Gemeinsam bilden sie eine **Nominalgruppe.** In der Nominalgruppe steht das **Artikelwort** immer am **linken Rand** und das **Nomen** am **rechten Rand.** Das Nomen bildet den **Kern der Nominalgruppe** und wird **großgeschrieben.**
- Manchmal steht vor dem Nomen kein Artikelwort. Das nennt man **Nullartikel.** Dann kann ein Artikelwort ergänzt werden.
- Die Nominalgruppe kann **erweitert** werden. Dabei kann ein Adjektiv zwischen Artikelwort und Nomen stehen.

Nominalisierte Verben und Adjektive   ► S. 238–239

- **Verben** können in ihrer **Grundform** wie ein Nomen verwendet werden. Das nennt man Nominalisierung. **Nominalisierte Verben** stehen **am rechten Rand einer Nominalgruppe** und werden **großgeschrieben,** z. B.: *das Lachen, zum Lachen, beim Lachen, vom lauten Lachen.*
- **Adjektive** können ebenfalls nominalisiert, das heißt als Nomen verwendet werden, z. B.: *das Schöne, viel Schönes, etwas Schönes, nichts Schönes, wenig Schönes, allerlei Schönes.*

Herkunfts- und Ortsbezeichnungen   ► S. 241

- Herkunfts- und Ortsbezeichnungen auf **-er** werden **getrennt und großgeschrieben,** z. B.: **S**tuttgart**er** Straße, **A**llgäu**er** Alpen, **S**chwarzwäld**er** Schinken.
- **Mehrteilige Eigennamen** werden mit einem **Bindestrich** verbunden, z. B.: *Kurt-Schumacher-Allee, Lise-Meitner-Gymnasium, Eduard-Mörike-Platz.*

Offene und geschlossene Silben   ► S. 242

Offene Silben enden mit einem **Vokal,** z. B.: *he*ben. **Geschlossene** Silben enden mit einem **Konsonanten,** z. B.: *hel*fen. Bei **zweisilbigen** Wörtern ist die erste betonte Silbe offen oder geschlossen. Dieser Unterschied ist **wichtig** für die **Rechtschreibregeln.**

Schreibung von Konsonanten in der Wortmitte ► S. 243

Ob ein Konsonant in einem zweisilbigen Wort verdoppelt wird, entscheidet **die erste Silbe.**
- Ist die erste Silbe **offen,** folgt **nur ein Konsonant,** z. B.: *die Blume, sagen.* ◡
- Ist die erste Silbe **geschlossen,** müssen an der Silbengrenze in der Wortmitte **zwei Konsonanten** stehen. Die sind verschieden oder gleich, z. B.: *das Muster, die Mutter.* ◡
- **Einsilber** muss man **verlängern,** z. B.: *der Schwamm* – denn: *die Schwämme.* ↬ ◡
- **Zusammengesetzte Wörter** muss man **zerlegen** und manchmal noch verlängern, z. B.: *die Lammkeule* ⊕ = *das Lamm* + *die Keule,* denn: *die Lämmer.* ↬ ◡

Wörter mit *ck* und Wörter mit *tz* ► S. 244

- Statt **kk** schreibt man im Deutschen **ck,** z. B.: *backen.*
- Bei **Einsilbern** und am **Wortende** kann man das **tz nicht** eindeutig **hören.**
- Wenn man die Wörter **verlängert,** findet man die Lösung. Es gelten die Regeln der Doppelkonsonanten, z. B.: *der Stock* – denn: *die Stöcke; der Sitz* – denn: *sitzen.*

Wörter mit *i* und Wörter mit *ie* ► S. 245

- Die meisten **i**-Laute schreibt man mit **i:** Man schreibt immer **i,** wenn die erste Silbe **geschlossen** ist, z. B.: *der Winter.* Das *i* wird kurz gesprochen.
- Man schreibt **ie,** wenn die erste Silbe mit dem **i**-Laut **offen** ist, z. B.: *die Wiese.* Der **i**-Laut wird lang gesprochen. Diese Regel gilt nur für zweisilbige deutsche Wörter, nicht für Fremdwörter.
- Die Endung **-ieren** schreibt man immer mit **ie,** z. B.: *telefonieren, kopieren.*

Wörter mit *s*-Laut ► S. 246

- Man schreibt **ss,** wenn die erste Silbe **geschlossen** ist, z. B.: *der Schlüssel.*
- Man schreibt **s,** wenn die erste Silbe **offen** ist und man den **s**-Laut **summend** spricht, z. B.: *lesen.*
- Man schreibt **ß,** wenn die erste Silbe **offen** ist und man den **s**-Laut **zischend** spricht, z. B.: *die Straße.*
- **Einsilbige** Wörter muss man **verlängern,** z. B.: *das Gras – die Gräser.*

Wörter mit *h* ► S. 247

- Bei einsilbigen Wörtern kann man das **h** nicht hören, z. B.: *das Reh, der Schuh.*
- Bei manchen Wörtern kann man das **h** durch Verlängern hörbar machen, z. B.: *die Rehe.* Das **h** öffnet die zweite Silbe.
- Das **h** bleibt in der Regel in allen verwandten Wörtern der Wortfamilie erhalten, z. B.: *früher, Frühstück, Frühling, Frühwarnung.*

Kleinschreibung von Adjektiven und Adverbien ► S. 249

- **Adjektive** werden **kleingeschrieben.** Einige Adjektive haben typische Nachsilben, an denen sie erkannt werden, z. B.: *das Ende + -los = endlos, die Mühe + -sam = mühsam.*
- **Adverbien** werden **kleingeschrieben.** Einige Adverbien erkennst du an ihren Endungen, z. B.: *die Ordnung + -halber = ordnungshalber, der Samstag + -s = samstags.*

Zusammengesetzte Wörter (Komposita) ► S. 250

- In einem **Kompositon** (Pl. Komposita) werden mindestens zwei **verschiedene Wörter zu einem neuen Wort zusammengesetzt.** So entstehen zusammengesetzte Adjektive oder Nomen, z. B.: *der Zucker + süß → zuckersüß, der Strumpf + die Hose → die Strumpfhose.*
- Nur der hintere Teil des zusammengesetztes Wortes passt sich dem Artikelwort an und wird flektiert, z. B.: *die zuckersüße Limonade, die schwarzen Strumpfhosen.*

Die Rechtschreibung trainieren

Richtig abschreiben

- **Lest** den Text **mehrmals,** bevor ihr ihn abschreibt. Ihr solltet den Inhalt gut kennen.
- **Prüft,** ob es schwierige Stellen in den Wörtern gibt, und markiert sie euch.
- **Schwingt:** Sprecht schwierige Wörter in Silben.
- Schreibt den Text nun in kleinen Wortgruppen ab.
- **Sprecht leise mit,** während ihr schreibt. Sprecht nicht schneller, als ihr schreibt.
- **Lest** Silbe für Silbe, was ihr geschrieben habt.
- **Kontrolliert** am Ende des Satzes das **Satzschlusszeichen. Schreibt sauber und lesbar.**

Ein Partnerdiktat schreiben

- Legt fest, wer von euch den Text schreibt und wer diktiert.
- Der/Die Diktierende liest zunächst **den gesamten Textabschnitt** vor.
- Lest eurem Partner/eurer Partnerin den Text nun **Satz für Satz** vor. Sprecht dabei langsam, macht Pausen und diktiert die Satzzeichen mit.
- Lest eurem Partner/eurer Partnerin den Text abschließend **noch einmal ganz** vor.
- Nachdem die schreibende Person fertig ist, **korrigiert** der/die Diktierende den Text.

Fehlerwörter in der Rechtschreibkartei sammeln

- Schreibt auf **Karteikarten** die Wörter, bei denen ihr häufig Fehler macht.
- **Markiert** die **Fehlerstellen.**
- Notiert **Strategien** und **Regeln,** mit denen ihr die richtige Schreibweise erschließen könnt.
- **Zeichnet** zu **Merkwörtern ein Bild.** So prägt ihr euch die richtige Schreibweise besser ein.
- Legt eine **Rechtschreibkartei** mit euren Fehlerwörtern an und **übt** sie **regelmäßig.**
  Nutzt einen Karteikasten mit drei Fächern.
  Fach 1: **täglich üben.** Fach 2: **einmal die Woche üben.** Fach 3: **genug geübt.**
  Immer wenn ihr ein Wort richtig geschrieben habt, wandert die Karte ein Fach weiter
  Die Wörter im letzten Fach könnt ihr herausnehmen.

Wörter im Wörterbuch nachschlagen

- Wenn man ein Wort **nicht kennt** oder nicht weiß, **wie** man es **schreiben** soll, schlägt man es im Wörterbuch nach.
- Wörterbücher zeigen die richtige **Schreibung** eines Wortes. Oft informieren sie auch über den **Artikel,** die **Silbentrennung,** die **Pluralform,** die **Herkunft** und die **Bedeutung** des Wortes.
- Die Wörter im Wörterbuch sind nach dem **Alphabet** geordnet. Geht bei der Suche so vor:
  – Mit welchem **Buchstaben** beginnt das Wort? Sucht den Buchstaben am **Seitenrand.**
  – Prüft die **Kopfwörter** auf den Seiten. Sie geben das erste und letzte Wort auf der Seite an.
  – Bestimmt den **zweiten, dritten** und **vierten Buchstaben** des gesuchten Wortes. Prüft, ob diese Buchstaben alphabetisch vor oder nach den Buchstaben in den Kopfwörtern kommen.
  – Sucht das Wort in den Spalten, wenn ihr die richtige Doppelseite gefunden habt.

Seite 113: vollständiger Text

Martin Luther

Vom Frosch und von der Maus

Eine Maus wollte einen Fluss überqueren. Sie wusste aber nicht wie und bat einen Frosch um Rat und Hilfe. Der Frosch war hinterlistig und sagte zu der Maus: „Binde deinen Fuß an
5 meinen Fuß. Dann will ich schwimmen und dich hinüberziehen." Als sie aber in das Wasser kamen, tauchte der Frosch unter und wollte die Maus ertränken. Während sich die Maus wehrte und abmühte, flog ein Raubvogel vor-
10 bei, schnappte die Maus, zog den Frosch mit und fraß sie beide.

Überlege dir, mit wem du dich einlässt. Die Welt ist voller Falschheit und Ungerechtigkeit.

Seiten 117: Die Fabel endet so

Jean de La Fontaine

Der Fuchs und der Hahn

[...] Der Hahn schluckte seine Furcht hinunter und sagte sich: „Diesem verlogenen Gauner komme ich nur mit seinen eigenen Waffen bei." Und mit gespielter Freude rief er: „Mein
5 lieber Freund, ich bin tief gerührt, dass auch du des Königs Friedensbotschaft verbreitest. Ja, lass uns Frieden schließen. Es trifft sich gut, denn gerade sehe ich zwei andere Boten auf uns zueilen. Wir wollen auf sie warten und ge-
10 meinsam das glückliche Fest feiern. Du kennst sie recht gut, es sind die Wachhunde des Guts-herrn."

Kaum hatte der Fuchs diese Kunde vernom-men, war er aufgesprungen und eiligst davon-
15 gerannt. „He, warte doch!", krähte der Hahn hinter ihm her. „Ich habe noch sehr viel zu tun", keuchte der Fuchs aus der Ferne, „ich hole mir den Friedenskuss ein andermal von dir. Du kannst dich darauf verlassen. Der Hahn freute
20 sich, dass ihm die List gelungen war.

Der Fuchs aber war verärgert. Er hatte alles so klug eingefädelt, und just in diesem Augen-blick mussten seine ärgsten Feinde auftau-chen und alles verderben.

Aber wo blieben sie denn? 25
Der Fuchs verlangsamte seine Schritte und blickte sich um. Niemand folgte ihm, auch hat-te er kein Bellen gehört. Sollte dieser alte Hahn ihn reingelegt haben? Ausgerechnet so ein auf-geplusterter, dummer Hahn? 30

Seiten 120: Die Fabel endet so

Äsop

Der Löwe, der Fuchs und der Esel

[...] Da war der Löwe so böse, dass er den Esel auffraß und nun dem Fuchs den Auftrag gab zu teilen. Der legte alles zusammen auf einen riesigen Haufen und forderte den Löwen auf, das zu nehmen; für sich selbst hatte er nur ein paar Knochen zurückbehalten. Als der Löwe fragte, wer ihn denn solche Teilung gelernt habe, sagte der Fuchs: „Das Missgeschick des Esels."

Seiten 132: vollständiger Text

Mascha Kaléko

Es regnet

Es regnet Blümchen auf die Felder,
Es regnet Frösche in den Bach.
Es regnet Pilze in die Wälder,
Es regnet alle Beeren wach!

Der Regen singt vor deiner Türe, 5
Komm an das Fenster rasch und sieh:
Der Himmel schüttelt Perlenschnüre
Aus seinem wolkigen Etui.

Vom Regen duften selbst die Föhren
Nach Flieder und nach Ananas. 10
Und wer fein zuhört, kann das Gras
Im Garten leise wachsen hören.

144 Alexander von Humboldt
aus: Andrea Weller-Essers: Was ist was
– Genial clever! Kluge Köpfe und ihre
Ideen. Nürnberg: Tessloff Verlag
Nürnberg 2022, S. 98–99

146 Weingartener Schülerinnen
und Schüler funken erneut zu
Astro-Alex ins All
aus: https://www.schwaebische.de/
regional/oberschwaben/weingarten/
weingartener-schueler-funken-erneut-
ins-all-321974 [11.07.2024]

155 65 Projekte beim Landeswettbewerb „Jugend forscht"
aus: https://www.jugend-forscht-bw.
de/allgemein/65-projekte-beim-
landeswettbewerb/ [11.07.2024]

171 Das Urheberrecht und die Fallen
aus: https://verbraucherportal-bw.
de/,Lde/Startseite/Verbraucherschutz/
Das+Urheberrecht+und+die+Fallen_+H
ochladen_+Teilen_+Verlinken
[11.07.2024]

Originalbeiträge

Verzeichnis der Illustratorinnen und Illustratoren

Knifflige Verben im Überblick

Infinitiv	Präsens	Präteritum	Perfekt
anfangen	du fängst an	er fing an	er hat angefangen
beginnen	du beginnst	sie begann	sie hat begonnen
beißen	du beißt	er biss	er hat gebissen
bekommen	du bekommst	sie bekam	sie hat bekommen
besprechen	du besprichst	er besprach	sie haben besprochen
bieten	du bietest	er bot	er hat geboten
bitten	du bittest	sie bat	sie hat gebeten
bleiben	du bleibst	sie blieb	sie ist geblieben
brennen	du brennst	es brannte	es hat gebrannt
bringen	du bringst	sie brachte	sie hat gebracht
dürfen	du darfst	er durfte	er hat gedurft
einladen	du lädst ein	sie lud ein	sie hat eingeladen
erschrecken	du erschrickst	er erschrak	er ist erschrocken
essen	du isst	er aß	er hat gegessen
fahren	du fährst	sie fuhr	sie ist gefahren
fallen	du fällst	er fiel	er ist gefallen
fangen	du fängst	sie fing	sie hat gefangen
finden	du findest	er fand	er hat gefunden
fließen	es fließt	es floss	es ist geflossen
frieren	du frierst	er fror	er hat gefroren
geben	du gibst	er gab	er hat gegeben
gehen	du gehst	er ging	er ist gegangen
gelingen	es gelingt	es gelang	es ist gelungen
genießen	du genießt	sie genoss	sie hat genossen
geschehen	es geschieht	es geschah	es ist geschehen
greifen	du greifst	sie griff	sie hat gegriffen
haben	du hast	er hatte	er hat gehabt
halten	du hältst	sie hielt	sie hat gehalten
heben	du hebst	er hob	er hat gehoben
heißen	du heißt	sie hieß	sie hat geheißen
helfen	du hilfst	er half	er hat geholfen
kennen	du kennst	sie kannte	sie hat gekannt
kommen	du kommst	sie kam	sie ist gekommen
können	du kannst	er konnte	er hat gekonnt
lassen	du lässt	sie ließ	sie hat gelassen
laufen	du läufst	er lief	er ist gelaufen
leiden	du leidest	sie litt	sie hat gelitten